中国交通教育研究会组织编写

高速公路管理从业人员岗位培训教材

Gaosu Gonglu Gailun

高速公路概论

郗恩崇　主　编
赵子义　副主编
邵振一　主　审

人民交通出版社

内 容 提 要

本书是在中国交通教育研究会的组织指导下，为适应我国社会经济与交通行业发展、满足高速公路管理岗位培训需要而编写的。主要内容有：高速公路的涵义、发展历程和分类；高速公路与社会经济现代化之间的关系规律；高速公路硬件设施的组成及性能；高速公路的社会经济特性；高速公路的规划、建设、养护及建设前的工程项目可行性论证；高速公路资金来源渠道及投资融资方式；高速公路的通行规律；我国未来高速公路发展蓝图和高速公路中的高新科技等。

本书适合高速公路管理领域高中以上文化水平的职员系统培训和平时业务学习使用，也可供各级交通主管部门干部、大专院校公路交通专业师生学习参考。

高速公路管理从业人员岗位
培训教材编审委员会

序

XU

改革开放以来，我国公路建设以高等级公路为标志进入了快速发展的新阶段，取得了巨大成就。截止到2003年底，全国公路通车里程达到181万公里，高速公路达到3万公里，全国已有一半以上的省份高速公路超过了1000公里。现代化的高速公路设施，促进了公路快速运输系统的发展，改变着传统交通运输格局，对建立现代综合运输体系发挥着基础性的作用。

实现现代公路运输，完成客货位移，完善的公路网是基础，现代汽车装备是工具，科学管理是手段，这三大要素共同组成了公路运输必备的条件。但在现代公路运输中，科学管理处于首位，而且是充分发挥公路设施和运输装备效率的根本性保障。

高速公路管理总体上可以划分为两大领域，即高速公路的建设管理领域和高速公路的运营管理领域。我国高速公路建设始于20世纪80年代中期，经过近20年多来的探索、实践和总结，此间我们也积极引进和吸收发达国家高速公路建设的管理经验，在高速公路建设前期管理、建设项目业主管理、项目建设招投标管理、项目工程监理管理、项目合同管理以及竣工验收管理等方面，逐步制定和完善了相关的法律法规及各项管理制度，形成了具有中国特色的高速公路建设较为完善的管理体系。相比之下，我国高速公路的运营管理，虽在实践的基础上，经过总结，积累了不少经验，制定了许多管理制度，人员素质和管理水平都有很大提高，成绩显著。但随着高速公路快速发展和投入运营规模的不断扩大，如何进一步的提高管理效率和水平，充分发挥高速公路作为现代化的交通基础设施的作用和效益，越来越成为迫切给予重视的问题。实践证明，高速公路运营管理比建设管理复杂得多，管理任务也重的多。目前有这样的反映，高速公路是现代化设施，是先进生产力的标志，但管理是传统和粗放式的管理，行驶车辆的技术是落后的技术，这样的不匹配就很难发挥巨额投资建设的高速公路设施的效益。尽管这些反映可能有过，但笔者认为，提高对高速公路运营管理水平确实是摆在我们面前的重要课题。总体来看，我国高速公路运营管理法规准备不足、理论滞后、水平低下，尤其是管理体制改革跟不上和管理人才的严重缺乏，导致了我国当前高速公路运营管理不能适应高速公路事业发展需要的局面。

改变高速公路运营管理不适应的局面，需要做的事情很多。是个系统工程，是一篇大文章。但根本的问题是管理人才问题。人才资源是第一资源，实现“人才强交”战略才是根本的出路。交通大业，以人为本。人才出思路，人才出精品，人才出管理，人才出效益，有了人才，才能创造奇迹，推动人类社会向前发展。当然，培养和建设人才也是一个系统工程，是全社会全面努力的问题。但搞好培训和继续教育，特别是对在职人员来说是提高行业队伍科学文化素质的有效方法，也是建设学习型社会的重要内容。

为适应全国数十万高速公路管理人员开展培训工作，中国交通教育研究会在主管部门的指导下，组织编写了高速公路管理从业人员岗位培训教材。现予以出版并与大家见面。

参与教材的编写者，既有从事公路经济管理教学、科研的专家、教授，也有实践经验丰富的高速公路运营管理一线的领导干部和实际工作者。他们坚持理论与实践相结合的原则，本着科学规范、务实创新的精神，结合我国国情，既充分反映了最新科研成果，又充分考虑了教材的实用性和系统性，是一套很好的系列教材。对管理人员的培训和提高必将起到重要作用。

还有更重要的是：我期待更多更好的培训教材问世，更期待更多更多的管理者刻苦学习，得到真实的提高。为提高队伍素质和管理水平而共同努力。

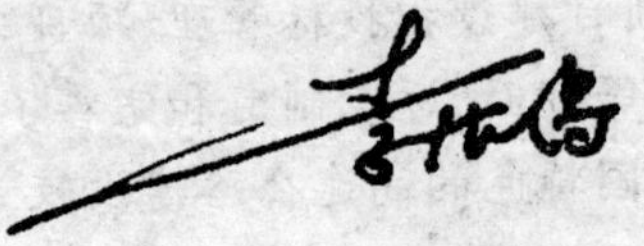

2004.10.29

前言

QIANYAN

高速公路是20世纪最伟大的发明之一。在当今世界上，各国政府和人民都认识到：经济发达的社会必须有现代化的公路交通，现代化的公路交通必须有完善的高质量的公路网络，高速公路是公路网络中最主要的骨架运输通道，在现代化社会与经济活动中发挥着关键的作用。

经过20多年的努力，我国高速公路从无到有，并进入了迅猛发展阶段。用10年左右的时间，走过了发达国家一般需要40年完成的发展历程！目前，我国已拥有3万多公里的高速公路，这是我国人民拥有的一笔庞大而宝贵的财富，在我国社会经济发展中正发挥着巨大的作用。交通部根据党的十六大决议勾画的21世纪前20年的发展蓝图，拟定了新的公路交通发展目标：到2010年，全国公路总里程达到230万公里，其中高速公路达到5.5万公里，全国高速公路网骨架基本形成；到2020年，全国公路总里程达到300万公里，其中高速公路达到8.5万公里，建成全国以高速公路为主体的骨架公路网。任务是光荣而艰巨的，要实现预定的发展目标，还需要付出加倍的努力。

高速公路作为现代化交通基础设施，只有科学管理，才能体现高速公路的整体性、系统性和科学性，才能发挥其快速、高效、安全、畅通的功能和优势。科学的管理需要大量高素质的管理人才。对全国数十万高速公路管理人员进行培训，提高他们的素质和工作能力就显得尤其必要。

中国交通教育研究会受交通部科教司委托，为适应我国经济与交通行业发展，满足高速公路管理对从业人员岗位培训的需要，经过一段时间的反复酝酿和论证，决定组织编写出版一套高质量的高速公路管理从业人员岗位培训教材，组建了以山东省交通厅晋兰欣副厅长为主任委员、郗恩崇教授等为副主任委员，由一批从事公路交通经济管理教学科研的专家、教授和实践经验丰富、理论修养高的高速公路管理一线的领导干部和实际工作者共32位同志为委员的教材编审委员会，并于2003年8月拟定了《高速公路概论》、《高速公路路政管理》、《高速公路通行费管理》、《高速公路交通安全管理》、《高速公路养护管理》、《高速公路监控通信管理》、《高速公路经营管理》七本教材的编写任务。经过一年多的认真、紧张的工作,7本高速公路管理从业人员岗位培训教材终于与大家见面了。对此,我们感到十分欣慰。在此,对山东省交通干部学校积极参加本套书的策划和前期开发工作、云南省交通厅及云南交通教育研究会积极支持教材编审委员会的工作、人民交通出版社给予编写指导和资金投入表示感谢,对教材编审委员会成员所在单位给予的大力支持表示感谢,对教材编审委员会认真负责和卓有成效的工作表示感谢,对参加大纲审定会、书稿审定会提出很多宝贵意见的领导和专家表示感谢,他们对教材的编写都给予了很大的支持和帮助。

这次教材编写是中国交通教育研究会接受政府主管部门委托,充分发挥了中国交通教育研究会各会员单位的积极性,实行专家教授与一线管理专家相结合的办法,是中国交通教育研究会采用新模式组织编审培训教材的一次成功尝试,本次教材编写质量好、时间短、效率高,为今后培训教材的建设提供了有益的经验。

《高速公路概论》一书介绍了高速公路的涵义,高速公路的产生、历史衍变过程和分类;本书不仅从技术,而且从社会、经济、文化、持续发展等多角度论述了高速公路,可以帮助读者全方位、深刻地理解高速公路。本书的主要内容包括高速公路的构成,高速公路的社会经济特性,高速公路与社会经济发展之间的关系规律、高速公路网络规划、高速公路工程可行性研究以及高速公路建设、养护的相关知识;本书还分析了高速公路的资金问题,特别是高速公路建设的投资融资改革;介绍了在高速公路上行车的规律;为了拓宽管理人员的视野,本书还介绍了高新科技在高速公路中的应用。以上内容是高速公路管理人员搞好本职工作必须了解和掌握的,也为读者学习后续课程打下基础。

《高速公路概论》是这套培训教材的第一本,由郗恩崇教授拟定写作提纲并担任主编,赵子义担任副主编,王玉辉、黄红梅、王维参加了编写,本书在5位同志起草的基础上,由郗恩崇教授总纂定稿。邵振一教授担任主审。

《高速公路概论》一书在国内是首次出版,其中不足在所难免,恳请读者指正,以臻完善。

编　者

2004年7月20日

目录

MULU

第一章

高速公路及其发展历史

学习目标

道路的出现与发展,是与人类文明的出现与发展同步进行的。了解道路的起源与衍变,了解高速公路与人类经济社会现代化同时出现的过程,了解国内外高速公路的发展状况,对正确认识和评价我国高速公路的发展规律,深入理解本书讲述的内容是有意义的。学习本章还要掌握公路分类的方法以及按技术分类、行政分类的相关内容,了解在我国发展公路过程中,随着投融资体制改革的深入而形成的经营性公路与非经营性公路的划分,这些都是从事高速公路管理工作必备的基础知识。

第一节　道路的起源与衍变

道路(Road)是从古至今人类为从事各项活动而在陆地上开辟或建设的不铺设轨道的路。在英国出版的《牛津现代高级辞典》中,对道路的解释是:“Specially prepared way, publicly or privately owned, between places for the use of pedestrians, riders, vehicles etc”,译成汉语是:“道路就是专门在两地之间,为步行人、骑乘者(注:此处指骑马,骑自行车等)和车辆等的通行而修建的公共所有或私有的通道”。由此解释中可以看出,Road 包括各种形式的陆上道路,包括仅供行人或骑马之用的小路(Trail),包括行驶马车的大道(Cart way,中国古代称驰道或称官道等),包括近一百多年来的为行驶汽车或其他机动车而修建的公路(Highway),也包括当代全封闭、全立交的高速公路

(Free way、Express way 或 Motor way),道路是一个广泛的概念。我国的法规也规定了道路的定义。在1989年国务院颁布的行政法规《中华人民共和国道路交通安全管理条例》中,对道路规定的定义是:"道路是指公路、城市街道和胡同(里巷)以及公共广场、公共停车场等供车辆、行人通行的地方"。从该定义中可以看出,我国政府对道路规定的内涵,也是包括了陆地上所有可以通行机动车、非机动车、骑乘者和步行人的各类道路和场所,它与国际上对道路概念的认识是一致的。

道路的出现与发展,在历史长河中与人类文明的出现与发展相一致的。从洪荒时代最简陋的供行人和牲畜通行的小路,直到供各种机动车通行的全封闭、全立交的现代化高速公路,经历了从落后到先进,从原始到现代化的漫长发展道路。人类的运输活动最早产生于原始民族猎取生活资料的过程中。当原始先民将狩猎和捕渔的收获物运到自己生活的山洞或巢穴的时候;当原始先民将自己消费不完的收获与其他先民交换的时候,运输活动就产生了。当原始社会第三次社会大分工,即商业出现的时候,随着社会群体中有一部分人开始专门从事货物的运输,运输业便应运而生了。原始先民用牛马及其他兽类驮运货物或拖曳车辆运送货物时,古老的道路便形成了。

从古到今,道路的发展可以粗分为四个阶段:

1.第一阶段

供行人和牛马及其他兽类行走、驮运货物的阶段。此时期的道路通常称为小路,或小径,英文叫 Trail。在人类历史初期,远古祖先在艰难环境中求生存,常常辗转迁移,跋山涉水、披荆斩棘,人畜踩出小径以通行。三、四百年前,当欧洲殖民者首次踏上美洲大陆时,他们发现美洲大陆上的道路就仅仅是土著的印地安人开辟出的小径,甚至直到美国建国时,十三个州内交通也主要依赖印第安人辟出的这些羊肠小径(Indian Trail)。后来,美国各州政府或私人修筑通行马车的收费路(Toll Road),也是在这些印第安小径的基础上修建的。

2.第二阶段

供畜力车辆和行人通行的大道(Cart Way)阶段。这个阶段,是随着人类对车辆的发明与使用而出现的。在中国古代传说中,即有黄帝造车之说,《汉书·地理志》这样记载:"昔在黄帝,作舟车以济不通"。车的发明,现在没有确切的时间考证。中华民族将车广泛用于交通,至少不会晚于夏商时代,即距今4000年左右。我国古代车的实物出土,最早大概是西安沣河东岸发掘出土的西周车马坑，其中殉葬的马车型制先进、构造复杂，每车套马四匹，是贵族出行的主要交通工具，并且与马车同时殉葬的有杀死的马匹和奴隶车夫。西周时代在沣河两岸筑城距今已有3000年的历史，可见当时已形成发达的畜力车交通运输。

有车就有路。在尧舜时代，道路曾被称作“康衢”。到西周时期，人们就对路的等级做了划分，把可并行三辆马车的称作“路”，把可并行两辆马车的称作“道”，把仅通行一辆马车的称作“途”，而把农村仅通行老牛车的支线称作“轸”，如果不能通行畜力车，只供人行、骑马道行的小道，则称作“径”。在西周时期，由于政府特别重视修整道路，各类道路已连接成网，历史记载周朝“一车两马周行天下”，说明了这一时期畜力车运输的繁荣景象。西周的道路不仅数量多，质量也很好，《诗经·小雅·大东》上有“周道如砥，其直如矢”的描写，就是说，周朝的道路平坦如砥石（磨刀石），笔直如箭杆。道路的平直加上车辆的进步，使西周道路交通运输达到了很高的水平。

秦统一六国后，在道路交通方面统一规划修筑全国道路。秦强调“车同轨，书同文”（《史记》），把过去六国错杂的交通线路加以整修和连接，“为驰道于天下”（《汉书》），建成以咸阳为中心遍及全国的驰道。例如，目前尚可见到遗迹的秦（北）直道，从陕西淳化县出发，穿过陕西、甘肃、内蒙等省区的十四个县，直至九原郡（今内蒙古自治区包头市）。据考古勘测，该直道最宽处可达150m，一般宽度也在60m左右，在北部边塞匈奴侵犯军情紧急时，咸阳骑兵三天三夜即可驰抵阴山脚下。

隋唐时期，道路交通线路畅通全国各地。著名文学家柳宗元在《馆驿使壁记》中记载，唐时以首都长安为中心，有七条重要的放射状道路（驿道）通往全国各地，全长有5万里。在宽敞的道路上，“十里一走马，五里一扬鞭”，“一驿过一驿，驿骑如星流”。隋唐时期的驿站遍布全国，和一条条的道路一起，构成隋唐发达的交通运输网络。

宋元时期的道路与军事需要紧密联系。宋朝时期因战事频繁，国家对道路交通实行了军事化、半军事化管理，管理邮驿事务的中央机构直接由兵部负责。驿卒属军事编制，称为铺兵。元朝建立了历史上疆域最大的帝国，把道路从元大都（今北京）修到蒙古，并一直通到欧洲，形成连接欧亚的长长的道路。意大利旅行家马可·波罗在他的游记中这样记载：“从汉八里城（大都，今北京），有通往各省四通八达的道路。每条路上，也就是说每一条大路上，按照市镇座落的位置，每隔四十或五十公里之间，都设有驿站，筑有馆舍，接待过往商旅住宿”。

明清两朝也十分重视道路交通，修建了通往我国边界少数民族地区的交通要道。例如，明朝时期修建的连接四川与云南、贵州宽畅的驿道，历史上称“龙场九驿”。清朝对道路网络进行了整顿，把驿路分为三等，一是“官马大路”，由北京辐射四面八方，通向各省城；二是“大路”，自省城通往地方的重要城市；三是“小路”，指自大路或各地重要城市通往各市镇的支线。清朝的“官马大路”主要由东北路、东路、西路和中路四大干线，全长2000多公里。

欧洲的古罗马帝国时代，筑有大路通向其各附属国，故有“条条大道通罗马”之说。而英国直到14世纪才修建了全国境内的大路干线，出现马车运输（Drayage），并成为一个运输行业（Common Calling）。

3.第三阶段

行驶汽车的公路（Highway）阶段。我国对公路的定义是：在中华人民共和国境内，按照国家规定的《公路工程技术标准》修建，并经公路主管部门验收认定的城间、城乡间、乡间可供汽车行驶的公共道路。

现代公路是随着汽车的发明和使用而兴起的。前述中外古代的道路，除极少量的木板路（美国）和石板路外，都是泥土路或沙石路，仅供行人、马车通行而已。汽车发明以后，道路建设也随之改革。由于汽车行驶速度快，载重量大，对路面、路基要求标准高，专为适合汽车行驶的现代公路也应运而生。

内燃机汽车是德国在1886年由高特列希·戴姆勒发明的。1902年，我国才从国外引进汽车，起初只在清朝宫廷和上海等大城市街道行驶。我国的第一条公路，是1906年苏元春驻守广西时兴建的龙州到镇南关的公路。1913年，湖南兴建了长约50km的长沙到湘潭的公路。

公路是适应汽车行驶需要产生的。以前行驶马车的道路并没有一定技术标准，而现代公路则复杂得多，必须有一定的技术规范，与第二阶段的道路相比，现代公路有以下特征：

(1)选线严格

选线就是决定公路所经过的地点，一经确定，亦即决定了公路未来建成后的营运范围。选线主要考虑以下因素：

①地理环境。公路所经路线是否有崇山峻岭和大江大河，是何种地质情况，这些决定了公路施工难度和建设成本。

②人口分布情况。人口稠密，经济发展状况良好，则更需公路通畅。

③生产力布局。如沿途有工业、商业、港口、森林、矿山等资源，则货源

充足,公路运量充足。

④交通状况。是否与铁路、水路运输连接。

⑤国际因素。公路选线应考虑国防需要和边防安全通畅,也应符合国与国之间交流的需要。

(2)设计科学

①为适应汽车行驶,公路坡度应小于马车道路的坡度,宽度应大于马车道路宽度。

②适应安全要求,避免设计的道路存在急转弯。

③公路不宜通过乡镇内的街道,将来扩建不受建筑物阻碍。

④平原路线尽可能采用直线,缩短距离,减少行驶时间。

(3)构造复杂

公路由路基、路面、桥梁涵洞和交通标志构成,远比马车道路复杂得多。

①路基。路基是公路基础,由土方或石方填高或挖低而成,经加工夯实,务求坚固平坦。为了防止积水浸坏公路,还必须建有良好的排水工程。目前,世界各国都制定了相应的路基工程标准。

②路面。路面要求有一定的宽度,一定的厚度,还要求使用一定的材料筑成。路面要求有一定的强度,以能承载重量;路面的摩擦系数要适当,以减小行车阻力。根据行车要求,路面又分为低级路面和高级路面。低级路面主要有两种:一种是稳定土壤路面,敷设加固材料,加固材料多为砂与土,如当地土质为砂性,则应加粘土,如土质为泥性,则应加沙,加固时应适当加点水,滚压结实成为平坦路面,此为最经济的路面,适用于乡村道路;另一种低级路面为改良砂石路面,即将砂石路面清扫干净,先浇一层结合油,再浇铺沥青或渣油。低等级路面易于修筑,成本低廉,适合交通量稀少的边远乡村地区。高级路面也主要有两种:一种是高级沥青路面,这种路面要求地基必须十分坚固,其面层用石子、砂子石粉和沥青等材料,搅拌成沥青混凝土,再摊铺并碾压而成;另一种是水泥混凝土路面,修筑时要预留涨缩缝。

③桥梁涵洞。均用于跨越水流或排泄地面水。一般来说,跨度在5m以上称桥梁,5m以下称涵洞。

④交通标志。交通标志主要可分为四类:

警告标志:用于指示前面路段的特殊情况,如急弯、险坡、交叉点、傍山险路等;

限制标志:如载重量限制、高度限制等;

禁止标志:如禁停、禁止超车等;

指示标志:用以指示路线方向、距离里程等。

目前,世界公路总里程已达到2000多万公里,占各种运输方式总运输网总长的三分之二(综合运输网总长度3000多万公里)。其中北美拥有公路网数量最多,达700万公里;欧洲520多万公里,亚洲400多万公里;南美洲200多万公里;非洲130多万公里,澳洲100多万公里。

4.第四阶段

高速度分层行驶的高速公路阶段。高速公路起源于20世纪30年代初德国纳粹为战争修建的Autopath。当时,希特勒为了发动战争,以闪电战袭击周边国家,修建了多车道立体交叉的3900km的高速公路。在德军进攻法国时,法军统帅部低估了德军进军速度,以为德军最快三日方可抵达的路程,不料德军一天之内就赶到前线,并绕道至马其诺防线之后,法军倾刻瓦解。

二战之后,以美国为首的发达国家,在20世纪50～70年代先后兴起了修建高速公路的高潮。目前,世界上有60多个国家有高速公路。据统计,到1992年底全世界高速公路通车里程达到17.1万公里,其中美国高速公路最多,达到8.75万公里,占世界高速公路总长的一半左右;加拿大位居第二,达到16600公里。我国到2003年年底,已建设高速公路30000多公里,跃居世界第二位。

高速公路与第三阶段的普通公路相比,最大的不同是高速公路为全立交、全封闭;而普通公路则是平面交叉,混合交通。高速公路的立体交叉最少是两层,在交叉路线更多、更加繁忙的交叉点,也有三层甚至四层立体交叉,可以保证不同方向车辆会车时同时行驶,互不影响,从而畅通无阻。

第二节　公路的分类

一、我国公路的技术分类

按照交通部2003年颁发的《公路工程技术标准》,把我国上等级的公路划分为两大类五个技术等级。区别每个等级主要特征的有定量的技术经济指标和定性的技术经济指标。其中定量的技术经济指标有交通量、行车速度和规范的工程技术标准等;而定性的技术经济指标有使用任务和其他政治经济因素。

下面简要介绍其主要的定量指标:

1.交通量

交通量是指单位时间内(每小时或昼夜)通过两地间某公路断面处来往的实际车辆数。在公路上行驶的车辆多种多样,归纳起来有小客车、载重车、半挂车、大客车、摩托车、拖拉机和非机动车(包括自行车和各种人力车、畜力车)等。不同的车型对公路的作用和影响(占路面面积、一定行驶速度时需留够的前后左右空间、对路面的摩擦力、压力和压强形成的破坏与磨损等)是不相同的。为了便于公路设计计算与管理,常常以一种典型的车辆为标准单位,通过实验和测算,将其他车型根据其作用与影响的比较折算成典型车辆的标准单位,这样便于形成直观数量概念,有利于公路的设计与管理。交通部参照国际标准,根据我国实际情况,在《公路工程技术标准》(JTG B01—2003)中对交通量作了说明。随着全国干线公路网的逐步完善和高速公路通车里程增加,特别是加入 WTO 后汽车产业政策与结构的调整,交通流中的小客车和大型客货车以及集装箱车的比重将会随着平均运距的增加而逐步增长,而拖拉机与非机动车交通量所占的比重会继续下降。因此,根据今后的交通发展趋势,同时也为与国际接轨的需要,将涵盖小客车与小型货车的"小客车"定为各级公路设计交通量换算的标准车型。用于交通量换算的车辆折算系数是在特定的公路交通组成条件下,所有非标准车相当于标准车(小客车)对交通流影响的当量值。以车辆运行特性作为车辆分类标准,从对交通运行的影响考虑,将公路上常见的机动车归并为小客车、中型车、大型车和拖拉机四类,并根据公路上拖拉机和非机动车交通量所占比重持续下降这一趋势,将构成比例小于5%的行人、畜力车与自行车等非汽车交通不再作为交通流的独立车型,仅作为路侧干扰考虑。拖拉机则分为两种情况考虑:一是在行车道两侧设有慢车道的二级公路,拖拉机遇汽车向右侧避让,很少挤占机动车道,此时拖拉机对车流的运行影响,同自行车与行人、畜力车一样,作为路侧干扰因素考虑,不再参与交通量换算;另一种是在路面较窄的三、四级公路上,拖拉机混合于机动车道内,对车流形成纵向干扰,此时拖拉机应按交通流的一部分参加折算。表1-1是高速公路的部分车辆折算系数举例,更详细的折算系数可查阅《公路通行能力手册》。

高速公路和汽车专用公路车辆折算系数表 表1-1

车　型	小　客　车	普通载重车	挂　车
折算系数	1.0	1.5	2.0

根据2003年颁布的《公路工程技术标准》(JTG B01—2003),下面介绍各

等级公路的适应交通量，见表 1-2、表 1-3、表 1-4。

由于二级公路的设计速度级差较大，路基宽度从 8.50m 至 12.00m，因此二级公路的设计通行能力与适应交通量范围较大。

三级公路的设计速度为 40km/h，位于平原微丘时，平、纵线形指标较高，路基宽度同为 8.50m，其设计通行能力要比位于地形、地质条件复杂的山区设计速度 40km/h 的二级公路要大。故三级公路能适应的年平均日交通量为 2000 ~ 6000pcu/d。

四级公路考虑到当前公路建设的政策、各等级公路适应交通量范围的连续性等，能适应的年平均日交通量，双车道为 2000pcu/d 以下；单车道为 400pcu/d 以下。

高速公路能适应的年平均日交通量 表 1-2

设计速度(km/h)	四车道(pcu/d)	六车道(pcu/d)	八车道(pcu/d)
120	40000 ~ 55000	55000 ~ 80000	80000 ~ 100000
100	35000 ~ 50000	50000 ~ 70000	70000 ~ 90000
80	25000 ~ 45000	45000 ~ 60000	60000 ~ 80000

资料来源：公路工程技术标准(JTG B01—2003)，表 1-3、表 1-4、表 1-5 同。

一级公路能适应的年平均日交通量 表 1-3

设计速度(km/h)	四车道(pcu/d)	六车道(pcu/d)
100	27000 ~ 30000	30000 ~ 55000
80	20000 ~ 27000	27000 ~ 45000
60	15000 ~ 25000	25000 ~ 35000

二、三、四级公路能适应的年平均日交通量 表 1-4

公路等级	设计速度(km/h)	适应的年平均日交通量(pcu/d)
二级公路	40 ~ 80	5000 ~ 15000
三级公路	30 ~ 40	2000 ~ 6000
四级公路	20	< 2000

注：二级公路的 40km/h 是位于地形、地质等自然条件复杂的山区，经论证后可采用的设计速度。

2. 行车速度

汽车在公路上行驶速度的快慢，第一与汽车自身的技术特性相关，如发动机的功率；第二与驾驶员的技术操作水平有关；第三，也是非常重要的一个客观外界条件，就是与公路的技术标准，如路面的宽度和质量等有关。当路线技术标准高（即平曲线半径大、视距良好、路基质量好、路面宽、纵坡较平缓）时，汽车能充分发挥出其技术特性，可以用较高的速度行驶。

这里的行车速度指公路的设计速度，它是在保证行车安全的前提下，公路受限制部分（如弯道、视距、竖曲线等）所能允许汽车达到的最高行车速度。我国的公路技术标准规定了各级公路的设计速度，如表 1-5 所列。

各等级公路设计速度表 表 1-5

公路等级	汽车专用公路								一般公路					
	高速公路				一		二		二		三		四	
地形	平原微丘	重丘	山岭		平原微丘	山岭重丘	平原微丘	山岭重丘	平原微丘	山岭重丘	平原微丘	山岭重丘	平原微丘	山岭重丘
行车道宽度(m)	2×7.5	2×7.5	2×7.5	2×7.0	2×7.5	2×7.0	8.0	7.5	9.0	7.0	7.0	6.0	3.5	3.5
计算行车速度(km/h)	120	100	80	60	100	60	80	40	80	40	60	30	40	20

在公路设计时，设计速度是确定公路几何形状的主要依据。各等级公路的设计速度的确定与最高时速和经济时速有关。所谓最高时速就是在设计汽车时根据其机械性能和动力性能可以达到的最高速度。所谓经济时速就是指新出厂的汽车在一般公路行驶时测定的行驶成本最低时的行车速度。根据设计速度，可以确定公路的其他各项技术指标和计算公路组成部分的各项尺寸。

在实际行驶时，由于一系列因素（发动机功率、驾驶员操作技术、公路当时的使用质量等）的影响，汽车当时不一定都能保持在规定的设计速度。汽车在公路上实际行驶的平均速度称为平均技术速度。一般来说，平均技术速度要略低于设计速度。平均技术速度根据公路等级的高低而有所变化，大体上等于行车速度的 60%～90%。

3.公路技术分类的等级

以交通量、计算行车速度等技术指标为依据，我国公路的技术分类为两大类：汽车专用公路和一般公路；五个大的等级：高速公路、一级公路、二级公路、三级公路、四级公路。

(1)汽车专用公路

汽车专用公路就是专门提供各类汽车等快速机动车行驶的公路，它包括高速公路，一级和二级汽车专用公路，一般不允许慢速机动车（如拖拉机）和非机动车及行人使用。

①高速公路。有效行车道至少在4条以上，全封闭、全立交，能适应按各种汽车（包括摩托车）折合成小客车的年平均昼夜交通量为2.5万辆以上，具有特别重要的政治、经济意义，专供汽车分道高速行驶并全部控制出入的公路。

②一级汽车专用公路。要求有4条有效行车道，基本封闭，能适应按各种汽车（包括摩托车）折合成小客车的年平均昼夜交通量为1.0~2.5万辆，为连接重要政治、经济中心，通往重点工矿区、港口、机场，专供汽车分道快速行驶并部分控制出入的公路。

③二级汽车专用公路。一般至少有2个有效行车道，基本封闭，能适应按各种汽车（包括摩托车）折合成中型载重汽车的年平均昼夜交通量为4500~7000辆，为连接政治、经济中心或大工矿区、港口、机场等地的专供汽车行驶的公路。

（2）一般公路

一般公路包括二级公路、三级公路、四级公路，既可供汽车、摩托车使用，也可供慢速机动车（如拖拉机）非机动车及行人使用。一般公路构成的交通称为混合交通。

①二级公路。有效行车道宽度平原微丘至少为9m，山岭重丘至少为7m，通行能力能适应按各种车辆折合成中型载重汽车的年平均昼夜交通量为2000~5000辆，连接政治、经济中心或大工矿区、港口、机场等地的公路。

②三级公路。有效行车道宽度平原微丘至少为7m，山岭重丘至少为6m，通行能力可适应按各种车辆折合成中型载重汽车的年平均昼夜交通量为2000辆以下，为沟通县以上城市的公路。

③四级公路。有效行车道宽度至少为3.5m。通行能力能适应按各种车辆折合成中型载重汽车的年平均昼夜交通量为200辆以下，为沟通县、乡（镇）、村等的公路。

公路技术等级的选用，应根据交通量调查、预测交通量和公路网整体规划，从全局出发，结合公路的使用任务、性质综合确定。在公路设计时，我国规定高速公路、一级公路设计年限为20年；二级公路为15年；三级公路为10年；四级公路一般不超过10年，可根据具体情况适当缩短。

表1-6给出2002年我国按技术等级划分的公路里程及其结构。

2002 年我国公路按技术等级的里程与结构　　表 1-6

项　目	总　计	等 级 公 路						等级外公路
		合计	高速	一级	二级	三级	四级	
里程(km)	1765000	1382900	25130	27468	197143	315141	818044	382296
结构(%)	100	78.30	1.42	1.56	11.17	17.85	46.35	21.66

资料来源:交通部 2002 年公路水路交通行业发展统计公报。

由表中看出,在我国公路构成中大部分还是低等级公路。截止到 2002 年底,我国还有大约 38 万公里的等级外公路,占全国公路总里程的 21.66%。这些公路达不到技术等级要求。根据我国公路发展规划,提高公路技术等级是重要任务之一,随着公路交通事业的发展,要提高这些公路的使用质量和通行能力,逐步达到规定的公路等级标准。

二、我国公路的行政分级

《中华人民共和国公路管理条例实施细则》第三条规定:“公路分为国家干线公路(以下简称国道),省、自治区、直辖市干线公路(以下简称省道),县公路(以下简称县道),乡公路(以下简称乡道)和专用公路五个行政等级。”这就是我国按照行政管理体制,根据公路所处的地理位置、公路在国民经济中的地位和作用以及公路交通运输的特点所作的公路行政分级。这种分级影响和决定了我国公路投资体制、公路建设与管理体制等一系列法规、制度的形成。总的来说,我国公路系统实行“统一领导、分级管理”的原则。中华人民共和国交通部主管全国的公路事业。

1.公路行政级别

全国公路分为五个级别:国道、省道、县道、乡道和专用公路。

(1)国道

国道是指具有全国性政治、经济意义的主要干线公路,包括重要的国际公路、国防公路,联结首都与各省、自治区首府和直辖市的公路,联结各大经济中心、港站枢纽、商品生产基地和战略要地的公路。它由中央政府统一规划,由各所在地省、市、自治区负责建设、管理和养护;维修养护的资金目前由养路费解决,费改税后由燃油税提供资金,大中型新建、改建项目以国家投资、部分养路费及其他集资、融资方式解决。

(2)省道

省道是指具有全省(自治区、直辖市)政治、经济意义,以省会(首府、直辖市)为中心,联结省内重要城市、交通枢纽、主要经济区的干线道路,以及不属于国道的省际间重要公路,它们是在中央政府颁布国道后,由省、市、自治区交通部门对具有全省意义的干线公路加以规划,并负责建设、养护和改造的公路。

(3)县道

县道是指具有全县(旗、县级市)政治、经济意义,联结县城和县内主要乡(镇)、主要商品粮及副食生产和集散地的公路,以及不属于国道、省道的县际间的公路。大部分县道由县政府自行负责规划、建设、养护及使用,少部分县道由省级政府规划、建设及养护。

(4)乡道

乡道是直接或主要为乡、村内部经济、文化、行政服务的公路和乡、村与外部联系的公路。乡道要由县级政府统一规划,并由县、乡组织建设、养护、管理和使用。

(5)专用公路

专用公路就是专供或主要供某特定工厂、矿山、农场、林场、油田、电站、旅游区、军事要地等与外部联结的公路,它由专用部门或单位自行规划、建设、使用和维护。当专用公路的专用性质因故发生变化时,经专用部门或单位申请,省级政府公路主管部门批准,可以改划为省道或县道。

2002 年我国公路按行政级别分类情况,见表 1-7。

2002 年我国公路按行政级别分类里程及结构 表 1-7

项 目	总 计	国 道	省 道	县 道	乡 道	专用公路
里程(公里)	1765000	125003	216249	471239	865635	87096
结构(%)	100	7.1	12.2	26.7	49.0	5.0

资料来源:交通部 2002 年公路水路交通行业发展统计公报。

2.我国国道系统简介

每个国家都有国家级重点干线公路(即国道)。在实现了公路交通运输现代化的国家,他们的国道干线公路绝大部分都是以高速公路为主的汽车专用公路。这些高速公路组成的国家干线道路系统,在其国民经济发展和人民社会生活中起着十分重要的作用。例如,美国、原联邦德国和法国的高速公路国道里程分别占其公路总里程的 1.35%、1.62% 和 0.74%,但其所承担的运输量分别占其公路总运输量的 20% ~ 25%,25% 和 15%;日本高速公路国道里程仅占公路总里程的 0.31%,但其所承担的货物周转量占公路总货物周转量的 21.6%。

美国从1944年通过《联邦资助公路法》开始规划建设全国国道系统，规划建设41000英里(折合65600km)国道，该系统被正式称为“国家州际和国防公路系统”。日本政府1959年制定“高速汽车国道法”，规划了高速公路国道的路线和建设计划；1966年通过的《国土开发干线公路建设法》，从法律上认定了全国7600km高速公路国道的建设计划。

我国的国道计划方案最早提出是1981年颁布的“规定国家干线公路网”的试行方案，1994年又进行了适当调整。现在，我国公路国道系统已经基本确定；我国国道的划分及编序与其他国家不同。根据我国国情，将国道划分为三类，国道编号都是由三位数字组成。第一类是以首都北京为中心向全国各地不同方向延射的国道，这类国道的左端第一数字是1，后面两位数字是国道自身的序号，例如，国道107是从北京出发经石家庄、郑州、广州到深圳的公路大干线，全长2449km。以北京为中心向全国各地呈放射状的国道有12条，计2.3万公里。这一系列国道将首都北京与全国主要的政治经济中心联结在一起。第二类国道是不通过首都北京，而是由北向南的高等级公路主干线，称为南北纵线国道，共计27条，3.7万公里。这类国道左端的第一位数字是2，后面两位数字是国道自身序号，例如，国道210，从包头开始，穿过内蒙古、陕西、四川、重庆、贵州、广西等省、市、自治区，途经西安、重庆到南宁。这27条国道从东到西依次平行沟通我国南北地区。第三类国道是由东向西的公路主干线，称为东西横向国道，累计29条，4.6万公里。这类国道左端以3字起头，后两位数字是国道自身序号，例如，国道310就是起自连云港，联结徐州、西安到天水终止的东西干线，全长1153km。天水向北与国道312衔接。这29条国道干线从我国北部向南依次平行排列，沟通我国东西地区。上述三类国道共有68条，总里程10.62万公里，占全国公路总里程的9%左右，这些国道互相衔接，将我国各省、市、自治区，各主要城市和政治经济中心及交通枢纽联结在一起，构成我国四通八达高等级骨干公路网，在21世纪我国的经济现代化进程中将发挥极为重要的作用。表1-8给出我国部分主要的国道概况。

我国部分主要国道概况 表1-8

编 号	路 线 名 称	里程(km)
一、首都放射线国道(共12条)		22980
102	北京—山海关—沈阳—哈尔滨	1231
104	北京—南京—杭州—福州	2284

续上表

编　号	路 线 名 称	里程(km)
105	北京—南昌—广州—珠海	2361
106	北京—兰考—黄岗—广州	2497
107	北京—郑州—广州—深圳	2449
108	北京—太原—西安—昆明	3356
109	北京—银川—兰州—拉萨	3763
110	北京—呼和浩特—银川	1063
111	北京—通辽—乌兰浩特—加格达奇	2034
二、南北纵线国道(共27条)		37054
201	鹤岗—牡丹江—大连	1822
202	黑河—哈尔滨—沈阳—大连	1696
205	山海关—淄博—南京—深圳	2755
206	烟台—徐州—合肥—汕头	2324
207	锡林浩特—长治—梧州—海安	3566
209	呼和浩特—三门峡—柳州—北海	3375
210	包头—西安—重庆—南宁	3005
212	兰州—广元—重庆	1084
213	兰州—成都—昆明—磨憨	2852
214	西宁—昌都—景洪	3008
217	阿勒泰—独山子—库车	1082
218	清水河—伊宁—库尔勒—若羌	1129
219	叶城—狮泉河—拉孜	2139
228	台湾环线	
三、东西横线国道(共29条)		46214
301	绥芬河—哈尔滨—满洲里	1448
302	珲春—吉林—长春—乌兰浩特	1024
303	集安—四平—通辽—锡林浩特	1265
307	黄骅—石家庄—太原—银川	1193
309	荣城—济南—宜川—兰州	1961
310	连云港—徐州—西安—天水	1153
312	上海—合肥—兰州—霍尔果斯	4708

续上表

编号	路线名称	里程(km)
314	乌鲁木齐—喀什—红其拉甫	2073
315	西宁—若羌—喀什	2746
316	福州—南昌—武汉—兰州	1985
317	成都—昌都—那曲	1917
318	上海—成都—拉萨—聂拉木	4907
319	厦门—长沙—重庆—成都	2631
320	上海—南昌—昆明—瑞丽	3315
321	广州—桂林—贵阳—成都	1749
322	衡阳—桂林—南宁—友谊关	1045
323	瑞金—韶关—柳州—临沧	2316
324	福州—广州—南宁—昆明	2201
326	秀山—毕节—个旧—河口	1239

三、经营性与非经营性公路

把公路划分为经营性公路和非经营性公路是改革开放以后才提出的。在加快我国公路交通事业发展的过程中，为了解决资金不足的问题，国家出台了一系列公路投资、融资的改革措施，尤其是大胆利用国内外经济组织及社会各方面的资金参与公路基础设施的建设。随着改革的深入，先后进行了沪宁高速公路股份有限公司、沪杭甬高速公路股份有限公司、深圳高速公路股份有限公司的试点，现在已有17家高速公路上市股份公司。在这样的背景下，为了准确表达高速公路的经营性质提出了经营性公路和非经营性公路的分类。

经营(running或operating)是一个有比较丰富内涵的概念，它有操作、管理的意思，也有计划、投资、开发、竞争的意思。在这里，我们以商业性经营的本质——追求最大限度利润来理解经营的含义。众所周知，在市场经济社会，生产厂商经营任何业务、生产任何产品或劳务，其目的是为了追求利润；企业、私人或国外投资者之所以愿意拿出钱来投资公路建设，其目的也是为了追求利润。因此，所谓经营性公路，就是以追求实现利润最大化为目标的竞争性投资的公路项目。

从公路的技术经济属性(本书第三章将详细分析)可知，公路属于公共产品或者准公共产品的范畴，它是一国的重要基础结构。在中共中央十四届三中全会做出的我国社会主义市场经济体制若干问题的决定中，把我国投资项目划分为三类，即竞争性投资项目、基础性投资项目和社会公益性投资项目。作为国家基础结构的公路，应划分为基础性投资项目或者社会公益性投资项目。第三章还分析到，高等级公路有比较显著的级差效益；再考虑到我国处于社会主义初级阶段，底子薄，缺少全面大规模发展公路现代化交通事业的资金，为了解决资金问题，加快公路建设速度，也不排除在高等级公路建设过程中，选择部分条件适合的高速公路项目，作为竞争性投资项目操作和运行，只要政府政策对头，引导得法，管理有效，控制适当，就能做到既能吸引国内外经济单位的资金，加快我国高速公路建设，又不会影响国家对公路基础设施的控制。经营性公路就是在这种指导思想及实践的基础上出现的。

当前，从经营性质的角度，可以将公路划分为两类：第一类是经营性公路，它主要包括有偿转让收费权的公路，实施公路企业资本化(股份制等)经营的公路和实施 BOT 项目建设经营的公路。由于公路是国家的基础结构，上述公路的经营与市场上一般商品的经营还有很大区别，我们可以把经营性公路统称为政府对公路基础设施的特许经营。这些形式的项目之所以称为经营性公路，主要特征是经营公路的主体是独立法人的企业(或多个企业的联合体)，他们经营的目的是为了盈利。按照国家对投资项目的分类，经营性公路项目属于竞争性投资项目。第二类是非经营性公路，在非经营性公路里又可以细分为两种，一种是收费还贷的高等级公路(包括大型收费桥梁和大型收费隧道)。收费还贷高等级公路的投资除含有政府拨款外，还必然含有政府担保的社会集资、向银行的借款、贷款及各种形式引进的外资。为了偿还公路建设的借贷部分资金及用于公路维护成本、收费开支等，这些高等级公路要向使用者收费。这类收费公路并不是以盈利为目的，建设这类收费公路的业主单位无论如何称呼，他们都是政府交通主管部门委托的专门机构，其收费的目的，中央政府也有明文规定，就是为了偿还借贷款，一旦借贷款还清本息之后，要立即停止收费；如果还清借贷款后继续收费，必须得到省级人民政府批准，所得收入，只能用于公路建设，实行滚动发展。为了区别于不收费的社会公益性公路，我们可把这类收费的公路称为基础性公路，它们可以归为中央政府划分投资项目类别里的基础性投资项目。非经营性公路里第二种是不收费的社会公益性公路。它们是由国家财政拨款投资、养路费投资、民工建勤、以工代赈或者个人及社会捐资修建的公路。

这些公路不收取过路费，其养护管理成本从征收的养路费中开支，即社会公益性公路的价值补偿和实物补偿要通过收取税费的方式解决，实行路政与养护相互协作的管养结合体制。目前，我国的社会公益性公路主要是中级和低级的普通公路，实行混合交通。

以上公路的分类，可以简列如下：

- 公路
  - 经营性公路（竞争性投资项目）
    - 经营权有偿转让公路
    - BOT 公路
    - 企业资本化(股份)经营公路
  - 非经营性公路
    - 收费高等级公路(桥梁、隧道)}基础性投资项目
    - 不收费普通公路}社会公益性投资项目

按照我国两部一局(交通部、财政部、国家物价局)1988 年 1 月 5 日发布的《贷款修建高等级公路和大型桥梁、隧道收取车辆通行费规定》，高速公路、一级公路(10km 以上)和二级公路(20km 以上)、300m 以上大型桥梁和 500m 以上大型隧道可以实行收费。根据高等级公路级差效益原理，目前我国使用这个标准界定收费公路基本上是合适的。由于过去沿用的习惯，公路交通行业职工一直把所有的收费公路都一概称为经营性公路，这种称谓容易把以盈利为目的的经营性公路和以收费还贷为目的的基础性公路混淆起来，理论上是不合适的。

第三节　高速公路的发展概况

20 世纪 60 年代，在发达国家掀起了修建高速公路的热潮，到 20 世纪 70 年代，这些国家公路运输方式所完成的客、货运输量，在全社会的客、货运输总量中，已超过铁路成为完成比例最高的运输方式。据各国政府交通部门公布的统计资料，以 1992 年为例，美国客运市场(以旅客周转量计)，公路客运占有率为 81.6%，日本为 60.82%，英国为93.75%，法国为 90.3%。货运市场(以货物周转量计)占有率，美国为 46%，日本为 50.56%，英国为 63.8%，法国为 51.9%，在各种运输方式中都是最高的。从此，改变了一个多世纪以来，以铁路运输为中心的局面，公路运输在各种运输方式中起到了主导作用，成为现代化综合运输体系中的核心。

公路运输与其他运输方式相比，具有实现门到门的直达运输，运送速度快、中间环节少、装卸费用和包装费用省、货损货差少等优点。世界各国都非常重视建设公路网，大力修建高速公路，提高公路网的建设和管理水平。

表1-9是世界几个主要发达国家高速公路的状况。表中数据是20世纪90年代初期统计数据，由于这些国家当时均已建成高速公路网，近几年来主要致力于提高路网的管理和使用水平，高速公路里程基本上没有增加，里程数据与目前相差不大。

世界上高速公路最多的前11个国家高速公路状况 表1-9

国别	统计年份	公路总里程（万公里）	其中高速公路（km）	高速公路占公路总里程的%	始建年份
美国	1993	628.4	87500	1.4	1937
加拿大	1992	90.2	16600	1.8	1967
德国	1992	64.0	11000	1.7	1928
法国	1994	81.3	9000	1.1	1951
意大利	1992	30.5	6310	2.1	1924
日本	1994	113.7	5600	0.5	1957
墨西哥	1992	24.3	3166	1.3	1952
英国	1993	36.6	3100	0.9	1957
西班牙	1992	33.2	2700	0.8	1962
荷兰	1992	10.5	2118	2.0	1936
南非	1992	18.3	2108	1.2	1964

资料来源：摘自“World Road statistics，1994”，International Road Federation，1994。

由表1-9可以看出，美国是高速公路最多、路网最发达的国家。从1944年美国制定国防和州际高速公路网的13年规划算起，到1993年已建成87500km高速公路，占全世界高速公路总里程的一半左右，最长的一条跨越东西北美大陆的高速公路是从纽约到洛杉矶的高速公路，全长4556km。美国发展高速公路的“黄金时代”是20世纪的60年代和70年代，20多年平均每年建成高速公路3000km。世界上大多数发达国家高速公路网络的建成是20世纪80年代，从那以后相继进入完善和提高使用质量阶段。例如，美国20世纪70年代完成州际高速公路网建设，80年代开始重点转向对已建成公路网络的完善与改造，不再有大规模的建设任务。从1981年开始，美国联邦政府对州际高速公路的资助转向4R项目（Restoration、Resurfacing、Reconstruction、Relocation，即重修、重新铺面、重建和重置）。1982年国会通过的《陆上运输资助法》又规定用于州际高速公路的资助金额中,用于4R项目的不得少于40%。仅1987年联邦政府对州际高速公路4R项目的资助金额已达31.5亿美元。

由于政治、经济以及认识上的各种原因,我国大陆高速公路建设直到改革开放后的20世纪80年代中期才起步。我国大陆的第一条高速公路是沪嘉(上海浦桃工业区—嘉定县)高速公路,1984年破土,1988年竣工使用,全长只有18km,比美国1937年建成的第一条高速公路(在加州境内,全长11.2km)晚了半个世纪。我国高速公路建设起步虽晚,但发展迅速,从1988年到1997年,是我国建设高速公路的探索阶段,这一时期各省高速公路建设都先后起步,在这10多年中,我国共建成高速公路37条,总计通车里程3422km(不包括台湾省当时建成的477km),总里程位于世界第七位。在这一阶段,我国平均每年建成高速公路324km。这个时期建成的高速公路特点是每段距离较短,最长的是沈阳至大连的高速公路,全长375km;而且每段高速公路基本上都是从省会城市这样的政治经济文化中心出发,初步形成了几条连接大城市或海港的“运输走廊”(Transport Corridor),例如沈大(沈阳—大连)、京津塘(北京—天津—塘沽新港)、济青(济南—青岛)、成渝(成都—重庆)、沪宁(上海—南京),广深珠(广州—深圳—珠海)运输走廊等。这些运输走廊的建成,发挥出带动沿线经济高速发展的作用,短短几年,沿线的产业带已初具规模,国内生产总值(GDP)以高于其同类地区几个甚至十几个百分点的年速率迅猛增长,这极大地激发了各级政府和当地人民建设高速公路的热情。然而,这一时期由于高速公路以独立路段的形式存在,尚未联成网络,远没有发挥出其促进经济发展的综合效能。

进入1998年以后,我国高速公路建设由探索阶段进入快速发展阶段。由于全社会对发展高速公路认同的普及与提高,由于前十多年高速公路对经济发展极大促进的示范作用,更加上由于在1997年爆发的东南亚金融危机背景下,中央政府制定并实施了拉动内需,加快基础设施发展,加大对公路建设投入的国策,我国高速公路的建设步伐加快,连续三年向公路建设投入年均都超过2000亿元人民币,1997年竣工高速公路1313km,1998年建成3998km,1999年建成2267km。到1999年10月1日,我国高速公路总里程突破10000km,到1999年底已达到11000km,仅次于美国和加拿大而跃居世界第三位。2001年至2003年,我国高速公路以年竣工平均5000km的速度继续猛增,2001年全国高速公路达到19437km,超过加拿大而居于世界第二位。2002年高速公路达到25200km,当年有10个省区高速公路超过

1000km，其中山东、辽宁、浙江率先实现省会到地级市高速公路联网，初步形成省内高速公路干线网络。我国跨省区的环渤海经济区、长江三角洲经济区、珠江三角洲经济区等也初步实现了高速公路联网。2003年我国高速公路总里程达到30000km。同江—三亚、北京—珠海、连云港—霍尔果斯、上海—成都四条公路国道主干线于2003年基本贯通，再加上前两年已贯通的北京—沈阳、北京—上海、重庆—北海三条高速公路国道主干线路段，“两纵两横三个重要路段”全部贯通，这标志着我国公路建设取得阶段性成果，为2007年提前完成“五纵七横”国道主干线任务打下了坚实的基础。到2003年底，全国已有一半以上的省区高速公路超过1000km，其中山东省高速公路突破2000km，河北、山西、辽宁、浙江、河南、湖南、湖北、江西、安徽、广西、四川、云南、陕西13个省区高速公路突破1000km。

与此同时，全国公路网也相应取得跨越式发展，全国公路总里程从1997年的122.6万公里，增加到2003年的181万公里，2001年比1997年增长47.6%，比改革开放之初的1979年翻了一番还要多。除此之外，我国公路网的技术结构质量也有显著的提高，等级公路比例大幅度增加，到2002年底，全国乡镇通路率已达99.4%，行政村通路率达92.5%，除西藏自治区外，西部地区实现了县县通油路，辽宁、山东、广东省实现了乡乡通油路。公路交通事业这样的发展速度，在中国经济发展历史上，乃至世界各国经济发展史上都是没有的，正如交通部前部长黄振东说的：我国高速公路建设用10年时间，超过了发达国家一般需要40年完成的发展历程！图1-1表示我国高速公路建设累计里程。

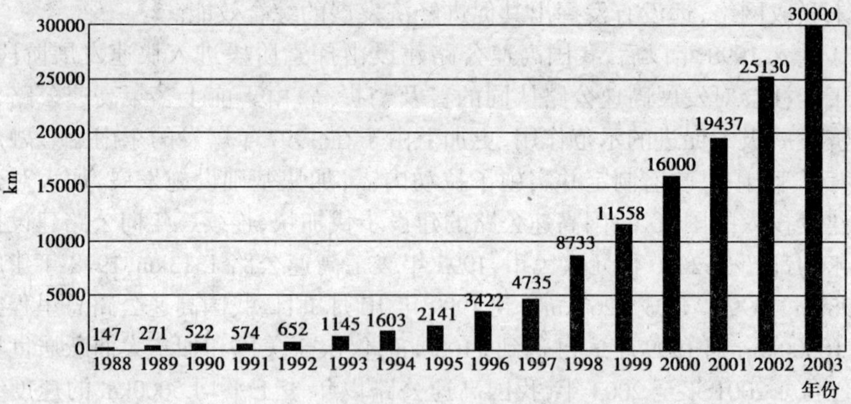

图1-1　我国高速公路建设累计里程

下面介绍已建成的几条典型的高速公路。

1.沈大高速公路

从沈阳出发连接辽阳、鞍山、营口,到大连止,全长375km。以沈大高速为主,与并行的铁路和航空线路构成贯穿辽东半岛经济带的“运输走廊”,不仅带动辽宁省的经济发展,也为吉林、黑龙江提供出海大通道。工程自1984年6月动工,1990年8月20日竣工通车。上下四条有效车道,设计时速100~120km/h,日通行能力5万辆,全路共投资22亿元,平均每km造价586万元。它是由中国自行设计、自行建设的第一条较长的高速公路,为全国的高速公路发展起到了很好的促进作用。在通行了13年之后,沈大高速公路进行全面改造,竣工后将为6条有效车道,日通行能力达10万辆。

2.京津塘高速公路

该路从北京起,通过天津市到塘沽新港止,全长142.69km。1988年开工,1993年9月建成通车,双向四车道,设计时速120km/h。京津塘高速公路是从世界银行贷款完全按照国际惯例进行前期可行性论证、国际招投标,并根据菲迪克条款实施工程监理的第一条高速公路(此前曾按照国际惯例建设了西安—三原一级公路)。这条高速公路的建设为全国学习国外建设高速公路的先进经验起到了很好的示范作用。这条路在当时设计标准最高、工程管理制度最完善、施工程序最规范,因此建设质量也最好。从此之后,中国的高速公路建设进入了成熟阶段。

3.沪宁高速公路

沪宁高速公路从上海出发,连接苏州、无锡、常州、镇江等重要城市,到南京止,全长274km。自1992年6月正式动工建设,到1996年9月建成,投资近70亿元,平均每公里建造成本大约2500万元人民币。沪宁高速公路双向四车道,设计通行能力4.78万辆。沪宁高速公路的建设,与南京—合肥、上海—杭州高速公路连成地区网络,构建起长江三角洲的黄金通道,经济作用非常明显,政治地位十分重要。它的建设在软土地基处理、沥青路面施工、克服桥头跳车等方面积累了丰富的经验。全线做到了道路、桥梁、交通工程、服务设施、管理设施与环境美化同步建成。沪宁高速公路为我国水网地区修建高速公路提供了新的经验,是继京津塘高速公路之后又一条高质量的高速公路,标志着我国在高速公路建设上,从设计、施工到管理已接近世界先进水平。

表1-10介绍了到2000年我国已建成的高速公路。

1988～1997 年竣工高速公路和 1998 年到 20 世纪末竣工 100km 以上高速公路

表 1-10

序号	名　称	起　止　点	建成、通车时间	长度(km)
1	沪嘉高速公路	上海—嘉定	1988	19
2	广佛高速公路	广州—佛山	1989	16
3	沈大高速公路	沈阳—大连	1990	375
4	西临高速公路	西安—临潼	1990	16
5	莘松高速公路	上海—松江	1990	20
6	呼包高速公路	呼和浩特—包头	1990	150.4
7	合宁高速公路	合肥—南京	1992	92
8	广深高速公路	广州—深圳	1993	123
9	济青高速公路	济南—青岛	1993	318
10	首都机场公路	北京—首都机场	1993	18
11	京石高速公路	北京—石家庄	1994	270
12	京津塘高速公路	北京—天津—塘沽	1994	143
13	武江高速公路	武汉—江陵	1994	180
14	开郑高速公路	开封—郑州	1994	81
15	沈抚高速公路	沈阳—抚顺	1994	13
16	沈阳环城高速	沈阳市	1995	81
17	青黄高速公路	青岛—黄岛	1995	68
18	开洛高速公路	开封—洛阳	1995	201
19	宜黄高速公路	宜昌—黄石	1995	350
20	西宝高速公路	西安—宝鸡	1995	155
21	成渝高速公路	成都—重庆	1995	340
22	京哈高速(长春段)	北京—哈尔滨	1995	50
23	合巢芜高速公路	合肥—巢湖—芜湖	1995	88
24	海南东线高速公路	海南	1995	251
25	太旧高速公路	太原—旧关	1996	144

续上表

序号	名　称	起　止　点	建成、通车时间	长度(km)
26	沈本高速公路	沈阳—本溪	1995	75
27	长四高速公路	长春—四平	1996	133
28	沪宁高速公路	上海—南京	1996	274
29	杭甬高速公路	杭州—宁波	1996	145
30	昌九高速公路	南昌—九江	1996	142
31	郑洛高速公路	郑州—洛阳	1996	201
32	郑许高速公路	郑州—许昌	1996	94
33	长湘高速公路	长沙—湘潭	1996	52
34	文加高速公路	文昌—加积	1996	60
35	广花高速公路	广州—花县	1996	23
36	深汕高速公路	深圳—汕头	1996	286
37	昆曲高速公路	昆明—曲靖	1996	130
38	临渭高速公路	临潼—渭南	1996	41
39	长吉高速公路	长春—吉林	1997	84
40	长营高速公路	长春—营城子	1997	69
41	哈大高速公路	哈尔滨—大庆	1997	132
42	济德高速公路	济南—德州	1997	91
43	济聊高速公路	济南—聊城	1997	91
44	广湛高速公路	广州—湛江	1997	530
45	桂黄高速公路	桂林—黄沙河	1997	130
46	钦防高速公路	钦州—防城	1997	98
47	成绵高速公路	成都—绵阳	1997	92
48	成乐高速公路	成都—乐山	1997	127
49	石安高速公路	石家庄—安阳	1997	216
50	泉厦高速公路	泉州—厦门	1997	81

续上表

序号	名　　称	起　止　点	建成、通车时间	长度(km)
51	南樟高速公路	南昌—樟树	1997	70
52	桂柳高速公路	桂林—柳州	1998	139
53	安新高速公路	安阳—新乡	1998	122
54	沈四高速公路	沈阳—四平	1998	160
55	楚大高速公路	楚雄—大理	1999	179
56	福泉高速公路	福州—泉州	1999	165
57	化临高速公路	化马湾—临沂	1999	137
58	钦北高速公路	钦州—北海	1999	100
59	保津高速公路	保定—天津	1999	110
60	成雅高速公路	成都—雅安	1999	145
61	成宜高速公路	成都—宜宾	1999	360
62	黄黄高速公路	黄石—黄梅	1999	142
63	苏杭高速(江苏段)	苏州—杭州	2000	100
64	京沈高速公路	北京—沈阳	2000	658
65	京沪高速(沂淮段)	新沂—江都	2000	262
66	乌奎高速公路	乌鲁木齐—奎屯	2000	266
67	九景高速公路	九江—景德镇	2000	134
68	曲张高速公路	曲阜—张山子	2000	146
69	淮连高速公路	淮阴—连云港	2000	113
70	宁通高速公路	南京—南通	2000	140
71	青吴高速公路	青县—吴桥	2000	141
72	石黄高速公路	石家庄—黄骅港	2000	187
73	宣大高速(河北段)	阳原县—宣化	2000	126
74	宜柳高速公路	宜州—柳州	2000	113
75	湘耒高速公路	湘潭—耒阳	2000	169

为了适应国民经济发展的需求，交通部在20世纪末制定了我国“十五”公路交通发展规划。在“十五”期间要继续实施“三主一支持”（三主一支持：国道主干线、水运主通道、港站主枢纽和支持保障系统）长远发展规划，加快公路交通现代化的步伐。具体来说，到2002年，“二纵二横三条路”基本建成；到2005年，国道主干线将建成2.6万公里，占规划里程的75%，其余的也要处于开工或准备开工建设的阶段；到2010年，提前10年基本建成“五纵七横”国道主干线系统。

“十五”期间重点建设“一个系统三个网络”，即全国公路主骨架系统、区域干线公路网络、县乡公路网络、公路运输服务网络。

加大“五纵七横”国道主干线中未建成路段建设力度，基本形成全国公路主骨架系统，确保在2010年前形成连接所有省会城市和重要沿海港口城市以及对外开放口岸，横连东西、纵贯南北的公路运输大通道。

配合国道主干线建设，重点发展连接省会城市到地级城市或到主要县城公路以及国道主干线连接线等干线公路，加快区域干线公路和大中城市过境公路及出入口公路建设，尽快形成全国公路主骨架与区域干线公路相互连接、功能分明的干线公路网络。

加大农村公路的建设与技术改造力度，全面提高农村公路的抗灾能力和通达深度。重点抓好三方面建设：一是连接国省干线公路等对外出口公路；二是旅游公路、资源开发公路和贫困地区联片开发公路；三是具备建设条件的通乡、通村公路。

进一步加快以公路主枢纽为重点的站场体系建设，全国建成公路主枢纽场站设施20%左右。加快公路主枢纽信息网络建设，初步形成以高等级干线公路为依托的省际间、重要城市间快速直达公路运输系统和重要港口、铁路枢纽集散运输服务网络。

加快西部地区公路建设。为了适应中央政府关于“西部大开发”战略部署的要求，根据朱镕基总理西部大开发要首先加强公路基础设施建设的指示，交通部制定了“十五”期间加快西部地区公路建设的总体目标：为西部地区经济、社会发展和人民生活水平的提高提供最基本的交通条件。省会到地市以及区域对外通道公路实现较高等级公路（以二级公路为主）；地市到县实现通油路（以三级公路为主）；县到乡实现通公路（以四级公路为主）；乡到行政村通机动车（有条件的通等级公路）。加快西部公路建设要坚持规划第一、分类指导、突出重点、讲求实效、建管养并重、保护生态的原则，实施加大投入、加快建设、适当超前的建设方针，重点建设国道主干线及乡村公路通达工程，有计划地实施西部地区与中部和东部地区、西南地区与西北地区，通江达海、连接周边的西部开发公路大通道工程和重点国道改造工程。

进入21世纪之后，交通部还提出了到2010年和2020年公路交通发展的远景规划，要点如下：

党的十六大提出，要在2020年实现国民经济总值翻两番，集中力量全面建成我国小康社会的战略目标。为了从公路交通运输发展方面适应党中央的战略总目标，交通部制定了公路交通的发展目标，目标要求公路交通事业要为国民经济翻两番提供强有力的支持。

基于上述要求，要经过近20年的艰苦奋斗，使公路交通在20世纪末已经由"全面持续紧张"发展为"得到缓解"的基础上，再升级到"基本适应"的新阶段，为在21世纪中叶实现公路交通现代化奠定坚实的基础。

与21世纪前20年国民经济生产总值翻两番的战略步骤相适应，交通部拟定的2020年公路交通发展目标是：

到2020年，基本建成以高速公路为主体的骨架公路网。以高等级公路为主体的干线公路网、以沥青和水泥路面为主体的县乡公路网。建立比较完善的全国快速客货运输网络与农村便利客运网络；形成统一、开放、竞争、有序的现代公路交通市场体系。为此，建议的主要目标是：全国公路总里程达到300万公里；其中高速公路8.5万公里，二级以上公路基本覆盖县级行政区，总里程达65万公里；乡到行政村公路基本达到高级、次高级路的标准。这样，基本形成国家高速公路网，高速公路将连接目前所有城镇人口超过20万的城市，形成"首都直达省会、省会彼此畅通、省会通达地市、连接主要城市"，中等以上城市间400~500km当日往返，800~1000km当日到达的现代化公路交通网络。同时，全国县际间基本由二级以上公路连接，县乡公路技术状况显著改善，并得到及时、有效养护，农民进城、赶集直上沥青或水泥路。

上述发展目标拟分为两步走，与21世纪前10年国民经济生产总值翻一番的第一步发展战略目标相适应，交通部也拟定了到2010年的第一步公路交通发展目标：

到2010年，国家高速公路网骨架基本形成，国省干线公路等级全面提高，农村公路交通条件得到明显改善。全国快速客货运输网络基本形成，现代公路交通市场体系基本建立。届时，全国公路交通紧张状况在20世纪末"得到缓解"的基础上，将"全面缓解"，对国民经济发展的制约将全面改善，并为到2020年建成满足全面建设小康社会要求的公路交通系统奠定坚实

基础。为此,建议的主要目标是:

全国公路总里程达到230万公里,其中高速公路5.5万公里,全国二级以上标准公路达45万公里,国省干线公路基本达到二级以上标准,县到乡公路基本达到高级、次高级路的标准,乡到行政村公路消除无路的状况。基本建成全国快速客货运输网络和现代公路交通市场体系。

小　　结

道路是人类为从事各项活动而在陆地上开辟或建设的不铺设轨道的通路。在它数千年的发展历史中,可以分为四个阶段,以全立交、全封闭,快速分层行驶为特征的高速公路阶段,是道路科技含量和现代化水平最高的阶段。现代公路有技术分类和行政分类。在我国,以交通量、行驶速度等指标为特征的技术分类中,将公路分为5个等级:高速公路、一级公路、二级公路、三级公路、四级公路,另外一、二级公路中还包括一、二级汽车专用公路。为了管理上的需要,全国公路的行政分级也有5个类别:国道、省道、县道、乡道和专有公路,其中县道、乡道和未纳入路政管理、由行政村自建自用的村道共同组成农村道路。改革开放之后,为了加快公路的发展,我国出台了公路收费政策,吸引民间资金投资建设公路,从而在我国出现了经营性公路和非经营性公路的划分,从理论上和实践上对这种分类方法进行深入地研究,对发展我国高速公路事业具有重要的指导意义。

思考题

1.简述道路由历史上最简单的人畜步行小路发展到现代化高速公路的过程。

2.供汽车行驶的现代公路与传统道路相比有哪些特征?

3.我国公路技术分类有哪几个等级,公路技术分类的主要依据是什么?

4.我国公路的行政分级是怎样的,这样分级对公路管理有什么意义?

5.我国公路国道是按什么规律编号的?

6.在什么样的背景之下我国产生了经营性和非经营性公路的划分,怎样划分?

7.简述我国高速公路的发展概况。

第二章

高速公路与社会经济现代化

学习目标

本章重点是深入认识公路交通与社会经济发展之间的关系。传统公路与资本主义国家的工业化过程相伴而生,高速公路与工业化国家全面实现社会经济现代化同时进行,公路交通对社会经济发展起着巨大的保障作用和推动作用。从世界各国经济腾飞的历史可以看出,在它们从工业化向全面现代化的过渡阶段,总有一段高速公路大发展的时期,美国、英国、法国等国家发生在20世纪50~70年代,日本、韩国等国家发生在20世纪60~80年代。从20世纪90年代到现在,我国正处在这样一个历史时期。

根据经济学规律,一国经济发展与现代化进程的顺利实现,一方面取决于社会分工和规模化大生产的程度与科学技术发展的水平,另一方面,也取决于交通运输业的发展速度和运载能力。当两类条件都比较成熟时,国家经济就会逐步走向现代化的轨道。本章从高速公路与交通运输、高速公路与国民经济发展、高速公路与社会文明进步之间三个方面关系的分析,来阐明高速公路对国家现代化的促进和依存关系。

第一节　高速公路与交通运输

一、高速公路改善了综合运输结构

长期以来,我国以铁路、公路、航空、水运和管道五种运输方式所组成的运输体系处于不合理不协调的状态，主要表现在分工不科学、负担不合理、协作不协调、技术不进步等方面。铁路一方面承担长途运输，还要承担短途运输，压力太大，不堪重负；公路、航空运输太落后，没有发挥必要的作用，全国交通运输全面持续紧张，严重制约了国民经济的发展和社会进步。

改革开放后，随着国民经济的发展和运输需求的变化，这种运输结构亟待改进。高速公路的出现，改变了以往公路运输在综合运输体系中只具有短途、零散、中转功能的附属地位，使汽车运输灵活、机动、“门到门”优势得到了更为充分的发挥，在现代化高起点上成为骨干运输力量，为价值高的成品货物运输、时间性强、快速直达的货物运输和舒适、安全、快速的旅客运输提供了最佳运输方式，为改善我国不合理的运输结构，为在我国实现现代化综合运输提供了必要条件。

(1)高速公路实现了快速运输，快速运输促进了运输结构的变化及合理调整。随着人们生活水平的不断提高，人们对“行”的质量更加重视，旅行速度便成为选择运输方式的首要因素之一。因此，运输速度对运输结构的变化产生重大影响，并导致了运输结构的变化。

在成渝高速公路通车前，从成都到重庆，乘坐飞机加上进出港时间要 4 个小时，乘特快火车也要 9 个半小时，普快则需要 11 个小时，而在成渝高速路上行车仅需 4 个小时，与乘坐飞机时间相差无几，充分体现了高速、高效的优势。

目前，成渝高速公路已使当地运输结构发生了重大调整，发挥了其主力军作用，显示出强大的生命力。高速公路开通后，成渝间的航空班机已基本停飞，火车也减少了车次，提高了运送速度，改善了服务质量，公路客源已由开通前占全部客源的 19%上升到现在的 70%，平均一天要发 80 ~ 90 车次，春节高峰时曾创下日发车 200 车次的记录。

为了与高速公路客运竞争，火车也在提高车速和服务质量，开设了夕发朝至列车，开放绿色通道、联网售票、降低票价、赠送小礼品等，这种竞争使旅客和货主成为最大的受益者。综合运输要求各种交通方式既有竞争、又有协作，充分发挥各自优势，为社会带来更多的效益。

(2)面对高速公路的竞争和挑战，铁路部门在全国范围内由点到线开展提速重载，摆脱了慢速度、小批量、短距离的劣势，集中力量发展快速、大宗、长途的优势。如在沪宁线开行时速 140km 的快速旅客列车；在京沪线开行 5000t 货物列车；在沈山线试验时速 180km 的旅客列车和 90km 的货物列车；在北京—上海、北京—广州、北京—沈阳—哈尔滨等主要铁路干线开行时速达 160～180km 的旅客列车，努力争取实现在主要城市之间“朝发暮至”。同时在主要干线开行定点、定班直达快速货物(集装箱)列车等。现在，铁道部在“九五”期间三次提速的基础上，到 2004 年 3 月前又进行了两次大提速。铁道部还制定了 2010 年及 2020 年铁路进一步提速和提高服务质量的规划蓝图。由此可见，高速公路也促进了我国铁路现代化步伐。

(3)大量吸引中短途旅客和货物运输。高速公路的出现，使汽车具有与铁路平行线路上开展竞争的能力，减轻了铁路压力。随着高速公路通车里程的增加和大型客货汽车的使用，在铁路运输的紧张区段促进了公铁分流，由公路运输承担更多的从铁路转移出来的运输任务。1995 年铁路客运量下降了 5.5%，1996 年铁路客运量又比上年下降了 15.3%，其中主要是短途客流大幅度下降。面对新的形势，铁道部停开了 150 多对旅客短途列车，并在 1997 年又停驶 240 多对，空出的线路能力，转向承担中长途客流，实现了公路与铁路的合理分工，充分发挥了各自的优势，完善了以铁路为骨干、公路为基础的基本运输框架。各种运输方式客货运输量比重变化情况见表 2-1、表 2-2。

部分年份各种运输方式完成旅客运输量比重表(%)　　表 2-1

年度	客运量				旅客周转量			
	铁路	公路	水运	民航	铁路	公路	水运	民航
1980	27.0	65.2	7.7	0.1	60.0	32.0	5.7	1.8
1985	18.1	76.8	5.0	0.1	54.5	38.9	4.0	2.6
1990	12.4	83.9	3.5	0.2	46.4	46.6	2.9	4.1
1995	8.8	88.8	2.0	0.4	39.4	51.1	1.9	7.6
1996	7.6	90.2	1.8	0.4	36.4	53.6	1.8	8.2
1997	7.0	90.9	1.7	0.4	35.5	55.3	1.6	7.7
1998	6.8	91.3	1.5	0.4	35.0	56.3	1.1	7.6
1999	7.1	91.1	1.4	0.4	36.1	55.3	1.0	7.6
2000	7.0	91.2	1.3	0.5	37.0	54.3	0.8	7.9
2001	6.8	91.5	1.2	0.5	36.2	54.8	0.7	8.3
2002	6.6	91.3	1.2	0.5	34.7	55.7	0.5	9.1

资料来源：1999 年中国统计年鉴，中国交通部《中国道路运输发展报告》第三页。

部分年份各种运输方式完成货物运输量比重表(%) 表 2-2

年度	货运量				货物周转量			
	铁路	公路	水运	其他	铁路	公路	水运	其他
1980	20.4	70.0	7.8	1.9	47.5	6.3	42.0	4.1
1985	17.5	72.1	8.5	1.8	44.8	9.3	42.5	3.3
1990	15.5	74.6	8.3	1.6	40.5	12.8	44.2	2.4
1995	13.4	76.2	9.2	1.2	36.0	13.2	49.1	1.7
1996	13.0	75.9	9.8	1.3	35.6	13.7	49.0	1.7
1997	13.3	76.5	8.9	1.3	34.3	13.8	50.3	1.6
1998	12.8	77.2	8.7	1.4	32.5	14.5	51.3	1.7
1999	12.7	76.8	8.9	1.6	31.3	14.2	52.8	1.7
2000	12.9	76.7	9.0	1.4	31.3	13.8	53.4	1.5
2001	13.7	75.4	9.5	1.4	30.6	13.6	54.6	1.5

注:其他包括民用航空和管道运输两项。

资料来源:1999 年中国统计年鉴、中国交通部《中国道路运输发展报告》,第五页。

从表中数据可以看出,由于高速公路的出现,各种运输方式纷纷调整自己的发展政策,提高服务质量,展开竞争与协作,使全国运输结构朝着合理、先进的方向迅速发展。

二、高速公路促进了综合运输大通道的形成

高速公路长距离、远辐射、“门到门”的运输优势,实现了各种运输方式在更高水平上的紧密衔接,对强化港口集疏运能力和扩大航空港覆盖面发挥了重要作用。

以山东为例,在没有高速公路之前,山东的公路在运输体系中仅有短途、中转、接卸等作用。随着一条条高速公路的贯通,把海、陆、空等各种运输方式有效地结合了起来,构成了横贯东西连接南北的立体交通运输大通道。济青高速公路以其高效、快速的疏港、疏站功能,为济南国际机场带来了大量的客源,使其提前 5 年达到了设计客运能力。当日本的一家航空公司准备在中国设立第一条国际航线时,他们对青岛和其他城市进行比选,选择了青岛。之所以选定青岛,是因为青岛有济青、环胶州湾和同三国道主干

线三条高速公路通过,把胶东半岛乃至山东中东部各大中城市连接,达到当天往返,使航空、公路和水运有效结合起来。

青岛港是黄河流域和环太平洋西岸重要的国际集装箱中转港,是北方的航运中心。近年来,青岛港的货物吞吐量每年以40%的速度增长,高速公路功不可没。济青高速公路的通车,使青岛港的货源腹地由山东半岛延伸到了华北、东北、西北和西南的各个省市,甚至有新疆的货物进出青岛港。2003年贯穿全国南北的沿海大动脉同三高速公路建成,以及环胶州湾高速公路直接修进了青岛港8号码头,大大地提高了其货物集疏能力,缓解了青岛港散杂货疏运的压力。据统计,青岛港有60%以上的集装箱货运是通过高速公路来完成的。

三、高速公路降低了运输成本

高速公路最直接的经济效益是缩短了运输时间,减少了燃料消耗,降低了机械磨损,延长了车辆使用寿命,从而大大降低了运输成本。因此,高速公路造价虽高,但投资回收周期一般在10年左右。美国对联邦政府建设的67000km高速公路曾做过统计,建设总投资约700亿美元,而建成10年内就获益1070亿美元。我国济青高速公路通车后,油料消耗降低20%左右,机械磨损降低25%,实载率提高到85%左右。以目前我国的公路运输成本和汽车耗油水平计算,年运量1500万吨,修建100km的高速公路,每年即可节省运费7500万元,汽柴油2100t;如果汽车运输向大型化、拖挂化、集装箱化方向发展,效益还将增大。交通事故的减少,也将降低运输成本。日本每亿车公里的交通事故次数,一般公路为195起,而高速公路只有27起。美国和西欧各国高速公路上的交通事故率和死亡率分别为一般公路的1/3和1/2左右。我国沈大高速公路,据辽阳管理所管辖的50km统计,按车辆行驶里程统计的死亡人数和受伤人数分别下降83%和54%;京石高速公路交通事故下降70%,济青高速公路事故率与一般公路相比,仅是一般公路的1/10,死亡率是一般公路的1/3。据有关资料的计算,我国每修建100 km的高速公路,每年可减少死于交通事故的人数为164人,每一死亡人数按直接经济损失4万元计算,则可减少600多万元的事故赔偿费,从而降低了运输成本。

四、高速公路极大地促进了全国道路运输业的发展

1.高速公路带动了沿线地区公路网水平的迅速提高

高速公路是国道主干线的重要组成部分,更是地区公路网的主骨架。

为充分利用高速公路发展经济,沿线各地区加速了县乡路、机场路和疏港路与高速路的沟通,促进了路网布局的完善以及公路等级和通行能力的发展。以济青高速公路为例,建成后两年与未建前相比,沿线的五个地市等级公路里程、高级和次高级路面里程均高速增长,分别比山东全省平均增长水平高28.5%和30.1%。在1995年山东省10个村村通油路的县市中,有9个在济青高速公路沿线。

从沈大高速公路沿线五市与全省公路发展情况对比中可以看出,等级公路里程、高级次高级路面里程、通黑色路面的乡镇数量和通公路的行政村数量4项指标,沿线五市1993年比1990年的增长幅度,分别比全省平均水平高25.3%、13.3%、0.8%和12.6%,反映出五市公路技术水平的提高速度高于全省平均水平。

高速公路带动公路网质量水平的提高,还可以从交通部的2020年发展规划指标中反映出来:到2020年,全国形成网络的高速公路要连接目前所有城镇人口超过20万的城市,形成首都直达省会、省会彼此畅通、省会通达地市、连接重要城市的高速公路交通网络。中等以上城市间400~500km当日往返,800~1000km当日到达。大部分地区汽车在2小时左右可到达高速公路,东部和中部地区在1小时之内就可驶入高速公路。这个目标的实现过程,实际上就是高速公路带动、提高全国公路网水平的过程。

2.高速公路带来了公路运输结构的改善和运输领域的拓展

随着高速公路的投入使用,公路运输趋于多样化、专业化和现代化。汽车运输向豪华型、大吨位、拖挂化、集装箱化方向发展,给公路运输带来了勃勃生机。

如济青高速公路的开通以无可比拟的运输条件,推动了运输结构的优化调整,特别是重载汽车和集装箱等专业化车辆的发展。青岛交运集团利用地理优势和便捷快速的陆路交通条件,调整经营战略,主副并举,增强了企业发展活力与后劲。1996年5月份,青岛交运集团又与西班牙阿尔撒克公司合作开通了青岛—天津直达客运快车,投入高档的50座奔驰客车,单程仅用10个小时,实载率达80%以上。济南汽运总公司也不失时机地引进与高速公路相适应的先进运输设备和经营管理技术,与韩国大宇集团合作经营山东交通济宇高速运业有限公司,以济青高速公路为依托,专营快速客运业务。沿线其他大中型运输企业也抓住机遇,适应市场要求,先后在山东各高速公路上开通了以高档舒适的豪华车型为主的专线快速客运。有的运输企业还引进了日本的厢式货运出租经营方式,发展货物快件运输。齐鲁石化危险品运输的先进专用车辆一下子发展到800多部。青岛港自济青高速公路开通以来，集装箱运输货源覆盖面积迅速延伸至冀、豫、晋、陕、川以及新疆、内蒙古等省区，1995年青岛港在国内港口中第一个建立了国际集装箱中转站，集装箱吞吐量当年即达60万箱，此后连年持续增长，2002年青岛港集装箱吞吐量已达到341万标准箱，大约是十年前的6倍，在国内港口中仅次于上海、深圳居第三位。

3.高速公路将加速实现公路运输现代化

高速公路是全封闭、全部控制出入、全部立体交叉，路中央设有分隔带的汽车专用公路，与一般公路相比，具有以下优点：行驶速度高，时速可达80~120km/h；行车安全，行车事故大大减少；运输经济，降低了油耗、轮耗、车耗；通过能力大，一条四车道的高速公路通行能力可达34000~50000辆/昼夜，比一般公路高出几倍甚至十几倍。高速公路高速度、高效率、高效益、有序化这四大特点，是一般公路无可比拟的。美国的高速公路占全国公路总里程的1.38%，承担了全美公路运输总量的25.6%。我国已建成的高速公路路段，虽未实现全国联网，但也发挥着日益重要的作用。广佛高速公路日交通量超过5万辆；沈大高速公路日平均货运量为3万吨，客运量已超过4万多人次；沪宁高速公路江苏段日均交通量4万多辆。高速公路是加速实现我国公路运输现代化的必由之路。

4.以高速公路为依托的快速运输系统，要求建立跨省、地区的大型高速的公路运输企业集团，实现网络化、规模化经营

高速公路快速运输的特点决定最大限度地实行规模化、集约化、网络化的经营方式，通过组建跨省、地区的快速运输集团，以改变传统落后的经营机制，避免各自为战、分散经营带来的地方保护、条块分割、资源浪费等弊端，形成集约化规模经营优势，建立并健全现代化的运输信息网络，以科学的运行组织管理和车辆调度为手段，进一步提高运输效益和经济效益。

交通部提出了今后我国快速运输系统发展的总目标是：以国家级干线公路网为载体，以公路主枢纽所在城市为依托，以公路主枢纽场站为结点，结合我国国情，建设有中国特色的快速运输系统。

交通部前部长黄镇东在1998年全国交通系统汽车运输企业加强管理经验交流会上提出：要以资产为纽带，组建、发展跨区域的汽车运输企业集团，这是交通运输企业由粗放型经营向集约型经营转变的重要途径。要改革现有的运输经营体制，实现资产重组，进一步建立跨区域的大型运输经济联合体，以达到集约化、规模化经营。这将改变“有路大家走”的分散的、重复

的、高资源消耗的传统经营体制，避免分散经营带来的条块割据、运力浪费和盲目竞争。

组建全国性的高速公路运输集团，使高速公路运输走集约化、网络化、规模化之路，无疑是未来的发展方向。

5. 高速公路加速了全国道路运输大市场的形成与完善

改革开放以后，我国培育道路运输市场工作迈出较大步伐，但要形成全国统一的道路运输大市场，仍然存在许多问题，突出表现在：地区间的断头路比较多；公路路况质量差；道路运输服务设施落后和乱设卡、乱收费现象比较严重等。随着高速公路的迅速发展，上述问题得到了极大改善，公路运输已突破了只适宜短途运输的禁区，运输半径由原来的300km提高到800km，部分客运班线和一些高附加值的公路运输已达到2000km左右，使分散的地区性的公路运输网络逐渐联网成片，开始在中长途运输领域发挥着重大的作用。

随着我国"五纵七横"国道主干线的逐步贯通及面向未来的公路主枢纽和物流中心的建设和完善，上述阻碍全国道路运输大市场形成的因素将会不复存在，一个以高速公路为载体，以现代化的主枢纽场站等基础设施为依托，以先进的运输工具为手段的统一、开放、竞争、有序的全国道路运输大市场将会在中国的大地上形成。

第二节　高速公路推动国民经济发展

一、区域经济发展模式与高速公路

一个区域只要具备了有利于经济发展的必要条件，这种区位条件就会形成一种优势，产生一种引力，有可能把相关企业和生产力要素吸引过来，在利益原则的驱动下，形成产业布局上的相对集中和聚集，从而促成该地区经济的发展。这种引力就称之为区位优势。上述区位经济理论可以用来作为研究高速公路产业带形成和发展的经济理论基础。

高速公路是产业带形成的基础设施和前提条件。在交通运输滞后于经济发展的情况下，高速公路的建成通车势必造成沿线地区交通优势，从而为产业带的形成和发展创造了条件。根据区位经济理论，高速公路沿线地区经济的迅速发展是必然的。这时区域经济的发展是依托高速公路创造出来的，在生产力布局上表现为产业群体分布于高速公路两侧，经济发展沿高速

公路展开,形成产业群体相对集中,经济发展高于周边地区平均水平的带状经济区域。其具体发展过程分为以下步骤:

第一,点位聚集发展阶段。通过交通条件的明显改善,首先在若干"点"上形成区位优势(如高速公路两端和沿线的出入口附近),吸引资金、技术、人口等生产要素向这些点位聚集。随着一批支柱产业或带头企业的建立,金融、保险、商业、运输、咨询、饮食、医疗等服务行业也会聚集到附近,形成一种强大的集聚效应。由此可见,产业带发展初期,在空间上表现为高速公路若干点位的优先集聚增长。尽管高速公路两侧传统产业(例如种植业)还占有相当大空间,但受新兴产业的带动,该区域经济发展明显高于周边地区。

第二,梯度扩散阶段。高速公路沿线产业不会均质地分布在两侧所有区域,新的生产要素也不可能同时出现在所有经济点位上。根据区位经济理论,受土地成本、原料供应、人才资源、投资费用等因素的影响,此阶段沿线其他待开发地区将成为新的增长点,在空间上表现为以高经济密集点位为中心,向周围地区梯度扩散,即"点—圈"效应,由点而片,同时,以高速公路为轴线向两侧横向发展,延伸一定范围,各点连成一片,形成"轴—带"效应。

最后,成熟阶段。在高速公路产业带发展到一定程度,内部差异逐渐缩小,经济状态趋于稳定,形成经济发达的相对独立的经济区域。

国外和我国的高速公路产业带发展实践和经验证明,一条高速公路建成3~5年后,其两端的大城市沿高速公路走向延伸发展,在各出入口附近形成一系列的卫星城镇或经济开发区,并以高速公路为轴线,初步形成高速公路产业经济带的雏形。

二、高速公路促进了沿线产业的发展和产业结构的优化

1.沿线农业的发展

高速公路运输的快速、方便,促使沿线农产品特别是鲜、活产品外运量增加,提高了农产品商品化程度。同时,农业生产需要的机具和化肥、农药等能及时运入,加速了农业生产的现代化。传统的农业在很大程度上处于区域性的自给自足状态,发达的高速公路网使自然经济迅速解体,参加到社会化大生产的行列,从而有助于农业生产结构的调整和优化,使农业规模经营和集约化生产得以加强,推动了农产品的商品化和农业的现代化。

京津塘高速公路建成后,京津之间农副产品交易明显增多,保鲜蔬菜、

名贵花卉的生产得以更快发展。特别是塘沽的鲜活海产品经高速公路两小时即可运到北京，丰富了北京的水产市场，也促进了水产业的发展。在广深高速公路沿线的东莞市，已建成了粮食、甘蔗、荔枝、香蕉、柑橙、花卉、水生物、生猪、禽蛋等创汇型农业综合生产基地，全市农副产品及其加工品出口达200多个品种，农产品的商品化率上升到76%。

济青高速公路开通后，寿光市依托于济青高速路，大力发展蔬菜生产和运输业，以蔬菜为龙头的“绿色农业”形成了鲜明的特点，每天约有1500辆运菜车、15000t新鲜蔬菜销往全国各大城市，北京市每天有20%的蔬菜来自这个地区。同时寿光市还利用高速公路运输的便捷条件，进一步扩大了农副产品批发市场的规模，使该市成为全国有名的两大蔬菜生产批发基地之一。

2.沿线工业的发展，尤其是沿线高新技术产业的崛起

企业是国民经济的细胞，其生存与发展除了内在原因之外，还有其外部条件，即必要的能源、原材料、良好的基础设施和便捷的交通等。高速公路作为一种现代化交通基础设施，在中国投入使用仅十几年时间，就已显示出强大的生命力和巨大的发展潜力。高速公路建成后，汽车经济运距大大延长，对于批量小而运输频繁、运输条件严格的高新技术产品，无疑具有特殊的吸引力。因此，高速公路沿线地区已成为工业特别是高新技术产业的理想发展地区。

京津塘高速公路建成后，天津市委、市政府1992年把沿京津塘高速公路天津段高新技术产业带的发展，列为天津工作的重点，陆续出台了一系列优惠政策，增加了产业带的吸引力。京津塘高速公路的两侧，先后兴建了8个高新技术开发区，面积达20km^2，40多家中外高新技术企业在此安家落户，形成一条高新技术产业带，经济开发走廊初具规模，可望成为中国的“硅谷”地带。京津塘高速公路正以其对高新技术产业的强大吸附力，形成我国北方的“黄金通道”。

成渝高速公路1995年9月建成通车，逐步形成新的经济增长点。成都市、重庆市、内江市，近年来依托成渝高速公路，为促进经济发展，加速了经济技术开发区的建设和成渝高速公路沿线明星乡镇的建设，已初步形成高新技术、经济技术、机械工业、工业开发、加工贸易、乡镇企业开发、旅游开发等各类经济开发区26个，明星乡镇55个。如龙泉驿区“成都经济技术开发区”，面积9.94 km^2，主要以电子、机械、冶金、航天、精细化工、医药及食品为主，改善了龙泉的投资环境，短短三年多，引进项目166个，协议投资额达25

亿元。成渝高速公路将成为我国西部地区的“黄金通道”。

高速公路的产业带也带动了乡镇企业的发展和壮大。环胶州湾高速公路的建成,为青岛市所辖的城阳区、胶州市、胶南市的乡镇企业发展创造了条件。城阳区河套镇在高速公路开通后,主动向高速公路靠拢,实施了中心西移战略,到目前为止,新发展了60余家民营企业。自古红岛一条道的红岛镇,高速公路的开通不但结束了胶州湾海滩“十里无人烟,百里无鸡鸣”的历史,而且大大拉近了与青岛市区的距离,乡镇企业得到了飞速发展,一大批服务类企业和出口贸易企业相继出现。这个镇的土特产品正是通过高速公路这条黄金通道,远销美国、日本、韩国等十几个国家和地区,年创汇达1600多万美元。

3.沿线商业的繁荣

高速公路的开通,减少了沿线商品交换的运输费用和在途时间,相对缩短了产地与销地的时空距离,推动了商业的发展,为建立我国社会主义市场经济提供了更为便捷的交通运输环境。

莘松高速公路投产后,各地商业机构和个体经商户纷纷前来松江县投资办店;原有商业机构也加强商业设施建设,扩建、装修了一批老店,优化了购物环境;当地政府还建造了松江招商市场和各类商品交易批发市场,市场一片繁荣,持续购销两旺。据调查,1991~1993年社会商品零售额分别为8.2亿元、9.7亿元、14亿元,逐年递增;三年合计数比莘松高速公路通车前的三年(1988~1990年)增长53%。集市贸易成交额1991~1993年分别为1.1亿元、1.3亿元、1.6亿元,逐年增长,三年合计数比莘松高速公路通车前的三年提高67.3%。

沈大高速公路投入使用五年来,靠路兴起和扩大的商品市场近1000个。它们就像一颗颗珍珠,由高速公路这条金线串起,闪烁着耀眼的光芒。这些市场大多是经营服装皮革、日用百货、食品蔬菜的批发和零售专业市场。其中,较出名的有鞍山市海城的西柳服装市场、南台镇箱包市场、辽阳市灯塔县的佟二堡皮衣市场、大连市金州的北乐食品蔬菜市场。它们有的依路而建,有的距公路只有几公里。以占地近700ha的西柳服装市场为例,1994年交易额就达到80亿元,在全国大型专业批发市场中名列前茅。在市场周围的乡镇,有65%以上的人从事服装加工、经营和运输。在市场内,银行、饭店、邮局等相关行业也非常繁荣,仅银行、储蓄所就有48家,饭店、餐馆达200多家。如今西柳镇农民人均收入一年达2500多元,比几年前增加了5倍。

4.沿线旅游业的发展

旅游业必须依托便利的交通条件，高速公路为旅游业的发展插上了腾飞的翅膀，使旅游资源开发向深度广度进军。

俗话说"不到长城非好汉"，来北京旅游的人都把能够登上长城看一眼作为一件重要的事。可是在八达岭高速公路通车之前，游一趟长城决非易事。原先北京到八达岭是一条崎岖的山间公路，坐汽车到长城至少得3个小时。1997年国庆节期间，由北京到长城的公路堵车长达10个小时，许多早晨从城里出发的游客下午4点还未到达长城，旅客们怨声载道。

八达岭高速公路通车后，由市区到长城仅需40分钟，即使是中午从市区出发，下午也有充足的时间游览长城，而且决不会耽误回城吃晚饭。

八达岭高速路开通不仅方便了游长城的人们，也带动了延庆旅游业的发展。现在到延庆腹地龙庆峡、古崖居、松山原始森林等景点的游客每年都有大幅度的增长。1998年到延庆的游客达624万人次，直接经济收入达到3.85亿元，间接收入高达12亿元，同时带动延庆商业服务业增长8～10个百分点，旅游业已经成为延庆的支柱性产业。

高速公路也带动了山东旅游业的发展。济青高速公路通车，使得山东以济南、泰安、曲阜为主的"一山一水一圣人"旅游线和以青岛、烟台、威海为中心的半岛旅游景点以及潍坊、淄博民俗旅游区更加紧密的连接为一体，增强了山东旅游的吸引力。潍坊市以高速公路和国道为主框架，建成了"千里民俗旅游线"，把9个县市的30多个景点综合规划起来，基本形成了以民俗旅游为主体的新型旅游体系，充分发挥旅游资源优势。青岛在有了环胶州湾和济青高速公路以后，缩短了旅客在路上的行程，极大程度地促进了旅游产业的发展。1998年旅游收入比济青高速公路通车前的1993年增长了6倍。现在再到山东去登泰山、看大海，感受曲阜的文化氛围，体味齐鲁民俗风情，沿着高速路可以十分方便地实现你所有的愿望。

5.沿线产业结构的优化

高速公路的通车和两侧经济开发区的建立，推动本地区乃至相关地区的劳动力由农村向城镇、由农业向工业、由第一产业向第二、第三产业转移，促使科技含量和附加值高的产品大幅度增加，从而影响了高速公路产业带内产业结构的变化和改善，三大产业结构正由"正金字塔形"转变为"倒金字塔形"。具体表现为：

第一产业比重普遍下降。沈大高速公路沿线五市，由1990年建成投产时的12.2%下降到1993年的9.8%；京津塘高速公路北京段产业带，通车后两年第一产业比重下降14%，大大高于通车前两年仅下降1.2%的水平；莘松高速公路产业带，1990年到1993年第一产业比重下降11%，大大高于周边地区下降5.7%的水平。

第二产业比重明显上升。沈大高速公路产业带，由1990年的57.5%上升到1993年的58.1%；京津塘高速公路北京段产业带，1991年到1993年第二产业比重提高了9.5%，大大高于通车前两年提高5.4%的水平；莘松高速公路沿线，建成后三年的比重提高了8.1%，大大高于周边地区提高3.1%的水平。

第三产业比重在基本实现工业化的地区上升显著，在工业化程度较低的地区变化不大。就发达国家的历史经验而言，一般在工业化初期第三产业变化不大，而工业化中后期显著上升。沪嘉高速公路产业带，1989年至1993年第三产业比重为10.4%，比1986年至1988年高4.9%。广深高速公路沿线地区第三产业比重上升明显，特别是广州市第三产业在全市国内生产总值中的比重已在全国十大城市中排在首位。

高速公路沿线和两侧地区三大产业结构正在向结构优化方向发展，第三产业迅速崛起，使吸纳从业人员的能力日益增强，使就业门路不断拓宽，第三产业的投入产出效益高，增加了大量的财政收入。所以高速公路沿线及两侧地区，正在向工业化、城市化、现代化方向迈进。

三、高速公路产业带的跨越式发展

1.经济快速增长

高速公路使人们的活动范围迅速扩大，表现在市场半径、经济规模、经济效益的成倍扩大。日本前首相田中角荣曾作过精辟的概括，他说，国民生产总值和国民收入的增长与人的一天的活动范围的扩大成正比。成渝高速公路1995年建成通车，沿线已建有16个国家和省级政府批准的经济开发区，成为投资最活跃、发展最快的区域，国家级经济开发区——成都经济开发区当年产值就达10亿元。

沪宁高速公路使沿线市、县、区的经济发展向更大的市场延伸，进一步密切了它们之间的经济技术交流和合作，使之成为各具特色、优势互补的有机整体，从而有力地推动了沿线及周边地区的经济发展，1997年沿线5市国内生产总值平均增长速度为12.5%，比全省的平均速度高出0.5%，而在高速公路通车前的1993～1996年，5市的平均增长速度则比全省平均增长速度慢0.6%，沪宁高速公路的建成通车使5市1997年经济增长率提高约1.1%。

松莘高速公路(松江—莘庄)是沪杭高速公路的一部分,1990 年 12 月通车,1998 年 12 月与沪杭高速公路连通。松莘高速公路途经上海松江区的松江镇、茸北镇、新桥镇、九亭镇,受其辐射影响的有洞泾镇、泗泾镇、仓桥镇、华阳镇、车墩镇,共 10 个镇(区),占全松江区 21 个镇(区)的半数左右。

1999 年,上海市松江区统计局针对松莘高速公路通车后对松江经济增长的影响作了统计分析,分析证明,松莘高速公路的通车对松江经济增长的作用十分显著,见表 2-3。

松莘高速公路显著促进松江沿线 10 镇经济增长表 表 2-3

项目		松江全区	沿线 10 镇	沿线 10 镇比全区	说明
户籍人口(人)	1990 年	499380	257032		户籍人口、户籍户数高于全区平均增长率,说明松莘高速公路促进了沿线小城镇的发展
	1998 年	490302	265613		
	平均增长(%)	-0.23	0.41	0.64	
户籍户数(户)	1990 年	152964	81467		
	1998 年	162181	90062		
	平均增长(%)	0.73	1.26	0.53	
历年土地批租(万 m^2)	1998 年	783	694		土地批租和私营企业占全区多数比例,说明松莘高速公路促进了沿线地区的发展,具有较强经济活力
	占全区(%)	100	88.63		
私营企业(个)	1998 年	22660	9462		
	占全区(%)	100	41.75		
GDP 增加值(亿元)	1990 年	15.73	5.14		GDP 增加值是社会生产的最终产品,工农业总产值是反映生产规模的指标,不受物价因素影响,吸引外资表现出地区的经济活力和开发程度,沿线 10 镇均高于全区水平,充分说明松莘高速公路促进了沿线 10 镇的生产供给
	1998 年	105.6	46.7		
	平均增长(%)	26.87	31.76	4.89	
工农业总产值(亿元)	1990 年	47.8	19.97		
	1998 年	348	207.86		
	平均增长(%)	28.16	34.02	5.86	
吸引外商投资项目(个)	1998 年	1152	833		
	占全区(%)	100	72.3		
吸引外商总投资(亿美元)	1998 年	36.6	30.98		
	占全区(%)	100	84.64		
吸引合同外资(亿美元)	1998 年	17.8	15.2		
	占全区(%)	100	85.39		

续上表

项　　目		松江全区	沿线10镇	沿线10镇比全区	说　　明
社会消费品零售额(亿元)	1992年	9.67	8.35		沿线10镇消费、投资和出口三大需求平均增长速度均高于全区,充分说明了松莘高速公路促进了该地区的三大需求增长,三大需求又拉动了地区的经济增长
	1998年	53.85	49.16		
	平均增长(%)	33.1	41.16	2.24	
固定资产投资(亿元)	1992年	5.91	3.51		
	1998年	36.52	32.5		
	平均增长(%)	35.4	44.9	9.5	
外贸出口成交值(亿元)	1992年	14.9	8.61		
	1998年	76.98	49.99		
	平均增长(%)	31.4	34.06	2.66	

据统计,1991～1998年,松莘高速公路车流量增长1%,松江沿线10镇经济增长2.04%,从定量上说明松莘高速公路对经济增长起到显著的拉动作用。

2.外向型经济迅速发展

便利的交通运输,优越的投资环境,促进了沿线地区外向型经济的蓬勃发展。外资企业呈现出"四增多"特点:一是外商投资项目增多;二是利用外资金额增多;三是投资国家和地区增多;四是出口创汇增多。

济青高速公路的开通运营,促进了山东全方位的对外开放,进而有力地推动了山东经济的迅速崛起。1995年全省新批外资项目2709家,实际利用外资36.07亿美元;其中沿线五市地就有1464家,实际利用外资14.6亿美元,占全省的56.2%和40.5%,比通车前增加了5.7%和10.2%。1992年前来投资的国家和地区是48个,1995年达到85个,增长56.4%。随着对外开放的不断扩大,开发区建设如雨后春笋。目前沿线五市地区建有各类经济技术开发区35个,几乎占全省总数的一半。全省5个国家级高新技术开发区、3个国家级经济技术开发区、1个保税区,大部分设在济青高速公路沿线。沿线工业园区、外商投资区星罗棋布。

沈大高速公路通车后,沿线5个城市外商投资意向增强,实际利用外资规模不断扩大,建立各类经济开发区80多个。在京津塘高速公路天津段,已形成武清、逸仙园、宜兴埠、塘沽、程林庄、军粮城、天生村等9个各具特色的高新技术产业区;在北京段,经济技术开发区也迅速形成。这些产业群体以京津两市雄厚的人力资源为基础，以国家重点开发的高新技术为先导，以外向型经济为主体，正在成为京津冀地区新的经济增长点。

3.土地资源的综合开发

高速公路的投入使用进一步加速了沿线地区土地资源的综合开发，使沿线许多名不见经传的地区土地的身价倍增。

一是沿线土地增值，价格明显上升。以上海为例，高速公路未通之前，沿线国土资源未得到很好的开发，当时合资企业占用土地，价格十分低廉，每平方米仅5元人民币左右。1990年底，莘松高速公路建成通车，现代化的交通条件使松江县尤其是沿线乡镇的投资环境得到了改善，土地大幅度增值，每平方米价格上升到25美元以上，有的地段高达30美元以上。从1992年至1994年底，松江土地出让金收入共7768万美元。

二是沿线土地开发、批租越来越多。上海市松江县利用莘松高速公路优势，从1992年至1994年底，累计批租土地121块，共400万平方米。其中越是靠近高速公路的乡镇，批租的土地越多。

土地批租的开发，给高速公路沿线乡镇经济的发展带来了机遇。正如松江县新桥镇办公室负责人说的那样"新桥的外资主要来自土地批租，而没有莘松高速公路，就没有新桥的土地批租。高速公路带动了土地批租，而土地批租促进了经济的发展。"近三年，新桥镇依靠土地批租吸收了大量外资和内资，发展了经济，成为新兴的农村集镇。

三是房地产从无到有，异军突起。在济青高速公路的济南、青岛、潍坊等出入口处，随处可见拔地而起造型各异的商品楼群，与高速公路一起构成现代化都市画卷。沿线专业批发市场建设日新月异。济南的建材市场，寿光的蔬菜批发市场等各具特色，其规模和效益在全国都有较大影响。

4.加快中小城镇的崛起和城乡经济一体化进程

高速公路的投入使用，会推动两端和沿线出入口附近中小城市的发展，带动一批新的城市群体的出现。

沈大高速公路的建成，把以沈阳为中心的辽宁中部城市群与以大连为中心的南部城市群联成一体，使得沿海与腹地的距离相对拉近，既促进了原有大中型城市的开发建设，也促进了郊区卫星城、小城镇的发展。广深高速公路建成后，两侧除个别地段外，已几乎没有空地，分不出城镇和乡村，基本实现了城乡经济一体化，城镇化水平迅速提高。特别是东莞市原是一个以农业为主的县，在1978年的国民收入中，农业的份额达49.19%，高出工业近17%。经历10多年的发展，特别是广深高速公路建成后，东莞市的乡镇企业迅猛发展，农业产值的份额降低到15%以下，而工业产值迅速上升超过60%，占据主导地位，开始打破了由城市向农村幅射的传统模式，通过农村工业化、农民进入乡镇工业，而走出了一条城乡经济一体化的道路。

当前我国农村就业压力十分严重，剩余劳动力有1亿人，预计还要增加，如不妥善解决，农业劳动生产率就难以提高，农民收入也难以增加。高速公路建成后，推动了沿线地区乡镇企业的发展和农村小城镇的开发，这些都需要大量的人力、物力，从而引导农村剩余劳动力离土不离乡，向这些方面转移。近几年在高速公路沿线，已相继出现一批不同类型、不同层次、不同风格的小城镇，非农业劳动人口的比重也在逐步上升，整体上推动了国民经济的快速发展。

5.启动以住宅、轿车为主体的第二次消费浪潮

第二次消费浪潮的启动一方面仰仗消费者购买力，另一方面则需高等级公路等基础设施建设的先行。缺乏必要的基础设施，会使住宅、轿车消费难以让国人认同。从住宅方面看，价格居高不下，消费者不能承受，而郊区住宅价格使消费者可以接受，但又因缺乏必要的基础设施，给进城上班、购物、尤其是孩子上学带来麻烦，从而影响了房屋出售；从轿车方面看，由于交通等基础设施缺乏，在效区住，进城有堵车之苦，在城里住，又无处放车，也很难启动。

高速公路的投入运营，特别是一些大城市的环城高速公路建设的启动，将从根本上解决上述问题，对启动以住宅、轿车为主体的第二次消费浪潮，增强经济发展后劲，促进经济长期增长有着积极的作用。

第三节　高速公路与社会文明

一、高速公路改变了人们的时空观念和生活方式

随着高速公路的投入运营，巨大的人流、物流、信息流以前所未有的空间立体流动方式，将人们的时空观和生活方式带入了一个崭新的境地。正像交通部前部长黄镇东在答记者问时所提到的：高速公路的建成，对人们的观念上应该说起了很大的推动作用。首先在人们的时空概念上有了很大变化。人的观念变了，也就是讲求效率的要求有了很大提高。其次，高速公路快速的特点，显示出了人们考虑问题的节奏也大大加快了。所以，观念的转变还是体现在时空概念上的转变，效率上的转变，效益上的转变。说得通俗

点就是人的商品意识和市场意识大大加强了。

时空观发生的巨大变化是高速公路带给人们的最敏感的第一感受。如山东省高速公路在省会及各地市之间高速公路的贯通建成和高效运营，使整个山东变成了“半日生活区”，其高速快捷、安全舒适的优势，把内地与沿海的距离拉近了，山东似乎变小了。过去济南到青岛，至少需要 8 个小时，而现在通过济青高速公路，仅用 3 个小时，运行时间缩短了一半以上，运输效率提高了 1 倍。由于济青高速的高效快速连通，位于山东中部的潍坊由原来 1 个机场变成拥有包括济南、青岛在内的 3 个机场。山东高速公路的开通，使原来闭塞落后的地市和县乡，在时间、效率和效益观念上都有跨越时代的改变，招商引资时，山东人在外商和中外记者面前，把高速公路作为对外招商引资的最大优势，向外界大力宣传他们拥有高效便捷的交通条件和优越的投资环境。

山东高速公路带来的时空观的巨大变化，也无疑给企业发展注入了生机和活力，使企业在社会主义市场经济体制下，敢于竞争，勇于竞争。浪潮集团进口的微机元件，借助济青高速公路快捷、安全的条件，上午到青岛港，下午便到了济南的生产线上。淄博的纺织厂再也不用担心出口的巾被制品被耽误船期了。青岛的“海尔”、“海信”等名牌厂家，也都借助高速公路快捷方便的优势，向内地扩大营销机构和网络。由此，我们可以得出结论：高速公路的建设，无论从主观上和客观上都为搞活企业创造了良好的基础条件和机遇。

山东高速公路给社会带来的不仅仅是时空变化的感受，也在潜移默化地影响着人们的思维方式。山东高密市在刚刚开始修建济青高速公路时，很多人认为对高密没好处。济青高速公路通车后，一夜之间打破了高密地处青（岛）潍（坊）“两头够不着”的闭塞局面，经济意识、商品观念豁然开朗，相继建成了沿路的经济开发区和小五金市场、蔬菜批发市场、皮件批发市场，老百姓一下子富了起来。由穷变富使老百姓明白了一个道理：通了一条高速路，也通了一条高密人的思路，有了思路，高速路就变成了致富路、快富路。

高速公路给人们带来的最直接、最明显的，还是生活方式的变化。山东寿光农民生产的蔬菜，沿高速公路带着露水珠儿就到了青岛；济南市民可以随意到自由市场上买回当日青岛的生猛海鲜。淄博长途汽车客运站开办的特种小件快递，一早在淄博买上祝寿蛋糕，中午即可到青岛祝寿人的餐桌上；人们早出到外地做工，晚上与家人团聚已不再是什么困难的事；济南的球迷下午驱车到青岛看球，球赛结束连夜返回绝不会影响休息和第二天的工作。沿线农民进城打工、市民来乡村观光度假已相当普遍。每当夏天，青岛的海水浴场每天都要接纳比高速公路开通前多几倍的内地游客。

二、高速公路加快了社会文明进程

高速公路的快速运输，客观上要求向规模化、网络化方向方展，走集约化经营之路，将会有力地推进文明形象工程的创建。现在的高速公路客运，各条班线统一购置豪华车型，司乘人员统一制服着装，推行文明礼貌用语，开展温馨微笑服务，精神面貌焕然一新，文明程度明显提高，服务质量有了新的进步。如走进成都汽车总站，你会误以为走进了高档宾馆，优雅的购物环境、上上下下的自动扶梯、现代化的购检票设施，使你备感舒适。停车场上进出的多是高档次的豪华大巴， 像奔驰、沃尔沃、桂林大宇等，漂亮的“巴姐”正在忙忙碌碌地收拾车厢，准备好给旅客们的小礼品。一位正在等车去重庆的旅客说，虽然汽车票比火车票要贵一点，可时间省了，又能享受到航空式的服务，他一向都是走成渝高速路往返。

高速公路全封闭、全立交、分道行驶、控制出入的特点，为解决公路上的“三乱”问题，创造了一个良好的行车环境和治安环境。人们行驶在高速公路上，感受的是现代化交通设施带来的高度物质文明，体验的是全然一新的美好社会风尚。

高速公路的快速运输正逐步朝着规范、健康、有序的方向发展，具体表现在：一是遵章守纪经营的人多了，违章违纪经营的人少了；二是助人为乐、拾金不昧的人多了，宰客、甩客等行为少了；三是互帮互助、团结友爱的行为多了，经营者之间矛盾纠纷少了；四是安全行车、文明驾车的人多了，经营者相互争客，忽视行车安全的少了；五是人民群众对运输行业赞誉多了，抱怨和举报投诉的少了；六是经营者的经济收入明显多了，微利或亏损现象少了。

三、高速公路加速农村城镇化步伐

城市化是生产力和商品经济发展的客观过程，是人类社会发展的必然趋势。农村城镇化水平是我国现代化和社会进步的一个重要标志。我国是一个农业大国，农村人口占总人口的 80%左右，没有工业化和乡村城镇化，我国的现代化就不是真正的现代化。

高速公路的建设和发展将加快工业化和乡村城镇化建设的步伐。我国规划和正在建设中的“五纵七横”国道主干线系统，总规划为30000km左右，主要以高速公路为主。建成后，将连接全国43%的城市，连接全国所有人口在100万以上的特大城市和93%的人口在50万以上的大城市，不少干线公路在这些城市交汇。

如沪宁高速公路，必将使上海、苏州、无锡、常州、镇江、南京等城市更紧密地联系在一起，这将有利于进一步扩大大城市的框架，强化中心城市的功能和地位，并形成以沪宁高速公路为轴线，以各处立交桥为轴心的一系列卫星城镇。位于高速公路出口处或毗邻的乡镇有近60个，由于高速公路的服务区和接口效应，“地利”带来的机遇，必将刺激这些地区迅速扩张，形成功能全、辐射强的卫星城镇，成为城市与广大农村的纽带，构成一个包括中心城市—县城—卫星城镇三层网络的城市带。

近几年，随着高速公路迅猛发展，高速公路沿线相继出现了一大批不同类型、不同层次、不同风格的小城镇，非农业劳动人口的比重也在逐步上升。沈大高速公路的建成，把以沈阳为中心的辽宁中部城市群与以大连为中心的南部城市群连成一体，沿海与腹地的距离相对拉近，既促进了原有大中型城市的开发建设，也促进了卫星城和小城镇的发展。建成通车3年后，在辽宁省新增的8个县级市以及113个建制镇中，高速公路沿线分别占了5个和54个。以农业为主的广东省东莞市，随着广深高速公路的建设和使用，迅速实现了农村工业化，而且该市城镇化水平已达75%。

小城镇建设是苏南地区的一大特色，沪宁高速公路开通后，沿线的乡镇都把建设与高速公路相连接的公路作为本地区建设的重点，同时相应地带动了电力、自来水、住房等一系列基础设施的建设，小城镇建设进入了一个上档次、质量高、设施配套、功能趋于完善的新阶段。

现在，我国高速公路沿线的各类高新技术开发区、经济开发区和城镇开发区如雨后春笋，推动了沿线地区工业的发展和一大批小城镇的建设，同时将吸纳农村大量的农业剩余劳力向非农业的转移。高速公路尤如一条条“金项链”，串起一颗颗璀璨的明珠，镶嵌在祖国的大地上。

四、高速公路将有利于巩固国防

未来战争的高突发性、快速性以及现代作战理论和高新武器的发展都要求作战部队必须具有快速反应能力。这对提供作战保障的交通运输系统而言，就必须具有快速反应能力，以适应高技术战争作战进程快、战场情况变化快、部队机动频繁等各种情况的要求，只有建立高速公路的快速运输系统才能为部队的快速反应提供基础。

另外,高技术战争的一个突出特征是空间一体化,表现为立体战争,要有有效的陆运与空运的衔接和配合,而我国目前不少中等城市还没有机场设施,因此部分高速公路路段,按照军用飞机起降跑道的标准设计施工,以完成各种条件和情况下的军事运输任务,为我国建设与发展提供强有力的后勤支援保障,以适应国防现代化的需要。

党的十六大提出,要在21世纪头20年,集中力量全面建设惠及十几亿人口的更高水平的小康社会,使经济更发展、民主更健全、科教更进步、社会更和谐、人民生活更殷实。全面建设小康社会,这是新世纪实现民富国强和中华民族伟大复兴的战略和纲领。

发达的公路交通将为实现上述目标、保证民族统一、国家稳定、国防稳固作出自己的贡献。主要表现在以下几个方面:第一,公路交通将为国民经济总量翻两番提供强有力的支持;第二,公路交通将为缩小工农差距、城乡差距和地区差距奠定坚实的基础,发挥先导作用;第三,公路交通为更加富足的人民生活提供便利和选择;第四,公路交通将为新型的工业化做出重要贡献。

发达的高速公路将中国无论是大都市、小城镇还是乡村连接成一个紧密的整体,发达的高速公路将全国各族人民连在一起,使56个民族的兄弟姐妹一同安居乐业在广袤的960万km^2的土地上。高速公路将为中华民族的伟大复兴做出巨大的贡献!

小　　结

高速公路与一个国家的社会经济现代化之间有着密切的依存和促进的关系。高速公路的出现是在工业化之后,它的发展规律伴随着社会经济现代化的整个实现过程。高速公路是现代化综合运输体系中最重要的构成部分,高速公路的出现,牵动各种运输方式提高服务质量,展开竞争与协作,纷纷调整自己的发展政策和定位,使整体运输结构向着先进、合理的现代化综合运输体系迅速迈进。高速公路的快速、便捷进一步拉近了社会成员之间的距离,降低了运输成本,推动了国民经济的快速发展,突出地表现在它革新了区域经济的发展模式,高速公路产业带成为带动区域经济发展的发动机;它促进了沿线工业、农业、商业、旅游业的迅速发展,它提升了沿线及其波及区域经济资源的升值,启动住宅、小汽车为主体的第二次消费高潮,在新的均衡点上实现沿线产业结构的优化。

高速公路对社会文明的影响是巨大的。高速公路输送的巨大客流、物流、信息流量以前所未有的空间立体流动方式，将人们的时空观升华，把人们的生活方式引入一个崭新的境地；观念的改变，又会带来市场意识的转变和效率的转变，带来人们思维方式的转变和生活方式的变化。总之，高速公路对社会文明进程的促进作用是明显的。

思考题

1. 谈一谈高速公路的出现是如何改善我国综合运输结构的。
2. 为什么说高速公路极大地促进了全国道路运输业的发展？
3. 高速公路是怎样促进沿线经济的发展的？
4. “高速公路产业带”带动区域经济发展的过程分哪几个阶段？
5. 简述高速公路是从哪几个方面促进社会文明的。

第三章

高速公路设施

学习目标

掌握高速公路的硬件设施是了解高速公路的前提。本章重点是掌握高速公路的基本构成，它包括高速公路的线形、路基、路面、桥涵、隧道、立体交叉；还要掌握高速公路的附属设施，主要包括交通安全设施和通讯监控设施等；同时，还要了解高速公路的总体绿化与生态保护。要求对高速公路的各种设施的名称和实物能一一对号，并能掌握每种设施的类型、特性和他们可以发挥的功能。这些都是搞好高速公路管理工作的基础。

第一节　高速公路结构物

一、高速公路的线形

现代高速公路的设计，不仅应满足设计规范所规定的技术标准要求，还应最大限度的满足汽车行驶的安全性、舒适性及经济性。所以在设计阶段除应重视高速公路的几何构造外，还要考虑线形设计，为驾驶员在心理上、视觉上提供良好的驾驶条件。汽车的行驶速度越高，其视野活动范围就越窄，在驾驶员和乘客的视觉中，路幅所占的比重就越大，为此对线形设计的要求就越高。只有好的公路线形才能保证汽车高速、安全、顺适的行驶。

所谓公路线形，是指道路中心线的立体形状。公路平面线形是指道路中心线在水平面上的投影，纵面线形是指道路中心线在竖直面上的投影，路幅在与中心线垂直面上的投影称为横断面，平面线形、纵面线形和横断面共同组成道路的立体线形。

高速公路线形是构成高速公路的骨架，高速公路的各种构造物如路基、路面，都是按高速公路线形要求进行单体施工组装而形成高速公路整体的。因此，线形起着支配作用，一旦公路建成之后要改变公路线形几乎是不可能的，其设计好坏，将长期限制和影响着高速公路上的行车安全、舒适、经济的运行。如果线路的选定和线形各要素的设计组合不当，造成驾驶员视觉上的判断失误或心理效应上的不良，就会增加行车事故，降低通行能力，造成工程上及使用上的经济损失。

1.平面线形

平面线形是指道路中心线在水平面上的投影形状，高速公路的平面线形由直线、圆曲线、缓和曲线(回旋线)三个平面几何要素组成。平面线形设计就是从线形设计角度研究平面几何三要素的选用和相互间的配合形式及要求等有关问题。

平面线形要素的组合形式主要有6种：

(1)基本型。圆曲线两端用回旋线和直线相互联结的形式称为基本型。为使公路线形协调，回旋线、圆曲线、回旋线的长度之比最好为1:1:1。基本型可以设计成对称和不对称两种，对称型为圆曲线两侧的回旋线长度相等；非对称型是根据地形变化需要，圆曲线两侧采用不相等的回旋线。

(2)S型。两个反向圆曲线用回旋线连接的组合形式，称为S型。从行驶力学上和线形协调、超高缓和上考虑，S型相邻的两个回旋线参数最好相等。

(3)卵型。用一个回旋线连接两个同向圆曲线的组合形式称为卵型。用一个回旋曲线连接两个圆曲线而形成卵型，要求大圆完全能够包住小圆。如果大圆半径为无限大，那么就是直线，从而回到基本型，所以卵型可以认为是具有基本形式的一般线形。

(4)凸型。两个同向回旋曲线之间不插入圆曲线而径相连接的形式称为凸型。凸型在两回旋曲线衔接处，曲率发生突变，这意味着汽车转向盘在刚转到某值时，马上就要向相反的方向回转；由于超高、路面边缘线纵断面也在该处形成转折，所以，凸型作为平面线形是不理想的。一般情况下最好不采用，只有在地形、地物严重受限制的地方可以考虑。

(5)复合型。将两个以上的同向回旋曲线在曲率相等处相互连接的线形称为复合型。复合型中的回旋曲线在中途是变化的，所以驾驶员员必须中途变更速度以适应变化后的回旋线，这在行驶中是所不希望的。除因受地形或其他特殊原因限制外，一般较少使用。

(6)C 型。两同向回旋曲线在曲率为零处径相连接的形式称为 C 型，此种线形只有在特殊地形条件下方可采用。两个回旋曲线参数可相等，也可不相等。

2.纵面线形

纵面线形是公路路线三维空间线形的一个组成部分，由一系列的直坡线和竖曲线所组成。其中，直坡线的坡度及其长度影响着汽车的行驶速度以及运输的经济和安全。

纵面线形设计就是在给定的设计速度范围内，使汽车行驶适应地形起伏条件，把纵面线形诸要素组合成视觉连续、平顺圆滑的线形。

纵面线形设计，首先是选取纵坡度。纵坡度的大小直接影响坡道上汽车的行驶速度，对于小汽车影响不大，但对载重车，随坡度变陡，行驶速度显著下降。由于快慢车速度差增大，超车次数增多，会导致交通混乱，从而降低了道路通行能力并增加了行车事故的隐患。因此，选取坡度时，除考虑地形条件控制外，在已给定设计速度范围内，须尽量采取缓坡。陡坡的选用，应从工程经济、通行能力、事故预测等方面综合考虑并慎重对待。

从行驶的角度来看，竖曲线是否平顺在视觉上往往是构成线形优劣的主要因素。为此，竖曲线半径应选用大一些，以利于视觉要求及路容美观。在有条件的情况下，为获得平顺而连续的纵断面线形可参照表 3-1 选取竖曲线半径。

从视觉要求所需的最小竖曲线半径值 表 3-1

设计速度(km/h)	凸形竖曲线半径(m)	凹形竖曲线半径(m)	设计速度(km/h)	凸形竖曲线半径(m)	凹形竖曲线半径(m)
120	20000	12000	80	12000	8000
100	16000	10000	60	9000	6000

资料来源：摘自《公路工程技术标准》(JTG B01—2003)。

纵断面设计要求在整条路线上紧密配合平曲线，以适用不同类型车辆，力求采用缓和的纵坡度和均衡的设计速度，在特殊情况下，能使载重汽车经常保有允许速度的行驶状况。

3.立体线形

高速公路的立体线形是由平面线形和纵面线形组合成的空间线形形态，是最终反映在驾驶员眼帘中的公路形态。这一形态的好坏关系到高速公路建成后汽车的运行质量。

在高速公路设计的过程中是按选定线、平面线形设计、纵面线形设计及横断面设计过程进行的。立体线形的组合协调一般是在最后阶段进行的，它所研究的着眼点在于这一空间形态对于汽车在高速行驶的条件下，对驾驶员的心理、生理因素及视觉的影响。应当指出，对于高速公路设计从选线到具体线形设计都要贯穿立体线形设计的原则，待到线形组合设计阶段只是进一步的检查、修正和深化。

线形组合设计一方面是行驶力学上的要求，反映在行车安全和经济条件上；另一方面是视觉和心理上的要求，反映在驾驶人员及乘客的舒适及愉快感上。两者不可分割，互有影响。就技术而言，行驶力学要求的为最小值，而视觉心理要求的则是选择比最小值大得多的数值。最小值往往不完全满足视觉心理要求，而较大值又与工程经济相矛盾，这就要求在线形设计时处理好视觉心理要求与工程经济的矛盾。对高速公路而言，在工程造价增加不大的情况下，要以满足视觉心理要求为主。对个别地段经济论证不能满足的，在保证行车安全的条件下要采取景观设计等措施弥补。

汽车行驶在公路上，驾驶员是通过视觉和运动感觉来感知道路的立体线形的。其中视觉是驾驶员感知公路的重要媒介，公路线形、周围景观、交通设施等有关信息都是通过视觉提供的。立体线形的优劣，依靠视觉判断是明确的。所以，通常高速公路线形设计依靠设计者立体思维的判断不能确定时，或为审查者提供更直观的立体线形组合情况时，常采用驾驶员透视图来帮助。

二、高速公路的路基

路基是按照路线位置和一定的技术要求修筑的带状构造物，是路面的基础，承受由路面传递下来的行车荷载。它贯穿公路全线，与桥梁、隧道相连，构成公路的整体，是公路与自然地面接触最基本的部分。

1.路基工程的特点

作为公路建筑的主体，路基工程具有以下特点：工程数量大、耗费劳力多、涉及面广、投资高等。以平原微丘三级公路为例，每公里土石方数量约为 8000～16000m^3，而山岭重丘地区三级公路，每公里土石方数量可达 20000～60000m^3 以上，据建国以来的部分资料分析，一般公路的路基修建投资占公路总投资的 25%～45%，个别山区公路可达 65%，高速公路的路基修建占高速公路总投资的比重就更大了。路基是带状的土木建筑，路基施工改变了原有地面的自然状态，挖、填、借、弃土涉及当地的生态平衡、水土保持和农田水利等自然环境。因此，路基的设计和施工必须与当地的农田水利建设和环境保护相配合。路基工程对工期影响较大,在工程地质和水文条件复杂的路段,不但工程技术问题多,施工难度大,增加工程投资,而且常成为影响全线工期的关键。路基工程质量对公路质量和使用具有十分重要的影响,路基质量差,将引起路面变形,遭到破坏,增加养护维修费用,影响行车舒适、安全和道路的服务水平。因此,对路基的设计和施工质量必须予以重视,确保路基工程质量。

2.路基设计的一般要求

路基除断面尺寸符合设计标准以外,还应满足下列基本要求:

(1)具有足够的整体稳定性

路基是直接在地面上填筑或挖去一部分地面建成的。路基建成后,改变了原地面的天然平衡状态。在工程地质不良地区,修建路基则可能加剧原地面不平衡的状态;开挖路堑使两侧边坡土体失去支撑力,可能导致边坡坍塌或滑坡;天然坡面特别是多坡面上的路堤,可能因自重而下滑。对于上述种种情况,都必须因地制宜地采取一定措施来保证路基的整体稳定性。

(2)具有足够的强度

公路上的行车荷载,通过路面传递给路基,对其产生一定的压力,路基自重及路面的自重也给予路基一定压力。这些压力都可使路基产生一定的变形,使路面变形而遭到破坏,直接影响路面的使用品质。因此,要求路基应具有足够的强度,以保证外力作用下,不致产生超过允许范围的变形。

(3)具有足够的水温稳定性

路基在地面水和地下水作用下,其强度将显著的降低。特别是在季节性冰冻地区,由于水温状况的变化,路基将会发生周期性冻融,使路基强度急剧下降。因此,对路基不仅要求其具有足够的强度,而且还应保证在最不利的水温状况下,强度不至于显著的降低,以使路面处于正常稳定状态,亦即要求路基具有足够的水温稳定性。

3.高速公路路基的基本构造

路基的几何尺寸由宽度、高度和边坡坡度三者所构成。路基宽度取决于公路的技术等级;路基的高度(包括路中心线的填挖高度、路基两侧的边坡高度)取决于地形和公路纵断面设计;路基边坡坡度取决于土质地质、水文与水文地质条件、路基高度和横断面经济性等要素。

高速公路的路基横断面分为整体式和分离式两类。整体式断面包括行车道、中间带、路肩以及紧急停车带、爬坡车道、变速车道等组成部分;分离式断面包括行车道、路肩以及紧急停车带、爬坡车道、变速车道等组成部分。

分离式路基应处理好与整体式路基的相互衔接和边坡的防护，设置完善的排水设施，并与自然景观相协调。路基的典型横断面有以下三种形式：路堤型、路堑型、路堑和填挖相结合型。路堤是指全部用岩土填筑而成的路基，路堑是指全部在原地面开挖而成的路基，此两者是路基的基本类型。当原地面横坡较大，且路基较宽时，路基的一侧需要填筑，另一侧需要开挖，这种有部分填筑和部分开挖后而形成的路基，叫填挖结合路基，亦叫半填半挖路基。在丘陵或山岭地区的路线上，填挖结合是路基横断面的主要形式。

三、高速公路的路面

路面是在路基顶面的行车部分用各种混合料铺筑而成的层状结构物。路基是路面的基础，坚强而又稳定的路基为路面结构长期承受汽车荷载提供了重要保证。路面结构的铺筑则一方面隔离了路基，使之避免了直接承受车辆和环境因素的破坏作用，确保路基长期处于稳定状态；另一方面，铺筑路面后，提高了平整度，改善了道路条件，从而保证汽车能以一定的速度、安全、舒适而经济地在道路上全天候的通行。

路基路面是构成道路线形主体结构密不可分的主要组成部分，其中路面是直接供车辆行驶的部分，它的好坏直接影响行车速度、安全和运输成本。高速公路铺筑了良好的路面，就能够保证车辆高速、安全、舒适的行驶，并且可以节约运输成本，充分发挥高速公路的功能。但是高级路面的造价较高，路面工程占道路造价的比重较大，因此根据公路等级和任务，合理选择路面结构，使路面在设计使用年限内具备良好的使用性能，对节约投资，提高运输效益，具有十分重要的意义。

1.路面等级

通常可按路面面层的使用品质，材料组成类型以及结构强度和稳定性，将路面分为4个等级，如表3-2。

不同路面等级适应的各种路面类型及公路等级 表3-2

路面等级	路面类型	所适应的公路等级
高级	水泥混凝土、沥青混凝土、厂拌沥青碎石、整齐石块或条石	高级公路、一级公路、二级公路
次高级	沥青贯入碎(砾)石、路拌沥青碎(砾)石、沥青表面处治、半整齐石块	二级公路、三级公路
中级	结合料或级配碎(砾)石、不整齐石块、其他粒料	三级公路、四级公路
低级	粒料加固土、其他当地材料改善土	四级公路

高级路面适用于交通量大,行车速度高的高速公路,高级路面的特点是刚度和强度高,使用寿命长,路面平整无尘,能保证高速行车。高级路面需要采用高质量的材料修筑,因此初期建设投资高,但路面的养护费用少,运输成本低。

2.路面的分类

路面的类型一般按路面所使用的主要材料划分,如水泥混凝土路面、沥青路面、砂石路面等。但在进行路面结构设计时,从路面结构在行车荷载作用下的力学特性出发,将路面划分为柔性路面、刚性路面和半刚性路面三类。

(1)柔性路面

柔性路面的结构整体刚度较小,在行车荷载作用下产生的弯沉变形较大,路面结构层抗弯拉强度较低,行车荷载通过各结构层传递给土基,因而使土基承受较大的单位压力。路基路面结构主要靠抗压强度、抗剪强度承受行车荷载的作用。柔性路面主要分为:各种未经处治的颗粒基层和各类沥青面层、碎(砾)石面层或块石面层组成的路面结构。

(2)刚性路面

刚性路面主要指水泥混凝土作面层或基层的路面结构。与柔性路面相比,水泥混凝土具有抗压、抗弯拉强度高、弹性模量高的特点,它的板体刚度较大,具有较大的扩散应力的能力。因此在车辆荷载作用下,通过板体传递给基层或土基的单位压力要比柔性路面小得多。

(3)半刚性路面

用水泥、石灰、粉煤灰等无机结合料稳定土或碎砾石修筑的基层,称为半刚性基层。半刚性基层初期强度和刚度较小,具有柔性路面的力学性质,后期强度和刚度增长幅度较大,具有刚性路面力学性质,但是最终的强度和刚度远小于水泥混凝土。由半刚性基层和铺筑在它上面的沥青层面所组成的路面结构称为半刚性路面。

3.路面的结构层位及功能

(1)面层

面层是路面结构最上面一个层次,它直接承受行车载荷的垂直力、水平力和振动冲击力的作用,并受大气降水、气温和温度变化等自然因素的直接影响。因此,与其他的层次相比,面层应具备较高的强度、抗变形能力,较好的温度稳定性,良好的平整度和表面抗滑性,同时应具有较好的耐磨性和抗渗水性。

(2)基层

基层是面层的下卧层,它主要承受由面层传递的行车荷载垂直力,并将它扩散和分布到垫层和土基上。基层是路面结构中的主要承重层,因此,它应具有足够的强度和刚度,并具有良好的扩散应力的能力。虽然基层位于面层之下,但难以避免雨水从面层渗入,同时它还会受到地下水的浸湿,因此基层应具有足够的水稳定性。同时为了保证面层具有良好的平整度,还要求基层也具有良好的平整度。

(3)垫层

垫层位于基层和土基之间,直接与土基接触,它的功能是改善土基的湿度和温度状况,保证面层和基层的强度、刚度和稳定性不受土基的影响。同时垫层还起到将基层传下的车辆荷载应力进一步加以扩散,从而减小土基顶面压应力和竖向变形的作用。另外它也能阻止路基土挤入基层。在地下水位较高的路基上,可能发生冻胀的路基,土质不良或冻深较大的路基上通常都应设置垫层。

四、高速公路的桥梁、涵洞与隧道

在公路、铁路、城市和农村道路交通基础设施建设中,为了跨越各种障碍(如河流、沟谷或其他线路)常常修建各种类型的桥涵与隧道,因此,桥涵与隧道成了陆路交通线路中的重要组成部分。对于运行要求很高的高速公路,桥涵与隧道的修建显得更为重要。下面分别简要介绍一下高速公路桥梁、涵洞与隧道的基本知识。

1.高速公路桥梁

从整体上看,公路桥梁的造价平均占公路造价的10%~20%。特别是在高速公路的修建中,桥梁不仅在工程规模上十分巨大,而且也往往是保证全线早日通车的关键。在国防上,桥梁是交通运输的咽喉,在需要高度快速、机动的现代战争中具有非常重要的地位。

(1)桥梁的基本组成

桥梁由五个“大部件”与五个“小部件”组成。所谓五大部件是指桥梁承受汽车或其他运输车辆荷载的桥跨上部与下部结构,它们要通过承受荷载的计算和分析,是桥梁结构安全性的保证。这五大部件是:

①桥跨结构(或称桥孔结构、上部结构)。它是路线遇到障碍(如江河、山谷或其他路线等)中断时,跨越这类障碍的结构物。

②支座系统。它支承上部结构并传递荷载于桥墩台上,它应保证上部

结构在荷载、温度变化或其他因素作用下所预设的位移功能。

③桥墩。它是在河中或岸上支承两侧桥跨上部结构的建筑物。

④桥台。设在桥的两端，一端与路堤相接，并防止路堤滑塌。为了保护桥台和路堤填土，桥台两侧常做一些防护工程。另一端则支承桥跨上部结构的端部。

⑤墩台基础。它是保证桥梁墩台安全并将荷载传至地基的结构部分。基础工程在整个桥梁工程施工中是比较困难的部分，而且常常需要在水中施工，因而遇到的问题也很复杂。

前两个部件是桥跨上部结构，后三个部件即是桥跨下部结构。

所谓五小部件都是直接与桥梁服务功能有关的部件，过去总称为桥面结构，在桥梁设计中往往不太重视，因而使桥梁服务质量低下，外观粗糙。在现代化工业发展水平的基础上，人类的文明水平也极大的提高，人们对桥梁行车的舒适性和结构物的观赏水平要求愈来愈高，因而国际上在桥梁设计中很重视五小件，这不但是“外观包装”，而且是服务功能的大问题。目前，国内桥梁设计师也越来越感受到五小部件的重要性。这五小部件是：

①桥面铺装(或称行车道铺装)。铺装的平整、耐磨性、不翘曲、不渗水是保证行车舒适的关键。特别是在钢箱梁上铺设沥青路面的技术要求十分严格。

②排水防水系统。应迅速排除桥面上积水，并使渗水的可能性降至最小限度。此外，城市桥梁排水系统应保证桥下无滴水和结构上无漏水现象。

③栏杆(或防撞栏杆)。它既是保证安全的构造措施，又是有利于观赏的最佳装饰件。

④伸缩缝。桥跨上部结构之间，或在桥跨上部结构与桥台端墙之间，设有缝隙，保证结构在各种因素作用下的变位。为使桥面上行车舒适，无任何颠动，桥上要设置伸缩缝构造。特别是大桥或城市桥的伸缩缝，不但要结构牢固，外观光洁，而且需要经常扫除掉入伸缩缝的垃圾泥土，以保证它的功能。

⑤灯光照明。现代城市中标志式的大跨桥梁都装置了多变幻的灯光照明，增添了城市中光彩夺目的夜景。

(2)桥梁的分类

桥涵分类有两个指标：一个是单孔跨径 L_K，用以反映桥涵技术复杂程度；另一个是多孔跨径总长 L，用以反映建设规模。桥梁跨径的大小是衡量一个国家桥梁工程建设综合水平的一个指标。我国近 20 年来公路桥梁的建筑水平大幅度提高，有些方面已跻身于世界领先行列。我国特大桥的起点跨径由100m调整至150m。划分特大、大、中、小桥的另一个指标是多孔跨径总长，即不考虑两岸桥台侧墙长度在内的桥梁标准跨径的总长度。我国颁布的新标准已将多孔跨径总长大于等于500m的特大桥的起点指标调整为1000m，该指标也基本涵盖了随着高速公路、一级公路的修建而出现的旱地跨线桥。这标志着我国桥梁技术的成熟。

我国《公路工程技术标准》(JTG B01—2003)规定了特大、大、中、小桥的跨径划分，见表3-3。

桥梁按跨径分类 表3-3

桥梁分类	多孔跨径总长 L(m)	单孔跨径 L_k(m)
特大桥	$L \geqslant 1000$	$L_k \geqslant 150$
大桥	$100 \leqslant L < 1000$	$40 \leqslant L_k < 150$
中桥	$30 < L < 100$	$20 \leqslant L_k < 40$
小桥	$8 \leqslant L \leqslant 30$	$5 \leqslant L_k < 20$

这种分类只能理解为一种行业管理的分类，不反映桥梁工程设计、施工的复杂性。国际上大多数国家一般认为单跨跨径小于150m属于中小桥梁，大于150m即称为大桥。而能成为特大桥的，只与桥型有关，一般分类见表3-4。

多数国家特大桥的分类 表3-4

桥型	跨径 L_0(m)	桥型	跨径 L_0(m)
悬索桥	>1000	钢拱桥	>500
斜拉桥	>500	混凝土拱桥	>300

桥梁有各种各样的分类方式。按其用途划分，有公路桥、铁路桥、公路铁路两用桥、农桥、人行桥、运水桥及其他专用桥梁。按主要承重结构所用材料来划分，有木桥、钢桥、钢筋混凝土桥和预应力钢筋混凝土桥。按结构体系划分可分为梁式桥、拱桥、钢架桥、缆索承重桥等四种基本体系。另外，还有由基本体系组合而成的体系。

2.高速公路涵洞

高速公路涵洞是高速公路上广泛使用的人工建筑物。这种建筑物种类繁多；截面形状、出入口类型、洞内水流流态也是多种多样。

主要的分类方法有以下几种:按照涵洞中线与路线中线的关系,涵洞可以分为正交涵洞和斜交涵洞;按照涵洞洞身截面形状的不同,可分为管式涵洞、箱形涵洞和拱式涵洞;按照涵洞不同的洞顶填土情况,可分为明洞和暗洞;按照涵洞水力性能不同,可分为有压力涵洞和无压力涵洞。

高速公路涵洞是由洞身、洞口建筑、基础和附属工程组成。

洞身是涵洞的主要部分,它的截面形式有圆形、拱形和箱形。涵洞除满足排水需要外,并承受路基填土及由路基填土传来的车辆荷载压力。

洞口建筑设置在洞口两端。涵洞进出口应与路基衔接平顺且保证水流顺畅,使上下游河床、洞口基础和洞侧路基免受冲刷,以确保洞身安全,并形成良好的泄水条件。位于上游的洞口成为进水口;位于涵洞下游的洞口称为出水口。

涵洞基础的形式分为整体式和非整体式两种。当涵洞孔径较小时,一般采用整体式建筑;如涵洞孔径较大,地基情况良好,不均匀下沉量较小,并不致危害涵洞安全时,可采取非整体基础。

涵洞的附属工程包括:锥形护坡、河床铺砌、路基边坡及人工水道。

3.高速公路隧道

为了克服地形和高程上的障碍,改善公路平面线形、提高车速、减少对植被的破坏、保护生态环境,避免山区公路的各种病害,在高速公路建设中,常常修建隧道,以满足高速公路的技术要求。高速公路隧道是高速公路的重要组成部分,修建隧道既能保证高速公路路线平顺,行车安全,提高舒适性和节省运费,又能增加隐蔽性,提高防护能力和不受气候影响。

隧道通常是指用地下通道的工程建筑物。一般可分为两大类:一类是修建在岩层中,称为岩土隧道;一类是修建在土层中,称为软土隧道。岩土隧道修建在山体中的较多,故又称为山岭隧道;软土隧道常常修建在水底和城市立交,故称为水底隧道和城市隧道。埋置较浅的隧道,一般采用明挖法施工,埋置较深的隧道则是用暗挖法施工。

隧道是地下工程建筑物,为保持岩体的稳定,保证行车安全,通常需要修建主体建筑和附属建筑物。前者包括洞身衬砌和洞门,后者包括通风、照明、防排水、安全设施等。

洞身衬砌的作用是承受围岩压力、结构自重及其荷载,防止围岩风化、崩塌和洞内防水、防潮等。洞门的主要作用是防止洞口塌方落石、保持仰坡和边坡稳定。通风、照明、防排水、安全设备等的作用是确保行车安全、舒适。隧道衬砌在结构计算理论和施工方法方面比较复杂,在设计衬砌时除计算复杂多变的围岩压力之外,还要考虑衬砌与围岩的相互作用。

隧道施工与地面建筑物施工有所不同,空间有限,工作面狭小、光线暗,劳动条件差,给施工增加了难度。隧道在勘察设计时地质条件是重要依据之一,通常应在较大范围内作详细的地质调查和水文地质调查,以便选择合理的隧道位置、断面形状和施工方法。

五、高速公路的立体交叉

立体交叉(简称立交)是利用跨线构造物使道路与道路(或铁路)在不同的标高相互交叉的连接方式。高速公路是交通运输现代化的重要标志,立体交叉是高速公路必不可少的组成部分。随着我国高速公路的迅速发展,必然要修建大量的立体交叉,以实现道路之间的空间交叉和行车方向的转换。

1.高速公路立体交叉的作用

首先,立体交叉能有效地解决平面交叉口的交通问题。在道路网中,各种道路纵横交错,必然会形成许多交叉口,交叉口是道路系统的重要组成部分,是道路交通的咽喉。交汇道路的车辆和行人都要在交叉口汇集、通过和转换方向,必然会存在相互之间的干扰,会使行车速度降低,交通阻滞,通行能力减小,易于发生交通事故。采用立体交叉是解决高速公路与其他形式的道路平面交叉问题最彻底的方法。

其次,立体交叉在高速公路上起着吞吐交通流量的作用。高速公路的立体交叉是高速公路的出入口,车辆只有通过立体交叉才能进入高速公路。交通流量的大小直接关系到修建高速公路的经济效益,因此,立体交叉的规划与设置对高速公路的经济效益存在一定的影响。再者,立体交叉起着梳理及控制车流的作用。通过高速公路出入口的立体交叉使全部车流渠化并控制出入,是高速公路运营安全的关口。因此,出入口的立体交叉在高速公路上处于十分重要的地位。

高速公路是全封闭的,其正线本身通过某一区域时,对该区并无实际意义,只有高速公路出入口的立体交叉设在那里,那里才有重要的意义。高速公路出入口附近地区的受益最高,据调查,日本80%的先导产业分布在高速公路的出入口附近,其产品和原材料几乎全部通过高速公路运输。这是因为出入口处为交通中心,运输十分方便。另外,因沿线产业以及配套设施的建立,也会促使区域人口的就业问题得以解决,使经济更加活跃。

2.高速公路立体交叉的组成

立体交叉通常是由跨线构造物、正线、匝道、出入口以及变速车道等部分组成。

(1)跨线构造物:指跨越被交叉道路的跨线桥(上跨式)或穿越被交叉道路路堑(下穿式),是立体交叉实现车流空间分离的主体构造物。

(2)正线:指交汇道路的直行道路本体,是组成立体交叉的主体。根据交汇道路等级,正线可分为主要道路(简称主线)、一般道路或次要道路(简称次线)。

(3)匝道:是指专供正线转弯车辆行驶的连接道,有时也包括匝道与正线或匝道与匝道之间的跨线桥(或路堑),是立体交叉的重要组成部分,按其作用可分为左转匝道和右转匝道两类,供左转弯的车辆行驶的为左转匝道,供右转弯的车辆行驶的为右转匝道。

(4)出口与入口:由正线驶出进入匝道的道口为出口,由匝道驶入正线的道口为入口。

(5)变速车道:为适应车辆变速行驶的需要,而在正线右侧的出入口附近增设的附加车道。按其功能分为减速车道和加速车道两种,出口端为减速车道,入口端为加速车道。

(6)辅助车道:在高速公路立体交叉的分、合流附近,为使匝道与高速公路车道数平衡和保持正线的基本车道数而在正线外侧增设的附加车道。

(7)匝道的道口:是指匝道的两端分别与正线的连接部,它包括出入口、变速车道和辅助车道等。

(8)绿化地带:在立体交叉范围内,由匝道与正线或匝道与匝道之间所围成的封闭区域,一般采用美化环境的绿化栽植,也可布设排水灌渠、照明杆柱等设施。

(9)集散道路:在城市附近,为减少车流进出高速公路的交织和出入口数量,可在立体交叉范围内正线的一侧或两侧设置的与其平行且分离的专用道路。

立体交叉的范围,一般是指各交汇道路变速车道渐变段顶点以内所包含的正线、跨线构造物、匝道和绿化地带等全部区域。

除以上主要组成部分以外,也包括立体交叉范围内的排水系统、照明设备以及交通工程设施等。

3.高速公路立体交叉的分类

(1)按交通功能分类可将立体交叉分为分离式立体交叉和互通式立体

交叉两类。

仅设跨线构造物(跨线桥或地道)使正线空间分离,且无转向匝道的交叉方式称为分离式立体交叉。分离式立体交叉主要适用于直行交通量大、转弯车辆少或因交通组织不允许车辆转弯行驶时,可不设置转弯车道的交叉处;公路与铁路交叉处;高速公路与其他各级道路交叉处;一般等级公路交叉时;因场地或地形条件限制,为减少工程数量,降低造价,可采取分离式立体交叉。

互通式立体交叉不仅设跨线构造物使正线空间分离,而且上、下道路之间有匝道连接,以供转弯车辆行驶。此类立体交叉的主要特点是上、下道路的车辆可以转弯行驶,全部或者部分消灭了冲突点,各方向车辆相互干扰小,但结构复杂,占地多,造价高。互通式立体交叉适用于高速公路与其他各级道路、大城市出入口道路以及通往重要港口、机场或旅游胜地的道路相交处。根据交叉处车流轨迹线的交错方式和几何形状的不同,互通式立体交叉又可分为完全互通式立体交叉、部分互通式立体交叉和交织型立体交叉三种类型。

(2)按正线跨越方式将立体交叉分为上跨式和下穿式两类。

用跨线桥从被交道路上方跨过的交叉方式称为上跨式立体交叉。此类立体交叉的主线高出地表面,施工比较简单,造价较低,因下挖较小,与地下管线干扰小,排水容易处理。其主要的缺点是占地较大,跨线桥影响视线和周围景观,引道较长和纵坡较大。用地道(或路堑)从被交道路下方穿过的交叉方式称为下穿式立体交叉。此类立体交叉的主线低于地表面,占地较小,立面易处理,构造物对视线和周围景观影响较小。其主要的特点是施工时地下管线干扰较大,排水困难,施工工期长,造价较高,养护管理费用大。

立体交叉还可以按是否收费、几何形状、交叉道路的条数、立体交叉的层数及立体交叉的用途分类。

第二节 高速公路服务区和驿站

一、高速公路服务区的构成和职能

高速公路服务区,是指设置在高速公路上,主要为车辆、驾乘人员和旅客提供服务的设施,它包括休息、停车和辅助设施三部分,是专门为人、车服务的场所和建筑设施范围的称谓。服务项目少的称为停车区(没有加油站和修理设施),总体也称为服务区。

1.高速公路服务区的构成

高速公路服务区是由为旅客服务的设施、为车辆服务的设施及其他设施构成的,各种设施提供不同的功能。

(1)为旅客服务的设施

为旅客服务的设施主要包括休息室与旅馆、商店与餐厅、公共厕所、园林与绿化带、广场与通道、医务室与急救站、通讯设施等。

①休息室与旅馆。休息室与旅馆是专供旅客和司乘人员休息、娱乐和睡眠用的,其设施应布置得舒适、雅致、安静、卫生。特别是要注意建筑物的造型与周围环境的协调一致。根据沈大高速公路服务区的营运实践,来服务区投宿的有相当数量的旅游者、商贸人员和出差办事的公务人员,这些旅客和部分驾驶员往往希望住高、中档的客房,以便更好的休息以解除疲劳。因此,中低档的住宿标准不能满足要求,有必要设置部分高档的客房。

②商店与餐厅。商店主要经销日常的旅行用品、当地名优产品、土特产以及各类方便食品、饮料等。餐厅是服务区的主要设施之一,是吃饭和休息的设施,所以必须要与使用者的需要相适应。由于一般在服务区内停车时间不长,所以,快餐和小卖部比较受欢迎。商店和餐厅外面应设置从外部直接与之相连接的道路和停车场,为运送货物和工作人员上下班提供方便。餐厅和厨房的设计标准应符合卫生防疫部门的有关规定。

③公共厕所。公共厕所是为了满足长途旅行的人们生理的要求修建的。公共汽车的乘客是在短时间内很多人同时使用厕所,所以,要充分考虑同时使用率问题;同时要注意厕所的位置、外观形状、维修管理简易等。

④园林和绿化带。服务区的园林绿化带主要是供旅客散步、休息和观赏景物之用,园林和绿化带的设置也可以起到美化服务区环境、减少粉尘污染等作用。

⑤广场和通道。在停车场与建筑设施、园林之间设置,是人们在这些不同性质设施之间通行联系的场所。为在高峰时进入停车场的车辆不致拥挤,特别在停车区、餐厅、小卖部、厕所等设施的前面,要确保有足够宽阔的广场和通道。

⑥医务室与急救站。为行车事故提供医务人员、救援车辆和紧急抢救。

⑦通讯设施。服务区的通讯系统主要是及时、准确、可靠的传输高速公路管理的数据、命令、话音和国家新闻等信息。使用通讯系统可以沟通管理部门以及路面现场与中心控制室的联系,使高速公路管理工作形成集中、统

一的“一体化”管理模式。

(2)为车辆服务的设施

为车辆服务的设施包括停车场、加油站、修理所、贯穿车道、标志、标线、天桥及地下通道。

①停车场。停车场从其性能上来看,可以考虑分为停车车位和车道。停车车位是供停放车辆和乘客上下车的场所。车道除引导汽车进入停车车位,同时也是供汽车停车时调头或后退等的场所。车道与贯穿车道必须相连接。停车场内的停车车位与车道布置必须与设计车辆相适应,使之能够合理停放与自由进出,且能有效的使用土地。

②加油站与修理所。加油站与修理所最好是并排相邻地布置,这种布置具有能够有效的利用设施与用地,并使使用设施的车辆路线比较简单等优点。使用加油站与修理所的车辆数在高速公路上的实际情况约为10:1,由于前者占绝大多数,所以在布置这两种设施时,必须考虑这一因素。

③标志与标线。服务区内的设施较多,车流量大,且人流较复杂,是较特殊的公共场所。因此,必须用特制的图形符号给使用者及时传递某种信息,用它来指导人们的行动,提醒人们应该做什么,怎样去做以及要注意什么等。图形符号应具有直观、简明、易懂、易记的特征,可使不同年龄、具有不同文化水平和使用不同种语言的人容易理解。因此,标志的图形符号必须能标准化、规范化地界定其含义,使标志发挥更好的社会效益。

2.高速公路服务区的职能

(1)高速公路的“封闭性”保证了横向无干扰,行车速度快、通行能力大,从而实现它高效、安全、节时、舒适的优越性,但另一方面,它人为地阻断了车辆和司乘人员与外界的联系,给部分旅客和车辆带来了不便和困难。旅客和驾驶员在途中食宿、购物、通讯、加油、维修车辆等都不能与社会直接联系,接受服务,这就要借助于高速公路内部的服务设施来提供。高速公路沿线服务区具有给车辆和旅客提供服务的职能。

(2)高速公路运行的重要特点是车辆能够持续的高速行驶。驾驶员必须经常保持精力的高度集中,因此,容易造成精神上的疲劳;同时,由于线路线型的单调,也易引起驾驶能力的降低。据观察,车辆行驶越快,驾驶员精神越是紧张,大脑皮层兴奋性增强,促使心跳加快。如果车速在80km/h以上时,驾驶员心律会增至每分钟100~110次,甚至更多。一般地说,在高速公路上,当连续行驶2~3小时,至少应休息15分钟以上。高速公路服务区具有解除连续行驶的疲劳与紧张,满足驾驶员心理上需求的职能。

(3)在高速公路上,长时间、长距离、高速行驶的车辆很容易出现故障,尤其是国产汽车,车况较差,故障率较高,利用服务区设施对车辆进行维护和修理十分必要。据观测,车况中等的货车平均7900km左右就有一次的抛锚,车况差的货车则平均850km就抛锚一次,比国外次数多。据统计,西安—临潼高速公路(无服务设施)交通事故中有70%以上与疲劳驾驶和精神分散有关,机械故障占24%,随着今后高速公路网的形成与完善,公路客货运距大幅度增加,高速公路服务区的作用就更加突出。

(4)高速公路服务区的设置消除了旅客和驾驶员的后顾之忧,增加了道路使用者的安全感、舒适感。良好的服务区,能够吸引车辆利用高速公路,发挥高速公路的社会效益和经济效益。并且高速公路服务区本身作为高速公路现代化设施的一部分,有改善高速公路景观的职能,更为重要的是,高速公路服务区的设施和管理具有了一定的水平,其收入相当可观,据日韩等国的统计资料显示,服务区的营业收入占整个收费收入的3%~5%。

二、高速公路服务区的形式和布局

高速公路服务区由于其主要设施如停车场、餐厅和加油站等布局的位置不同,因而形式也有所不同。

1.停车场的位置

(1)分离式:上、下行车道停车场分别布置在高速公路的两侧。

(2)集中式:上、下行车道停车场集中布置在高速公路的一侧。

由于高速公路上、下行车道中间有中央分隔带分开,两侧行使的车辆都要使用停车场,所以分离式停车场更利于停车。车辆可以直接开到停车场,不必绕到对面的停车场去。同时,在收费的高速公路上采用分离式停车场,还可以防止驾驶员相互交换通行卡和收费票证等作弊现象。所以,一般高速公路都采用分离式停车场。

2.餐厅的位置

(1)外向型:在餐厅和高速公路之间布置停车场、加油站等其他服务设施。这种布置适用于服务区外侧有较开阔的田野、森林等风景秀丽的地带,旅客在用餐的同时,可以欣赏窗外美丽的景色,使人心旷神怡,解除旅途的疲劳。

(2)内向型:餐厅与高速公路相邻,餐厅的另一侧布置停车场和加油站等其他服务设施。这种布置适用于服务区周围环境较为封闭,顾客无法向外远眺的情况,如深挖地带或四周为乡镇街道等。

(3)平行型:餐厅和停车场、加油站等服务设施都与高速公路相邻,沿高速公路方向作长条形布置。这种布置方式适用于地势狭长和山区的地带。

外向型的服务区便于停车,且旅客进入服务区可避开嘲杂的汽车声干扰,以便在安静的环境中得到较好的休息从而更快的缓解疲劳。同时,因餐厅离高速公路较远,有时还有花台、树木等绿化带的隔离,减少尘土的污染,使旅客能够得到较为干净卫生的食品。因而,一般都采用外向型的方案。只有在地形条件受到限制时,才采用内向型的方案。

3.加油站的位置

(1)入口型:加油站布置在服务区的入口处,车辆一进入服务区立刻就可以加油。

(2)出口型:加油站布置在服务区的出口处,车辆在休息后出服务区时再加油。

(3)中间型:加油站布置在入口和出口之间,使用起来比较灵活。

加油站设在出口处有利于场区合理布局、交通流畅以及行人行车的安全。但是如果加油站设在入口处,则更便于车辆加油。但是,当加油的车辆比较多的时候,就会在服务区入口处排队,妨碍匝道上车辆的行驶。

由于停车场、餐厅、加油站、公共厕所等主要设施的布置与地形、地貌、沿线自然特征、土地利用、投资费用以及管理条件等因素有关,实际上服务区的形式是通过对各种因素的综合分析和比较,并且按照上述不同的分类进行组合来确定的。

三、高速公路的驿站

1.高速公路驿站的产生与构成

为提高道路旅客运输的组织化水平和运输效率,促进规模化、集约化、网络化经营,2002年4月29日,交通部办公厅印发了《关于在京沪高速公路上开展结点接驳运输试点工作的通知》,正式明确了相关单位组织京沪高速公路上的结点运输试点。高速公路驿站并不是传统高速公路的构造物,在高速公路的初始设计中,也没有对驿站的专门设计。它是运输企业在高速公路上进行网络化高速客运经营时,利用高速公路的原构造物实现旅客接驳而产生的,它是结点运输的重要组成部分,是传统连锁经营方式上的实体服务平台,是省际运输网络的结点,又可以是客运网络、物流网络、旅游网络、汽车租赁网络等业务网络的服务销售终端。

高速公路驿站通常由两部分构成,驿站本体和接驳站。驿站本体是指向旅客提供购票、候车、搭乘接驳车的地点，通常设立在城市中交通便利的地方。通常选择正规站点合作售票，设立驿站，便于旅客候车、搭乘接驳车。接驳站指的是接驳车与高速公路上行驶的快车之间进行旅客、行李、货物换乘的地点，一般设立在高速公路出入口附近。

2.高速公路驿站的服务功能

(1)基本服务功能

①旅客服务——旅客迎送、乘车导航及咨询服务。

②候车休息服务——提供具备特色与人性化的舒适候车场所。

③小件快运服务——负责当地物流市场的开发以及小件快运业务的经营运作。

④旅客商务服务——提供长、短途电话，传真、英特网等付费服务。

⑤接驳服务——提供旅客自高速公路驿站的上下客站与换乘站之间的接驳换乘服务。

(2)特色增值服务功能

①后勤救援服务——主要是为行驶在高速公路上的快车及司乘人员提供紧急情况下的后勤保障服务体系。如协助故障处理、后勤补给、紧急救援、旅客转移等应急救援服务。

②异地汽车租赁服务和酒店、旅游等代理服务——主要目的是为了满足驿站当地的团体旅客、公务旅客等在出差时的需要，如代办相关信用担保、抵押、结算等服务。

第三节　高速公路的交通安全设施与通讯监控系统

一、高速公路交通安全设施的类别

1.安全护栏

高速公路安全护栏是指设在公路两侧及中央带，用以防止高速公路车辆驶出公路或者闯入对向车道，使对乘客的伤害及对车辆的损坏减少到最小限度，并诱导驾驶员的视线，使车辆恢复到正常行驶方向。

高速公路护栏的形式按刚度的不同可分为柔性护栏、半刚性护栏和刚性护栏三种。

(1)柔性护栏一般指的是缆索护栏。这是一种以数根施加了初拉力的缆索固定于支柱上的结构，它完全依赖于缆索的拉应力来抵抗车辆的碰撞。

缆索在弹性范围内工作,几乎不需更换。这种护栏形式美观,车辆行驶时没有压迫感,但视线诱导效果差。

(2)半刚性护栏一般指的是梁式护栏。这是一种用支柱固定的梁式结构,依靠护栏的弯曲变形和张拉力来抵抗车辆的碰撞。

(3)刚性护栏一般指的是水泥混凝土墙式护栏。这是一种具有一定的断面形状的水泥混凝土墙式结构,依靠汽车爬高、变形和摩擦来吸收碰撞能量。

高速公路上的安全护栏既要阻止车辆越出路外,防止车辆穿越中央分隔带闯入对向车道;同时,还要使车辆回复到正常的行驶方向;对乘员的损伤最小,能诱导驾驶员的视线。为实现安全护栏的各种功能,安全护栏主要有路侧护栏、中央分割带护栏和防撞垫等。

2.道路交通标志

不同类别的道路对交通标志有不同的要求。通常按道路类别分为一般道路标志和高速公路标志两类。标志尺寸按小型、大型、巨型分类,以适应不同行驶速度对标志认读距离的要求。高速公路上的车速较高,车道数多,标志牌尺寸比一般道路上的大得多。

交通标志按其功能可分为主标志和辅助标志两大类。主标志分为指路标志、警告标志、禁令标志和指示标志。

(1)指路标志:是用来向道路使用者提供沿线路径的地名、方向和距离;或与之相交道路的编号;著名名胜古迹;游乐休息或服务区等。指路标志有以下主要的类别:道路编号、方向标志;交叉口方向、地点标志;出口预告及出口标志;地点、方向、距离标志;收费站标志;服务区标志;情报标志;交通指示标志。

(2)警告标志:是用来向道路使用者提供道路沿线存在的危险或应该注意的路段,提高警觉,并准备防范应变之措施。警告标志到危险地点的距离,应根据计算行车速度确定。如受实际地形限制,可酌情变更。但其设置位置必须明显,并不得少于安全停车视距。

(3)禁令标志:是用来向道路使用者表示交通之通行、禁止、限制等规定,必须严格遵守。禁令标志设于距禁止事项附近的适当地点,一般需设置在最醒目的地方,并随标志设置的目的而改变。

(4)指示标志:是用来向道路使用者提供行进的信息,设于行车道的入口处。指示标志主要用来指示准许行驶的方向,如向右(或向左)转弯、靠右侧(或左侧)道路行驶等,也可用来表示机动车道或非机动车道等。

辅助标志为附设于主标志下的起辅助说明作用的标志，为长方形，白底黑字黑边框，可分为表示车辆种类、表示时间、表示距离或区域、表示禁令、警告理由等数种。另外，辅助设施不能单独设立。

3.路面标线

路面标线是交通设施的重要组成部分，它是引导驾驶员视线，管制驾驶员驾车行为的重要设施。因此，对于标线的可见性、耐久性、施工性等有严格的要求。车辆驾驶时，无论是白天还是黑夜，都能由于光泽和色彩的反衬而清晰的识别和辨认路面标线。无论是沥青路面或是水泥混凝土路面标线涂料必须保持与路面之间的紧密结合，在一定的时期内，不会因为车辆和行人来往通行而剥落。标线涂料应具有优良的耐久性，能经受车辆长久的磨损，不会产生明显的裂缝；标线涂料应具有很好的防滑性能，车辆驶过标线时产生较小的噪声和振动；标线涂料的原料容易获得，价格便宜，涂敷作业要安全、无毒、无污染；反光标线的回归反射性能在相当长的使用时间内不应显著下降；标线应颜色均匀，不会因气候、路面材料等作用而变色；标线涂料应具有快干性，涂敷作业要尽量减少对交通的干扰；标线涂料应具有良好的施工性能，画出的标线边缘整齐，表面平整，不会产生涂料流淌，表面产生沟槽、气泡等缺陷。

路面标线按照设置方式可分为三类：①纵向标线：沿道路行车方向设置的标线；②横向标线：与道路行车方向成角度设置的标线；③其他标线：字符标记或其他形式的标线。

路面标线按照功能可分为三类：①警告标线：促使车辆驾驶员员及行人了解道路上的特殊情况，提高警觉，准备防范应变措施的标线；②指示标线：指示车行道、行车方向、路面边缘、人行道等设施的视线；③禁止标线：告示道路交通的通行、禁止、限制等特殊规定，车辆驾驶员员及行人需严格遵守的标线。

路面标线按照形态可分为四类：①线条：标画于路面、缘石或立面上的实线或虚线；②字符标记：标画于路面上的文字、数字及各种图形符号；③突起路标：安装于路面上用于标示车道边界、边缘、分合流、弯道、危险路段、路宽变化、路面障碍物位置的反光体；④路边线轮廓体：安装于道路两侧，用以指示道路的方向 、车行道边界轮廓的反光柱(或片)。

4.隔离栅和防护设施

(1)隔离栅

隔离栅是阻止人畜进入高速公路，防止非法占用公路用地的基础设施。

它可有效地排除横向干扰，避免由此产生的交通延误或交通事故，保障高速公路效益的发挥。隔离栅按照其使用材料的不同，可以分为金属网、钢板网、刺铁丝和常青绿篱几大类。

常青绿篱在南方地区与刺铁丝隔离栅配合使用，具有隔音、降噪、美化路容和节约投资的综合功效。金属网隔离栅按网面材料不同又可进一步分为电焊网、编织网等形式。隔离栅的具体构造形式见表 3-5。

隔离栅的构造形式　　表 3-5

构造形式		埋设条件	支撑结构
金属网	电焊网	混凝土基础或直埋土中	钢支柱
	编织网		
钢板网			
刺铁网			钢筋混凝土支柱、钢支柱、烧制圆木
常青绿篱		土中	

（2）防护设施

防护设施是指为预防人为或自然因素对公路交通的危害而设置的安全设施，包括桥梁防护网、防落石栅、防雪栅和防风栅等各类防护屏障。

5. 防眩设施

防眩网通过网股的宽度和厚度阻挡光线通过，同时将光束分散后反射，减少光束强度而达到防止对向车前照灯炫目的目的。

防眩板是通过其宽度部分阻挡对向车前照灯的光束，在道路中央分隔带上连续设置一定间距、横置一定宽度的板条，当与前照灯主光轴的水平夹角成一定角度的光线照射到防眩板上时，光线刚好被相邻两块板条所阻挡。

防眩设施既要有效的遮挡对向车前照灯的眩光，也要满足驾驶员横向通视、能看到斜前方的要求。采用完全避光时，驾驶员眺望远方的视线被遮挡，横向通视也不可能，对驾驶员行车有压迫感；同时，对向车道的交通情况是行车的重要参照系，驾驶员通过对对向车前照灯的光线判断两车的纵向距离。因此，防眩设施并不要求把对向车前照灯的光线完全遮挡，允许让部分光线（不使驾驶员感到不舒服）穿过防眩设施，所以防眩设施宜采用部分遮光原理进行设计。

防眩设施的高度由驾驶员的视线高度和车辆前照灯的高度决定。在公路线形设计中，我国采用驾驶员高度标准值是 1.20m，而在实际行驶的车辆群中，由于车辆结构和驾驶员个体等因素的差别，驾驶员的视线高度变化很大。此外,由于车辆种类繁多,前照灯高度变化范围亦很大。交通部公路科学研究所根据对驾驶员的视线高度和前照灯高度的调查分析,确定计算防眩设施高度的视线高度值和前照灯如表3-6。

驾驶员的视线高度和前照灯的高度值　　表3-6

车　辆	视线高度 h_1(m)	前照灯高度 h_2(m)
大型车	2.0	1.0
小型车	1.3	0.8

6.视线诱导设施

视线诱导标系沿车行道两侧设置,用于明示道路线形、方向、车行道边界及危险路段位置,诱导驾驶员视线的设施。车辆在道路上行驶需有一定的通视距离,以便掌握道路前方的情况,尤其在夜间行驶时,仅依靠前车灯照明来弄清道路前方的线形、明了行驶的方向是有一定困难的。因为汽车前灯的照明范围是有限的,要达到白天的通视距离,就要依赖于诱导设施。

视线诱导标按照功能可分为:轮廓标、分流或合流诱导标、线形诱导标;其中线形诱导标又可分为指示性线形诱导标和警告性线形诱导标。轮廓标以指示道路线形轮廓为主要目标;分合流诱导标以指示交通分合为主要目标;线形诱导标以指示或警告改变行驶方向为主要目标。他们以不同的侧重点来诱导驾驶员的视线,使行车更趋安全、舒适。视线诱导标按其设置方式可分为直埋式和附着式两种。

二、高速公路交通安全设施的功能

1.高速公路交通安全设施具有保证行车安全的功能。高速公路上行车速度高,只重视公路自身几何构造尺寸是不够的,还必须有完善的交通安全设施。建立交通安全设施、交通控制系统和改善交通环境等,才能保证行车安全。高速公路交通安全设施为行车排除干扰,提供路侧保护,减轻潜在事故的严重程度,防止眩光对驾驶员视觉性能的伤害。

2.高速公路交通安全设施具有提高行车速度的功能。要能在高速公路上快速行驶,应做到如下几点:①公路具有良好的几何线形,即纵坡平缓、平面线形流畅、横断面开敞、通视条件良好;②完善的交通管制;③设置点、线、面控制中心、反光显示标志与标线,疏导交通;④提供交通信息;⑤监视行车等。国内外经验证明,加强对交通设施的管理,可以使高速公路上的行车速度提高30%,缩短运行时间20%~25%。

3.高速公路交通安全设施具有引导车辆行驶的功能。高速公路交通安全设施为道路使用者提供各种警告、禁令、指示、指路信息和视线诱导。车辆在主线、匝道和交叉口如何行驶,应在横断面什么位置行驶,怎样通过交叉口,应依赖交通信号、标志、标线、视线诱导装置、安全岛、分隔带等动和静的交通设施,不断向驾驶者提供信息,车辆才能安全、高速连续地行驶。

三、高速公路通讯监控系统的构成

高速公路通讯监控系统按信息流程划分,主要由信息采集系统、交通控制系统、信息提供系统、通信传输系统四个子系统组成(信息流程见图 3-1)。

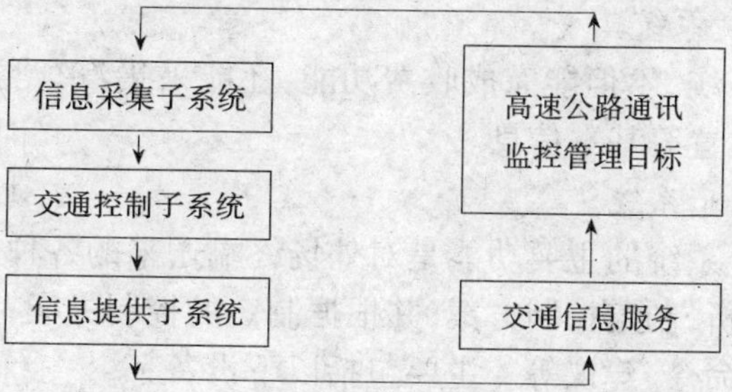

图 3-1 高速公路通讯监控系统信息流程图

图中箭头方向表示信息流向,信息在各个子系统之间的传递是由通信传输子系统来完成的。

1.信息采集子系统

信息采集子系统的作用是采集各种交通信息、气象信息以及地理信息等。主要包括以下设备:

(1)车辆检测装置

车辆检测装置用于测定交通量、车道占有率、车速等参数,为交通管理与控制提供依据。车辆检测装置设置在高速公路的出入口及主线交叉口上,其间隔根据道路的重要程度及交通量来选择。

(2)气象监测装置

气象监测装置主要用于观测雾和冰冻,也可用来测量路表温度及浓雾、风向、风力、雨量、路面积雪等气象状况。

(3)测速雷达

测速雷达专门用来检测不符合行车速度的违章车辆,一旦发现车辆违章,发出警告信号,同时拍摄违章车辆的车号和车型。

(4)视频监测装置

视频监测装置通常安装在高速公路的一些特殊路段和事故易发地段，用来监视区段的交通情况。图像处理装置通过采集视频图像获取交通参数。

(5)紧急电话

紧急电话主要用于车辆发生事故或障碍后与控制中心迅速取得联系，请求指示或求援。

(6)无线电装置

高速公路上日夜有巡逻车巡视，车上载有无线电装置，供巡逻车与控制中心联络，无线电装置通过设置在沿线的无线基地站来转发信息。

(7)电子收费系统

电子收费系统，不但能完成收费功能，还能采集汽车类型、时间以及收费点处的汽车位置等基本信息。

2.交通控制子系统

交通控制子系统的主要功能是对外场终端送来的各种信息进行实时的运算、处理和分析，制定控制方案，并根据制定的控制方案，利用信息提供子系统发布信息、命令、建议等。主要包括以下设备：

(1)计算机及其外部设备

计算机及其外部设备主要负责各种数据的运算处理、分析判断，并根据预定的方案作出控制决策。同时具有显示、打印或记录等功能。

(2)道路模拟屏

模拟屏上能及时了解各种设备在线运营情况以及交通运营情况。模拟屏还能从视觉上确认事件的发生，使控制中心对道路情况了如指掌，以利于快速反应和科学管理。

(3)控制台

控制台的主要功能是实施系统的手动指令，并进行操作人员与系统之间的信息交换。其控制内容主要包括对外场终端设备的控制；公路上的各种道路信息板显示内容的变更；交通管制的实施操作等。

(4)电话总机台

电话总机台的功能是接收紧急电话、无线电话、业务电话等，并在地图显示出主叫电话的地址编号。

3.信息提供子系统

该系统主要是向高速公路的使用者提供各种交通运输信息(例如：交通状况、客货运输信息、交通规划与地理信息、气象信息等)，发布命令或建议

(例如:限速、关闭匝道等),以促使道路交通流量分布均匀,提高道路利用率和运输效率,达到交通控制与管理的目的。主要包括以下设备:

(1)可变情报板

可变情报板是公路上专供控制中心为出行者提供交通警示、实行交通管制等实时情报,动态显示交通信息。

(2)可变限速标志

根据控制中心的命令,可变限速标志动态显示当前指定的车速,调节路段的车辆密度和平均速度。

(3)交通广播及路侧通信广播

利用交通广播定时播送高速公路及附近公路的交通情况。交通广播节目有它的局限性,它不能完全满足交通管理的需要。因为它只能定时向大范围全域广播相同的内容,缺乏针对性。而路侧通信广播是利用路肩或中央分隔带的感应天线进行广播。对不同路段、不同车流方向播送不同内容,播送的信息量大,内容随时间地点而变,有针对性、实时性。

(4)信号灯系统

信号灯系统主要布设在高速公路的路口、隧道入口等处,根据实际需要通过交通控制中心调节交通量,控制路口开闭,诱导车辆。

(5)信息中心终端

在服务区、停车场、火车站等公共场所设置电子设备终端,出行人员可利用信息中心查询交通情报和指令。对于私人来说,计算机是较为合适的终端设备,个人可以通过 Internet 与信息中心相连,查询相关信息,在条件尚不成熟时,交通信息电话查询台也不失为一种较好的选择。

4.通信传输子系统

通信传输子系统处于高速公路机电工程的基础地位,发挥着神经系统功能。它不仅对保证"信息流"在信息采集子系统、交通控制子系统以及信息提供子系统之间及时、快速、准确地传递起着重要的作用,而且还是收费系统等高速公路机电系统赖以存在的支持环境。主要由光缆数字传输系统、程控数字交换系统、移动通信系统、紧急电话系统等组成。

(1)光缆数字传输系统

光缆数字传输系统主要为沿线程控交换机之间、程控交换机与移动通信电话互连终端之间以及业务电话、数据通信等提供传输通道,是贯穿整个监控通信系统的主体通讯总线。

(2)程控数字交换系统

程控数字交换系统主要用于满足业务电话的需要以及提供先进的数据、传真、文本、图像等非话音服务。

(3)移动通信系统

移动通信,就是指通信双方至少有一方在移动中进行信息交换。为适应高速公路高速、动态、封闭管理的特点,有必要建立一定的移动通信系统,不仅要满足通话业务,还应提供数据、传真、图像等业务。根据交通部的规划,全国拟沿高速公路建立 800M 集群通信网,统一制式、统一编码、统一频率、统一联网。

(4)紧急电话系统

紧急电话系统是高速公路发生紧急情况或故障时提供直接呼救支援的专用通信系统。紧急电话系统设备包括控制中心设备、放大器、公路两侧的呼叫亭设备以及传输设备。

四、高速公路通讯监控系统的功能

高速公路在规划设计过程中已经充分考虑到要使车辆高速、安全、舒适的行驶,并考虑到道路景观的美化。道路走向、平纵面线形、车道数量、车道宽度、路面材料、铺装工艺、道路结构物的位置和形式等都是以这种共同的目标作为设计的出发点。高速公路交通安全设施是在高速公路主体工程确定之后的重要补充,目的也是保证交通的高速、安全和舒适。高速公路主体工程和交通安全设施等静态设施对稳定交通流提供了高速、安全和舒适的基本保障。但是,高速公路建成后的交通状况和道路环境状况不是一成不变的,在很大程度上呈现出随机性。这种随机性主要表现在以下三个方面:第一,交通流本身的随机性。交通流量、行驶速度、车流密度等在一天内、一年内和若干年内在不同路段都是变化的,车辆的行驶行为(例如:加减速、转移车道等)呈现更大的随机性;第二,交通干扰的随机性。交通事故、车辆抛锚、物品散落、道路维修工程等都对高速公路交通流产生严重的干扰,这些事件发生的时间、地点都是随机的;第三;道路环境的变化。例如:白天黑夜、进出隧道、恶劣天气等都对驾驶行为造成影响。诸如此类的问题都是高速公路主体工程和静态的交通安全设施所难以完全考虑的。高速公路通讯监控系统正是针对这些变化着的道路交通状况而设置的,它将进一步确保高速公路交通的高速、安全和舒适。

高速公路监控系统应当具有以下四方面功能:第一,信息采集。即实时地采集变化的道路交通状况,包括交通信息、气象信息、交通异常事件信息等。第二,信息的分析处理功能。包括对交通运行状态正常与否的判断、交通异常事件严重程度的确认、交通异常状态的预测、对已经发生或可能发生的异常事件处置方案的确定等。第三,信息提供功能。包括对高速公路上正在行驶着的驾驶员员提供道路交通状况信息,对行驶车辆发出限制、劝诱、建议性的指令,对交通事故和其他异常事件的处理部门传送处置指令,对信息媒体或社会提供更广泛应用的高速公路交通信息。第四,确保话音、数据及图像等各类信息准确及时的传输,为各种先进的管理手段提供信息传输的基础。

第四节 高速公路的美化与绿化

一、高速公路美化

随着人们生活水平的提高,人们对精神文化生活及生活环境有了更高层次的要求。人们的出行不再满足于位置快速转移,而且要求旅行环境舒适;要求高速公路景观美化。一方面要体现水平与竖向组合而成的空间线形连续协调,令人视觉舒适,更好的满足动态中人和车的需要;另一方面要体现高速公路沿线风景呈现在人们眼前的是一幅幅图像式的动态画面,这些动态画面与高速公路结构本身、沿线自然环境融为一体。为此,高速公路建设要在注意其安全性、舒适性、耐久性的同时,还要把高速公路景观美化作为一项内容来考虑。

1.公路景观美化设计的分类

一般来说,公路景观分为内部景观和外部景观。

公路内部景观是指行驶在公路上的驾驶员和乘客所见到的景观以及在停车场、服务区等场所所见到的景观,是动景观。内部景观设计包括公路空间线形本身的协调性设计,与视觉诱导分析、周围地形及沿线环境融合等。可见,线形设计是内部景观设计的主体,它的成败将直接影响景观设计的好坏。此外,沿线绿化、标志标线、边坡处理、沿线景点的造型、公路的色彩等,对内部景观同样会有很大的影响。

公路外部景观是指从沿线居住地及其他的道路上看到的公路及沿线设施景观,是静景观。它强调的是公路的整体印象。作为一种人工的构造物,公路建设无疑是会改变原有的地形、环境。外部景观设计就是从公路以外审视公路与环境之间的统一性,通过弥补措施,力求使公路成为环境中的一部分。

2.公路景观美化的原则

公路属国家基础设施,它的建设须经国家有关部门的审批、规划。在工程立项报批的同时,也就确定了工程的性质、功能以及近、远期的建设目标等。在此基础上,有关部门应进一步调查公路所处的地域范围、地形地貌、气候条件等自然因素和地域特色、文物古迹、风俗习惯等人文因素,以此确定相应的设计原则。一般应做到以下几个方面。

(1)因地制宜

线形设计不仅要满足公路运输功能的要求,同时要注意保护原有的环境景观。在涉及道路线形时,依据自然地形和特征,充分利用地形地貌,尽量减少工程破坏,使整个工程和周围环境的风格相一致,使公路融入自然环境之中。此外,在原有地貌的位置应尽量做到宜树则树,宜草则草,减少人为防护的痕迹。

(2)保护环境

公路建设必须建立在环境保护的基础上,依国家相关法律、法规办事,要结合利用土地资源,尽量利用荒地滩涂、荒岭,少占或不占良田、果园、林地。还可以通过经济技术比较,利用设置挡土墙、护坡或高架桥等减少占地量,节省土地资源。要保护水源。设计中应注意保护自然水流,排水设计要尽量避免污染周围水土资源。要加强对矿产资源的保护。

(3)以美学理论为指导

公路景观的形成不能脱离社会审美观的要求而独立存在。由于公路的性质和功能决定了景观不可能凌驾于交通功能之上,成为首先考虑的方向,但我们应在满足主功能的前提下,以美学理论为指导进行相应的规划和设计。

(4)风格鲜明

公路为带状构造物,沿线地质、地域特点十分明显,因此要在景观设计中,充分利用沿途地域特征和人文特点,把公路建设成为一道风格鲜明的流动风景线。

3.公路景观美化的要求

(1)沿线景观布设既要赋予节奏感,又要具有连续性

实践表明,长时间行驶在完全的越岭线或沿溪线,会因景观单调而使驾驶员注意力不集中。而适当的线形弯曲、起伏、色彩的阴与暗、空间的空旷与狭窄的变化,会令驾驶员在行车途中感受到沿线景观富有节律的多变性。

例如，从高地向湖泊方向行驶，临近水面时驾驶员对高度的变化体验加强，车辆从桥梁的有限空间驶过，公路两侧开放的远景令驾驶员有种放松地感觉。愉悦的心理可提高行车的安全性。因此，设计人员在线路布设时要有意识的安排高低错落、阴暗互间、宽窄交替的景致。

在注意变化的同时，应将沿途景致的统一感和连续性作为设计的目标，保证视觉的连续性。例如，公路进入林区之前，在公路两侧预先种植一些树木或灌木作为过渡；再如，公路两旁的植树从开阔的市郊延续到市区等。

(2)公路及公路沿线的色质感

公路沿线色彩搭配及其动态效果，是公路景观设计的重要内容，色质感是指构造物色彩和材质给人的感受；色彩和质感是感官审美对象的属性之一。公路及公路沿线构造物、绿化等之间的色彩搭配、色调选择、材质表现以及沿线色质搭配的动态效果，都会影响公路景观设计。良好的色彩运用给运动中的人们以优美清新、欢快明了的感受。比如，初秋时节北方公路两侧的火炬树，在萧瑟的秋天里以其红红的颜色给人一种靓丽的感觉。高速公路上的绿色波形护栏和灰白色护栏相比，更给人一种清新明快的感觉。相反，沉重枯燥的色质运用只会添加行车的疲劳，给人以压抑的感觉。

(3)舒适与安全

舒适是公路景观设计的主要目的。研究表明，驾驶员在行车过程中的感觉与公路景观设计有着密切的关系，能否感受到舒适的行车环境主要依靠线形景观设计。安全则是公路景观设计的基础和前提。如何消除行车过程中公路对乘客和驾驶员心理上的压抑感、恐惧感、压迫感、威胁感，是线形设计、景点布置、绿化布设的重要内容。例如，在弯道外侧高填方边坡植树，可以减轻行车的恐惧心理；简洁、明确并具有足够刚度的桥梁下部构造，会增加行车的安全感；相反，过分的纤细和透空度以及杂乱的结构，都会对桥梁使用者产生不安定的感觉；同样，过分粗大的桥墩和上部构造会产生压迫感和威胁感。

二、高速公路绿化

1.高速公路绿化的意义

(1)高速公路绿化是实现高速公路建设可持续发展的需要

社会的不断发展和进步，使我们愈来愈意识到人口、资源、经济与环境的矛盾，也逐步认识到人与自然的共生是人类发展的必然趋势，认识到自然、社会和经济必须协调发展。高速公路建设应加强对景观、沿线资源的维护、利用和开发,保护持续的、稳定的、发展的态势,这样才能既有利于当代人,又造福于后代人。

(2)高速公路的绿化是延续历史文脉、弘扬民族文化的要求

可持续发展是人类文明史上的一个重要里程碑。它不仅体现在物质资源和自然资源的永续利用和可持续发展之上,也体现在人类精神文明与文化知识的可持续发展上,体现在如何保护、保持、弘扬民族精神与文化之上。人类在走向更高文明的过程中,文物古迹、民风民俗等文化资源的保存、保护和永续利用同物质资源和自然资源的保护同样重要。它是先人留给当代人,当代人留给后代人的最珍贵的遗产。高速公路建设本身是我们创造出的人文景观,它同周围的景观共同构成一个四维景观环境。它既有形、声、色、光等使用方面的物质环境,同时又有历史遗产、社会生活、视觉感受、场所特征、形象符号等精神方面的文化环境,高速公路的绿化应研究如何保护延续这种环境,并能很好的开发、利用和欣赏这种环境。

(3)高速公路绿化是保护视觉环境质量的要求

作为社会环境质量的重要因素,视觉环境质量对于人类也日趋重要。从大好河山到风景区域,从城市到农村,一些国家已经进行了许多视觉资源保护、改善、规划和管理的实践。视觉资源已被公认,并开始取得与其他资源同等重要的地位。在我国,人们日趋重视视觉环境质量,并将其作为环境质量保护的一个重要内容。但是,在该领域的研究、探讨和应用远少于对环境质量其他领域的研究。在工程建设中,经常出现良好的自然环境被侵占或破坏。所以,有必要通过高速公路景观绿化设计来完成保护视觉质量的目的。

2.高速公路绿化的功能和作用

(1)改善道路景观

公路景观绿化是国土绿化的重要组成部分。公路绿化反映公路建设系统工程的水平,景观绿化能使本来生硬、单调的公路线形变的丰富多彩,创造出许多优美的景观;能使裸露的挖方路堑岩土边坡披上绿装,使新建公路对周围环境景观的负面影响降低;能使公路两侧的自然及人文景观资源与环境景观有机的结合、协调,使公路构造物(例如:立交桥、服务停车区、收费、管养站区)巧妙地融入到周围的环境中去,给高速公路的使用者——驾驶员及乘客提供优美宜人、舒适和谐的行车环境。

(2)防尘防燥,净化空气

绿色植物体可以通过光合作用过程吸收二氧化碳、放出氧气,使高速公

路沿线的空气保持清鲜。同时植物的叶片还能吸收和阻滞在高速公路上行驶的车辆排放的尾气中所含的各种有害气体(例如:CO、NO_X 等)、烟尘、飘尘以及产生的交通噪声,减轻并防治污染,净化和改善大气的环境质量。

(3)固土护坡及防止水土流失

植物体通过根系对土壤的固着作用,以及植物枝叶和地被植物的有关作用达到涵养水源的目的,并能阻止或减少地表径流,降低和防止雨水冲刷路堤、路基、路堑、边沟、边坡,避免水土流失。

(4)视线诱导

公路绿化是驾驶员和旅客视野范围内的主要视觉对象,规整靓丽的树木花草,不仅给人以优美、舒适的享受,而且可以提示高速公路路线线形的变化,使行驶于高速公路上的车辆能更安全。

(5)防眩光

在夜间,对向行驶的车辆之间会因车前灯光造成炫目,给交通安全带来极大的隐患,但是在高速公路中央分隔带内栽植一定高度和冠幅的花灌木,能够有效的起到防眩遮光的作用,保障行车安全。

(6)降低路面温度

有关试验表明:夏季沥青混凝土路面,温度高达 40~50℃,比草地和林荫处高出 1~14℃,绿地气温较非绿地气温一般低 3~5℃。通过景观绿化美化,可以改善地温和气温,改善小气候,减轻路面老化,延长公路使用寿命。

三、高速公路的生态保护

公路建设项目在我国已被国家环境保护总局规定为“非污染生态影响”类。这一类建设项目在建设过程中对生态环境造成的影响是显著的,而且在短期内完全依靠自然的恢复是极其困难的。针对这种情况,目前世界各国在公路建设中,多借助人为因素,采用多种手段来促使在公路建设中被破坏的生态环境的重建。正因如此,在国外出现了生态道路的提法。我国政府于 2000 年颁布了《全国生态环境保护纲要》。纲要指出:“生态环境保护是功在当代、惠及子孙的伟大事业和宏伟工程。坚持不懈地搞好生态环境保护是保证经济社会健康发展,实现中华民族伟大复兴的需要”。国务院有关部委还提出“绿色通道”的建设计划等。这些法规和政策,都是搞好公路建设项目生态环境建设的依据。

1.高速公路生态环境保护内容

(1)野生动植物的保护

高速公路的廊道效益十分突出，它直接影响区域内社会经济的发展，但同时由于高速公路的廊道效应也会对高速公路两侧居民的出行和生产活动产生一定的阻隔作用，而在经过山岭重丘区的高速公路分割了动物的活动领地，甚至会截断有些动物的饮水路线，而影响动物的生存环境；再者由于高速公路的廊道效应，对于极个别稀有动物而言，由于本身的种群数量少，高速公路阻隔之后，极有可能发生稀有动物的近亲繁殖，从而导致物种退化，发展到极点将会造成物种灭绝而减少动物的多样性。为此在高速公路的设计、施工中必须创造条件，改变高速公路道廊效应的负面作用，采用增设环境保护措施的手段，例如：修建动物通道、动物桥、动物隔离栏等，创造高速公路两侧沟通的条件，为保护生物的多样性作出应有的贡献。

(2)基本农田的环境保护

公路工程在建设的过程中占用一定数量的耕地是正常的，也是在所难免的。公路建设占地可分为永久性占地与临时占地。但是，对公路占用基本农田保护区必须依法采取保护措施。

在基本农田保护区面积数量方面，建设单位应贯彻《土地管理法》与《基本农田保护条例》，按时按数缴纳土地补偿费、安置补助费以及青苗补偿费，需要缴纳耕地开垦费的应按有关规定办理，以保证当地基本农田的总量不变。当地政府也应贯彻执行专款专用的原则，利用补偿的土地费开垦或改造与占用基本农田数量相当的新的基本农田。同时，在经过基本农田保护区的阶段，应采取必要的工程措施，收缩填方路基的边坡，或者在路线纵坡允许的前提下降低公路路堤填方高度，以减少公路对基本农田保护区的占用数量。

(3)水土保持

水土流失现象从原则上讲，属于生态环境的范畴，生态环境的不断恶化，是产生水土流失的根源。公路工程在施工阶段会产生局部的水土流失现象，特别是山岭重丘地区修建高等级公路尤其突出。在山岭重丘地区修建高等级公路时，挖方边坡的高度超过 50m 高者到处可见，超过 100m 高的也不少见。

在公路建设过程中，由于路基和隧道工程的施工必然开挖山体或掩埋山坡或填高路基，造成局部地形的改变，产生了挖方边坡、填方边坡、取土场或弃土、弃渣场，而这些新产生的坡面面积，除了公路的路面修建了沥青或水泥混凝土予以覆盖外，其他坡面在施工的前期基本上处于裸露状态，在雨季尤其是在暴雨天气,降雨将对坡面形成冲刷而造成水土流失,这一点是不可否认的。另外,还有些沿河溪路段或沿泄洪沟路段,修建公路的弃方若不采取任何措施就堆砌在河岸边,甚至有个别地段会占用到部分河水水面或泄洪沟,致使过水断面减少,大雨时将造成冲刷、形成水土流失,甚至可淤积河床。我国的高速公路在修建过程中对此问题十分重视,工程防护、植物防护以及综合防护的措施均能得到落实。施工后期各类防护措施已基本到位,这样水土流失也会得到有效控制。

2.生态环境影响评价内容

(1)野生植物与动物及栖息地的影响

①调查野生动植物的种类、保护级别、分布概况、生活(生长)习性、活动规律、经济和学术价值等;调查动物的现存数量和栖息环境特征;调查植物优势群落组成,植被覆盖率,公路用地,占用林地和草地面积或砍伐林木数量等。

②调查是以收集当地文献资料为主,受国家保护的野生动植物应注重向有关专家咨询。当植物现有资料不完全时,可针对沿线的主要植物群落,筛选出代表性的样点进行样方调查。

③对受国家保护的野生动植物的分布及其栖息环境进行评述,对植被覆盖率进行说明等。

④预测评述的主要内容有:对自然保护区的整体影响;对植物生长分布及动物活动规律、栖息环境的影响;对植被覆盖率的影响,根据预测及影响程度进行综合分析,评述影响范围、深度、形式和持续时间等。

⑤环保措施应以评价结论为依据,综合拟建公路所产生的负面影响,提出恢复生态环境及减少负面影响的措施,并进行技术、经济论证。

(2)水土流失的影响

①评价范围为公路两侧路界内以及取、弃土(渣)场地等;评价内容为公路施工中高填、深挖处的坡面及取弃土(渣)场地,扰动后容易引起塌方、泥石流等地质病害的路段。

②现状调查与评价:调查沿线水土流失现状,土壤侵蚀类别、地形、地貌、地质、植被覆盖率、降雨情况及土壤侵蚀模数等,并综合评述路线经过地区的国家、省(区)、县人民政府批准的水土流失重点防治区和一般地区的水土流失现状与治理情况。

③影响预测与防治措施:根据现状调查资料,结合公路施工产生裸露地表的特点及当地的气象条件,进行水土流失量的预测,并提出水土保持方案。

小　结

高速公路是现代化交通基础设施，它要最大限度地满足汽车高速、平稳、安全、舒适和经济地行驶，因此，对线形及自身结构物有很高的要求。所谓线形，指高速公路中心线的立体形状，它是构成高速公路的骨架；高速公路的构造物如路基、路面都要按照高速公路的线形要求以形成高速公路整体。路基是高速公路的建筑主体，它要求有足够的整体稳定性、足够的强度和足够的水稳定性；路面是高速公路路基顶面供汽车行驶的部分，是使汽车能高速、安全、舒适、经济、全天候通行的保证；高速公路的桥涵隧道是高速公路的重要组成部分；高速公路立体交叉是利用跨线构造物，使道路与道路（或铁道）在不同标高相互交叉的连接方式，它是在汽车行驶中实现道路空间交叉及方向转换的主要设施，是汽车全封闭行驶的保证。高速公路服务区是为车辆、驾驶员员和旅客提供停车休息、用餐、加油、维修的场所，它的形式和布局的选择以能为驾驶员和乘客提供优质、方便的服务并为高速公路景观增色为宗旨。高速公路驿站并不是传统高速公路的构造物，它是兴起的高速客运为接驳旅客在高速公路出入口或高速公路服务区附近形成的，将来的高速公路构造物设计是否将其统一考虑，有待于今后高速客运的发展而定。为了保证高速公路的安全、高效的运营，高速公路上还设置了交通安全设施及通讯监控设施；为了保护生态环境，为了给旅客和司乘人员以赏心悦目的通行环境，高速公路的美化、绿化和相关的生态保护设施也十分必要，学习者应当对其具体内容有所了解。

思考题

1.简述高速公路路基工程的特点及一般设计要求。

2.简述高速公路立体交叉的构成及其作用。

3.简述高速公路驿站产生的背景及其服务功能。

4.高速公路交通安全设施有哪些类别，各有哪些功能？

5.简述高速公路通讯监控系统的构成及功能。

6.高速公路生态环境保护有哪些内容？具体的高速公路生态环境评价有哪些内容？

第四章

高速公路的社会经济特性

学习目标

要实现对高速公路的科学、有效管理,必须从理论上了解高速公路的社会经济特性。作为产品,高速公路的本质是什么,它为什么属于准用物品,具有什么样的消费特性,为什么高速公路的供给既可以选择集体产权的税收生产制度,又可以选择社团产权的收费生产制度,一国政府怎样根据自身国情并结合国民经济发展实践,对选择哪种生产制度或者在同时选择两种生产制度时的搭配比例做出科学抉择,对这些重大的政策问题的理解,都需要理论的强有力支持。从经济、技术、社会属性上深入理解高速公路的特性,对理解我国高速公路的发展政策、融资政策、收费政策以及深入进行高速公路管理体制的改革都是非常必要的。

第一节　高速公路是准公用物品

从社会主义市场经济理论出发,掌握并深入理解高速公路的概念、本质和特性,才能科学地把握高速公路建设、使用与管理规律,才能实现公路事业所有投入要素资源的优化配置。

一、公用物品、准公用物品和私人物品

1.公用物品、准公用物品和私人物品的含义

现代经济学认为,人类所有的社会产品可以分为三个大的类别,无论这

些产品属于有形的物品或者无形的服务，也无论这些产品是自然资源物品或是经人类经济活动加工制造的物品，它们就是公用物品（Public goods）、准公用物品（Quasi-public goods）和私人物品（Private goods）。这个概念十分重要，在经济学、管理学、政治学及各种其他学科中得到广泛的使用。

目前我国经济学界对“public goods”的译法有多种。北京大学经济学教授厉以宁把它译为公共产品，并将它定义为：“公共产品是政府向居民户提供的各种服务的总称。公共产品包括的范围很广，诸如国防、警察、司法、经济调节、教育、卫生等等”。（《现代西方经济学概念》，北京大学出版社，第124页）。香港大学张五常教授将“public goods”译为“公用物品”，本书就采用张五常教授的译法。一般来说，公共二字更多地是表述所有关系，公共的是指大家所有的，但并不一定是大家都可以使用的；而公用二字则更多地表述消费、享用，是使用价值的体现，公用的更准确的表达是大家都可以使用的。因此，公用物品的译法更能确切地表达“public goods”的含义。

无论对“public goods”的译法有几种，但对其内涵的解释都是相同的，即公用物品（包括有形公用产品和无形的公用服务）一旦被生产出来，就会向所有的人提供，它不排斥社会中任何一个成员的享用，任何一个成员对公用物品的享用不以影响其他成员的享用为前提，也就是说每个成员对这类物品的消费不会导致别人对该物品消费的减少，并且也无论这些享用的成员是否为这种公用物品的生产作过贡献。例如，社会成员由政府提供的“安全”、“公正”就是最重要的无形的公用物品（服务），它们是通过政府花费巨资设置的国防、军队、警察、法院以及社会保障体系等来实现的。又例如，政府提供的城市建设、环境卫生、公共教育、公共设施等也都是典型的公用物品，有的经济学家有时也把这类公用物品称作纯公用物品，以便与后面讲述的准公用物品相区别。

第二次世界大战之后，各国采用凯恩斯的宏观经济调控政策，政府的经济职能扩大，政府提供的产品和服务种类增加。世界经济学界对公用物品的概念有了新的理解，一种典型的观点把公用物品的提供与政府的职能履行等同起来，即认为政府履行职能（包括经济职能和非经济职能）的过程就是向社会提供公用物品的过程。政府的非经济职能，是指维护国家正常运行，保持国家及其社会成员的安全与公正。政府的经济职能，即政府作为国有资产的所有者和宏观经济运行的管理者，在公益事业方面，在通过转移支付调节社会成员或地区差异方面，在环境保护等方面所应履行的职能。美国经济学家布查南认为：“许多人传统上所接受的政府职能，全部或部分地是通过区分公用物品和私人物品来说明的。”(《公共财政》,中国财政经济出版社 1991 年版,第 18 页)。由此,他认为政府的国防安全、法律秩序、环境保护、货币稳定等职能都属于公用物品的生产和提供。美国另一位经济学家罗森从另一个视角解释公用物品,他认为由于市场失灵(Market failure),才使政府提供公用物品;市场失灵的因素有垄断、外部作用、信息不完全等,由于这些因素的存在使政府的干预成为必要,而政府的干预在本质上就是政府提供公用物品。这说明,在新的经济条件下,公用物品的概念在不断地扩大和延伸。上述观点同时说明西方国家经济学家是把公用物品、政府职能和政府干预当成同一概念的。

私人物品指私人使用或消费的产品和服务,也就是一般的生产要素供给者(一般社会成员和厂商)通过市场机制所提供的产品和服务,如食品、服装、机器设备、家用电器、导游服务等等。私人物品可以按不同的数量提供给个人消费者,每个社会成员可根据自己的意愿和支付能力在市场上购买并消费,消费者的货币“选票”投向哪一种私人物品,完全由消费者根据自己的需要作出决定。私人物品具有消费的排它性和消费的竞争性。所谓产品消费的排它性,就是私人物品由购买者消费和支配,而排除其他人的使用和消费。所谓消费的竞争性,就是购买者在消费了某私人物品之后,该物品就要减少,因此有产生稀缺的趋势而导致消费上的竞争。消费的排他性和竞争性是私人物品的本质特性,正是由于这些特性,私人物品才能够通过市场机制来配置资源、组织生产,决定生产什么私人物品、生产多少和为谁生产,并通过市场交换的方式来提供产品和服务,实现私人物品的实物补偿和价值补偿。

准公用物品是介于公用物品和私人物品之间的一类较特殊的产品和服务。上面对公用物品和私人物品的分析是典型意义上的概念,即通常所说的纯公用物品和纯私人物品。但是,在现实的经济生活中,有些产品的具体属性却比较复杂,它们在有些条件下类似私人物品,由使用者单独消费,可以在使用者之间进行消费上的区分;但在另一些条件下,又表现出公用物品的特性,例如,消费上的非排他性和非竞争性,我们把这类产品和服务叫作“准公用物品”(Quasi-public goods)。美国的经济学家布查南(J.M.Buchanan)曾解释过准公用物品的涵义,“有趣的是这样的物品和服务,它们的消费包含着某些‘公共性’,在那里,适度的分享团体多于一个人或一家人,但小于一个无限的数目,其公用的范围是有限的”(An Economic Theory of Clubs,Economica,32,P2)。他称准公用物品是“俱乐部物品”(Club goods)。它们就是介于私人物品和公用物品之间的所谓“俱乐部物品”。

2.高速公路是准公用物品

如果我们用上面解释的三种物品的概念来衡量高速公路,由它的特性所决定,高速公路应当属于准公用物品。

高速公路建设竣工后,其使用价值体现在为过路的汽车提供通行服务。在高速公路上的交通量未达到饱和之前,车辆在高速公路上自由地行驶,高速公路为所有通行者提供的通行服务都是一样的,公路上任何一辆车的通行不会影响其他车辆的通行,每一辆车的通行也不以排斥其他车对公路的使用为前提,也就是说,在各道路使用者之间不存在对公路使用消费上的排他性。在高速公路上的交通量未达到饱和之前,每个过路车辆也都不会因自己的加入行驶,而减少高速公路对其他新增汽车提供的相同的通行能力,换句话说,高速公路提供的通行服务在消费上也不具有竞争性。由此可见,在高速公路交通量未达到饱和的情况下,它具有公用物品的两个基本特性:消费上的非排他性和消费上的非竞争性。由于高速公路的这两个本质特性,许多国家的政府将高速公路当作公用物品对待,对高速公路的供给实行集体产权的税收生产制度,由国家财政拨款予以建设,建成后向全体社会成员开放免费通行。例如,德国、荷兰、芬兰、挪威等国家所实行的那样,美国、英国、日本等国家将本国大部分高速公路也实行公用物品的免费通行服务,只有少部分高速公路实行费收生产制度提供,对通行者收取过路费。

但是,当高速公路上的交通量达到饱和时,情况则发生了变化。在高速公路饱和时,如果再增加新的车辆,则边际社会成本更快地增加,新加入者更使交通拥挤恶化,同时影响了原有的汽车行驶。这样,高速公路由原先消费上的非竞争性,转变为竞争性。此时,高速公路出现了有限的消费容量与无限的消费规模之间的矛盾,这正是准公用物品的本质特征。所以,有些国家的政府根据高速公路的准公用物品性质,采用社团产权的收费生产制度,建设和提供高速公路,实行收费过路的有偿通行。由此可见,准公用物品(包括一些公用物品)既可以采取集体产权的税收生产制度,也可以采取社团产权的收费生产制度,这是符合经济学原理的,至于政府选择哪种生产制度,取决于该国当时的社会经济状况。从经济学上说,生产制度的选择,用通过税收增加财政收入的边际社会成本来衡量,如果增加财政收入的社会边际成本很高,高于用增加的财政收入所建造的高速公路的社会边际收益,则应选择收费生产制度提供高速公路。相反的,如果一个国家很富裕,增加财政收入的边际社会成本很小,低于所建高速公路的边际社会收益,则应选用税收生产制度。

总之,高速公路是一种具有公用物品(在未饱和时)特性,也具有准公用物品(在饱和时)特性的物品领域。它与必须由国家提供的纯公用物品,如安全、公正相比,有所不同。更确切地说,它是属于俱乐部物品的范畴,其定位比准公用物品更确切一些。高速公路可以采用税收生产制度生产,免费使用,也可以采用收费生产制度生产,交费通行,是采用免费使用的税收生产制度,还是采用有偿使用的收费生产制度,是从一个国家的国情出发,按照不同高速公路路段的特点,根据政府的社会经济需要来决定的。

二、公用物品、准公用物品和私人物品的特性分析

为了更进一步地理解高速公路的本质特征,有必要从消费角度深入分析三种物品的特性。

1.私人物品的消费特性

从消费角度来说,私人物品具有消费独有性、消费排他性和消费的竞争性。消费独有性就是当消费者花钱决定购买了某个私人物品后,他便有绝对的独自享用权或支配享用权,而任何其他人则没有这种权力。对于所购买的私人物品,购买者完全自己决定如何消费、给谁消费、何时消费,或者作出其他处置的决定,这都是由购买者进行决策而不是其他人,这就是私人物品的消费独有性,它是由市场经济规则决定的。消费的排他性就是私人物品只能由付费者消费,而经济社会通过法律的、行政的、经济的、技术的各种手段和办法将不付费的消费者排除在对这种私人物品的消费之外。私人物品消费的竞争性,是由于物品的消费导致其数量减少而形成的。体现在市场经济的运行过程中,私人物品的消费必须通过价格机制发生作用,通过价格竞争和其他竞争,在当时市场供求均衡所确定的价格条件下,愿意以竞争价格出钱购买的人最终实现对该私人物品的消费,而不愿在这种价格水平下付款的人则得不到消费,这个过程就体现了私人物品消费的竞争性。

2.公用物品的消费特性

根据经济学原理,公用物品的消费特性是消费的共享性、消费的非排他性、消费的非竞争性和消费的不可分割性。

公用物品由全体社会成员享用,而不管这个成员是否为这个公用物品的提供做过或者没有做过贡献;在任何社会成员得到这种公用物品并实现消费时,也用不着像购买私人物品那样当时付费,人人都可得到,人人有权享用,这就是公用物品消费的共享性。例如,政府通过设立军队、警察等提

供的国家安全、社会成员安全的服务，是全体社会成员共享的，安全这种公用物品就具有共享性。

所谓消费的非排他性，就是说，公用物品一旦被提供给社会，就不能让一部分人消费而不让另外一些人消费，即一部分人对公用物品的消费不以阻止另一部分人的消费为前提，也不会因一部分人对某种公用物品的消费而影响到其他人对这种物品的消费。所有社会成员公平地免费获得对公用物品的消费，这一方面是因为在技术上不具备排除的可行性；另一方面是因为在经济上不具备排斥的必要性，即使在技术上有可能排斥其他社会成员，但由于排斥费用过高而得不偿失，从而没有必要。例如，在海上为航船指引航向的“灯塔”是无法向过往的船只收费的，“灯塔”就是一种不具排他性的公用物品。又例如，某大城市由于卓有成效的污染治理，使城市的空气由原先的被严重污染而变得十分新鲜，新鲜空气实实在在地为在该城市生活的全体居民带来益处，但在这些受益的人群之中，有的人可能对空气治理作出了贡献，而有的人则很少贡献甚至毫无贡献，但作贡献的成员无论如何不可能排斥未做贡献的人对新鲜空气的享用，新鲜空气作为公用物品，也具有典型的非排他性。

公用物品消费的非竞争性，指消费者消费公用物品时，不会导致数量减少而影响其他消费者享用。因此，消费者不用通过竞争的价格机制去得到该公用物品。从经济原理上讲，公用物品的消费，不会因为消费者的增加而导致生产成本的增加，即增加的消费者引起的边际成本为零，在实现社会成员对公用物品的消费时，每个成员都得到相同的效用，一个人对公用物品的消费不会影响或妨碍其他人对这一物品的消费。这里应当弄清楚的是，对于新增消费，虽然其边际成本为零，但提供公用物品的设施成本并不为零，对于既定供给规模的公用物品设施，其提供过程必然有大量投资，这些投资必须通过一定途径加以补偿，如后面将详述的征税。由于公用物品的非竞争性，以追求利润为目标的私人物品投资，决不会染指这一领域，公用物品只能由政府通过预算以财政拨款来提供，这一点后面也将详细分析。另外，从上面的叙述中，细心的读者会想到，公用物品的提供，在特定的社会经济环境下，存在着合理规模的问题，也就是政府的科学决策对公用物品的提供十分重要。

消费的不可分性也是公用物品一条很重要的经济特性，它说明公用物品的消费不能分割，其社会需求量通过个人需求的加总获得。例如，国防安全不能被分割成小的单位消费，人们也不能将新鲜空气分成很小的单位在市场出售，城市街道和其他公共设施也不能被分割开来提供给每个社会成员消费。

总之,公用物品的上述经济特性说明排斥其他人对公用物品的消费是无效的、不合理的,也说明排斥他人的消费是不可行的,是不经济的。在公用物品消费的共享性、非排他性、不可分割性和消费的非竞争性等各种经济特性中,公用物品的非竞争性是其本质特性,由于非竞争性,即使排它性在技术上可行,但也不会在经济上合理。这进一步说明,在全体社会成员之间,有着利益上的依存关系,对公用物品不享用者也要付出成本(通常说的纳税的普通性);而“免费乘车者”(即免交或少交税者)也可以无偿而又平等地享用。

3.准公用物品的消费特性

准公用物品是介于公用物品与私人物品之间的物品,所以在消费特性上视准公用物品的种类不同,而程度不同地兼有公用物品和私人物品的某些特性。而产生这种双重特性的经济学原理就在于准公用物品都普遍存在着消费者与非消费者之间利益的溢出性(Spillovers from users to nousers)和程度不同地存在着规模经济规律。一个国家的基础设施(西方国家称为基础结构,Infrastructure),如道路、水利设施、城间铁路、机场、港口、电力、电讯、自来水、管道天然气等,都属于准公用物品的领域。

在经济学上,对于利益的溢出性,由于研究的对象和场所不同,也时常称作外部性(Externality)、外部效应、毗邻效应、第三方效应等多种表达形式。利益的溢出性是准公用物品的本质特性,抓住它,就抓住了准公用物品的本质,理解起来就不困难了。根据当前经济学界的看法,对溢出性有以下几种较典型的解释:

(1)溢出性体现为一种外部影响或外部效应关系主导的外部性。在当代经济—社会—生态系统中,各主体由于社会分工的细化,形成了互相影响、相互制约的紧密联系,任何一个主体的活动都会对外部环境产生正面的或者负面的影响或效应。从这一广泛的意义上说,外部性是对这种外部影响或效应的一种描述。

(2)溢出性体现的是一种外在于市场体系的外部影响或效应关系,即不能纳入市场核算体系之内实现价值补偿和公平交换的影响和效应。一般来说,可以在市场体系内实现补偿的外部影响或效应,通常是通过影响社会体系内的供给与需求关系,进而影响价格而发生的,并由此形成市场均衡,从而使这些外部影响或效应在市场体系内得到反应,这也称作外部影响或效应的内部化。也就是说,因一方的活动而产生的对另一方的影响和效应,可以通过价格计算出来,可以采用货币方式结算损益,从而纳入了市场交换关系之内。但是,溢出性指的不是这部分外部影响或效应,而是现实生活中常常存在的另一种不能进入市场体系之内影响价格的外部影响或效应,这些外部影响或效应却能直接影响他人的福利。例如,汽车排出的废气和发出的噪声,对其他人产生直接的负面影响,但车主并未对这些受损害的人进行补偿。又例如,养蜂人在油菜田里放蜂,由于蜜蜂采蜜时帮助了油菜花传播花粉,使油菜籽产量提高,但油菜籽的种植者并未给养蜂人付费。这些外部影响和效应都是处于市场交换体系之外的。这些外部影响和效应所造成的外部正效益(如油菜籽增产)和负效益(如影响人们身体健康的废气、噪声)尽管客观存在,但都很难用价格计量出来,或者是因为技术手段的限制目前还不能计量,或者是计量成本极其高昂而不值得去计量。经济学中所讲的外部性,正是这一类在市场体系之外不能计量的影响或效应,正如日本经济学家奥野正宽说的,外部性是"某个经济主体生产和消费物品及服务的行为不以市场为媒介而对其他的经济主体产生的附加效应的现象"。

(3)利益溢出表现的外部性是一种非自愿和非互利的外部影响或效应关系。市场体系之内的交换通常是建立在自愿的和互利的基础之上的。但在有利益的溢出现象存在时,由于外部损益难以计算,便会出现不自愿和非互利的情形,从而影响帕累托最优效率的实现。以植树造林为例,造林者生产的物品是林木,它产生的社会收益很大,等于市场体系内的私人收益加上净化环境、优化生态的外部收益,但由于外部收益并未转化为货币收入而为造林者得到,造林者得到的私人收益较少,因此,缺乏生产积极性;其结果是森林的外部收益为众多其他社会成员所免费享用。另一种情况是外部收益为负的情况,例如,从事运输的生产企业,他们的汽车在运行中产生了大量的大气污染和噪声污染,从而形成外部成本,生产者并未对这种外部负效应付任何费用,所以其市场体系内的私人成本要小于其社会成本,因为社会成本除了包括私人成本外,也应包括其产生的外部成本,其结果这些从事运输的生产者有了很好的利润和生产积极性。然而对于受污染和噪声损害的人,却不得不承担这些外部成本。这说明,利益的溢出性把公众和企业的生产函数联系在一起,形成了密切的依存关系。

(4)准公用物品的溢出性决定该物品的公用性。上面叙述的正外部收益或者负外部收益所造成的非自愿、非互利的情形,如果仅仅出现在一个消费者的效用函数或一个厂商的生产函数中,那么这些外部影响仍然可能在市场系统内得到补偿,从而可以按照私人物品看待,因为根据科斯定理,采取当事人直接交涉的方法加以解决，达成交易，就可以实现最佳效果，而无论初始产权属于何方；也可以通过纵向或横向合并的组织方式，将外部收益的生产者与受益者，或者生产者与受害者融合在同一组织内部加以消化。然而，在实际经济生活中，这种情况是极罕见的，在绝大多数场合，利益溢出存在于不是一个而是多个函数之中，这就产生了公共影响，当这些公共影响为正时，就是通常说的“公益”，当这些公共影响为负时，就是通常说的“公害”。从这个意义上说，如果某物品的生产或消费所产生的公共影响涉及到全体社会成员，则该物品就称为“公用物品”，或者称为“纯公用物品”；如果所产生的公共影响只涉及到一部分社会成员，则这种物品称之为“准公用物品”。所以说，公用物品与准公用物品的区别，是在产生公共影响的范围大小上。

准公用物品所产生的一定范围的而不是涉及全体社会成员的公共影响，被某些经济学家称之为“俱乐部物品”（Club goods）。如前所述，所谓俱乐部是只有社会中一部分含有某种共性的成员参加的组织，而并非全体社会成员都参加的组织，这种特性与准公用物品的特性很相似。例如，俱乐部的局部排他性，俱乐部物品对于俱乐部的成员而言是非排他的，但对于非会员来说则是排他的，这与准公用物品对一部分社会成员具有排他性，而对另一部分社会成员不具有排他性相似。在俱乐部会员对俱乐部内的物品或服务消费时，如果俱乐部会员人数在俱乐部规模的允许范围之内，则单个会员对俱乐部物品的消费不会影响其他会员对同一物品的消费，即物品消费具有非竞争性；然而，当俱乐部会员人数增加而超过俱乐部的容许限度，即达到“饱和”时，增加的单个会员消费就会影响其他会员的消费，就出现了有限的消费容量与无限的消费规模之间的矛盾，于是消费的非竞争性随之消失，而变为消费的竞争性。这一点，也是准公用物品的特性，即消费的有限非竞争性，一个典型的例子是公路，公路是准公用物品，在公路交通流量未达到饱和时，新加入车辆不会影响到其他交通车辆的行驶，体现为公路在未“拥挤”时的消费非竞争性；然而，当交通流量饱和之后，新增车辆会造成更大拥挤，从而影响原有交通车辆的行驶，这时公路的消费就具有了竞争性，因此说，作为准公用物品的公路，其非竞争性是有限的，这是准公用物品不同于公用物品的特殊性。

通过上述分析，我们可以说，准公用物品是在消费上具有局部公共性和局部排他性的物品。它与私人物品的区别在于其消费具有局部的公共影响，而私人物品则完全没有公共影响；而它与公用物品的区别在于其消费具有局部排他性，而公用物品完全没有排他性。

根据对准公用物品的分析，发现准公用物品大体上可以分为两种类型：第一类准公用物品具有消费的竞争性但却没有消费的排他性；第二类准公用物品刚好相反，不具有消费的竞争性，却具有消费的排他性。前者例如社会福利服务中的养老院、孤儿院以及垃圾处理等；后者例如医疗服务、教育、社会保险等等。一般来说，第一类准公用物品由于不具有排他性，因而价格形成困难，大多数采取免费供给；第二类准公用物品具有排他性，就有可能向受益者收费，从而可以按照市场体系来运作，解决生产补偿问题。

我们把公用物品、准公用物品和私人物品的竞争性和排他性总结如表4-1所示。

公用物品、准公用物品、私人物品特性比较 表4-1

项　目		消费的竞争性	消费的排他性
私人物品		竞争性	排他性
公用物品		非竞争性	非排他性
准公用物品	第一类	竞争性	非排他性
	第二类	非竞争性	排他性

三、公用物品、准公用物品与私人物品供给的生产制度选择

前面已经论述了公用物品、准公用物品与私人物品的消费特性，在此基础上，下面研究对这些物品如何最有效地组织生产与供给，如何通过选择最有效的方式满足消费者的消费需求，总之，如何在帕累托资源配置效率最高的状态之下组织生产，并确定选择最适宜的生产制度问题。

所谓生产制度，就是经济社会在解决生产什么、如何生产和为谁生产这三个基本问题时，所选用的方式或机制。

任何一种生产制度，都有对于不同特征物品的适用或不适用的范畴。在适合于生产某种物品的制度范围之内，则这种生产制度就能有效地发挥作用；在不适用的范围内，则该生产制度对此类物品不能有效地发挥作用，就是所谓制度失效。怎样评价一种生产制度对某种物品的绩效呢？正如经济学中常常使用成本的高低来比较同一种产品经济性能的优劣一样，我们也可以用成本概念来评价某种物品选择的生产制度的好与坏。具体讲就是利用交易费用（Transaction costs）的多少来衡量不同生产制度的优劣。

所谓交易费用，从产权理论的意义上讲，就是界定产权（包括所有权和“共同财产”）所发生的费用。在进行生产制度选择的过程中，它由两部分交

易成本共同组成，如图 4-1 所示，即由交易成本 I 和交易成本 II 所构成。

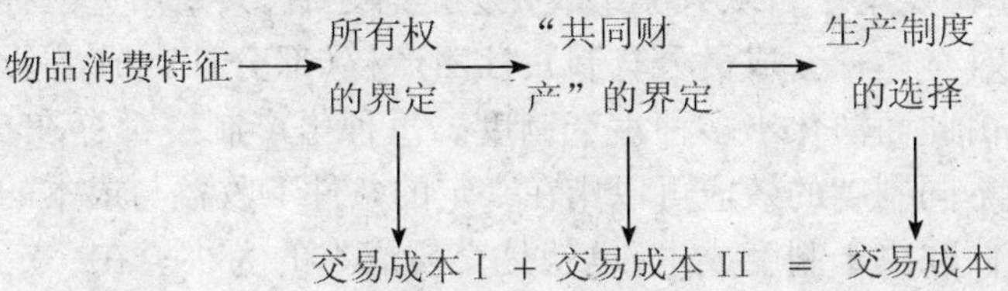

图 4-1　交易成本的组成

交易成本 I 是界定物品所有权的成本，其大小由物品自身的消费特性决定。交易成本 II 是界定“共同财产”的成本。所谓“共同财产”是指两种平等的所有权在交易活动过程中，因权、利、责、关系不明确而形成，有可能被有关方面无偿占有的财产权。因此，交易成本 II 是在所有权已明确的前提下，对所有权交易过程中因权、责、利关系的不明确性做进一步界定而支付的成本。按照经济学原理，它可以叙述为权、责、利关系不断多次明确的过程，即权、责、利关系不明确，需要进行产权界定，旧的权、责、利关系明确了，又出现新的不明确的权、责、利关系，然后再进行新的权、责、利界定，在上述过程中就发生了交易成本 II；并且交易成本 II 的大小，与权、责、利关系界定的明确程度成正相关关系，即权、责、利关系越是反复次数多，因而明确程度越高，则交易成本 II 需要发生的越大。交易成本 II 也与交易成本 I 相关，即初始产权越界定的明晰，则后续交易摩擦就越小，二者成反比关系，也就是说成本 I 发生越多(产权越明晰)，交易成本 II 将发生越小。总之，交易成本是交易成本 I 和交易成本 II 的相加，它综合地反映了界定产权(所有权和“共同财产”)总的成本费用。

所谓产权，就是通过法律的规定而拥有的对某种经济物品的多种用途进行选择的权力，也可以解释为产权所有者依法对自己的财产享有的占有、使用、收益和处置的权力。完整的产权包括三个基本权能：第一，排他的占有权，它即对特定主体的所有权的完全特定化，这里完全的含义是指占有权及对任何违反权利的处罚具有完全的信息；第二，自由的处置权，即所有者拥有将排他性的所有权可以通过出售、投资、馈赠等形式向他人转移的权力；第三，收益权，即所有者通过其自主的处置，如使用或转化等，取得有关收益的权力，在经济学中，它也被称为剩余的索取权。

在生产各种物品的过程中，对其生产制度的选择，实质上就是对产权制度的选择，这是因为，产权作为一系列用来确定每个人相对于稀缺性资源使用时的地位的经济和社会关系，是最终决定生产什么、如何生产和为谁生产的制度的基础要素。自从人类组成社会形态之后，共采用过三种产权制度，即集体产权（全体社会成员公有制）、社团产权（部分社会成员公有制）和私人产权，并由此而演化出多种生产制度。每种生产制度都存在自己的制度效应，衡量不同制度的效应可以用在一定的条件下收益与成本的比较；当收益一定时，便取决于制度成本，也就是交易成本的大小。在一定的条件下，人们最终作出抉择，选用某一生产制度，就是因为通过比较，他们认为这种生产制度在这种条件下的交易成本最小。多种生产制度在同一社会经济形态中共同存在，它们的交易成本互相制约密切联系，并实现均衡。科斯在他的《企业与市场的替代》一文中所得出的结论就说明了这种均衡关系，他认为：当企业扩大造成的管理边际成本的增加量等于其市场交易边际成本的减少量时，企业规模与市场规模就处于均衡状态，企业与市场的规模由企业管理成本和市场交易成本的均衡关系所决定，成为经济中可以互相替代，互相依存的两种经济体制。

由以上分析可知，生产制度的选择实质上是产权制度的选择，而产权制度的选择，又取决于产权界定的成本即交易成本的大小。因此，我们可以用交易成本作为评价各种生产制度效益的衡量尺度，从而对各种物品的生产制度作出选择。

1.私人物品的生产制度

私人物品的生产与供给采取私人产权制度，并由市场机制决定生产什么、如何生产和为谁生产的问题，也就是我们通常所说的市场价格制度。

根据前面的理论分析，私人物品之所以采用市场价格制度作为自己的生产制度，有以下几个方面原因使它在技术上和经济上是可行的：

(1)私人物品消费的排他性，它使私人所有权的确立具有了技术上的基础和经济上的基础，其交易成本Ⅰ很低。

(2)私人物品一般没有利益的溢出性，所以基本上没有外部影响，或者这种影响可以小到忽略不计，于是在“共同财产”界定上十分容易，例如，交易方可以通过一对一谈判（议定价格），界定两个所有权者之间的权、责、利关系，很快就交易问题作出决定，不需要耗费过高的交易成本Ⅱ。

(3)上述分析表明，私人产权明晰化的交易成本是很低的，而明晰的私人产权是构成市场交易契约达成的微观基础。由于属于私人物品的资源和商品在消费上的排他性，所以，任何社会成员要取得交易对方的私人物品并消费，就必须在自愿的基础上进行；正是由于这种排他性所有权可以转让，所以才通过交易方式来互通有无；正是由于产权的拥有可以带来相应的收益，因此交易必须按等价和有偿的原则进行。

由于交易的是物品的产权，所以价格将双方愿意交易的权利量用货币作为度量标示出来，交易中的权利含量的大小制约着价格的高低。在这一体现产权交易的市场制度的实现过程中，消费者的消费意愿是通过"货币选票"来表达的，就是每个社会成员通过他愿意支付的价格来反映其需求愿望的大小，为了获得自己认为急需的物品和劳务，他愿意支付更高的价格。生产者则根据消费者出价的高低及与其生产成本的差额大小(即利润)，来支配自己的投资，决定生产什么、生产多少，即价高利润大的物品和劳务将被安排优先生产或增加生产，反之则滞后安排生产或者缩减生产量，以缓解短缺满足需求。在价格生产制度的作用下，最紧缺的资源被配置于最需要或出价最高的部门，被用于最有效率的用途，力求实现物品生产的边际成本等于边际收益的均衡，这个均衡点的价格，既能使生产者获得最大利润，又能使消费者获得最大效用，从而产生更有效地利用资源的激励，从而达到帕累托最有效率的资源配置。

2.公用物品的生产制度

据前所述，公用物品的消费具有非竞争性与非排他性，同时，具有利益的溢出性。非竞争性决定了公用物品生产的边际成本为零，增加一个人的消费并不会导致边际成本的增加；公用物品充足的溢出性标志着它的生产具有巨大的正的外部效应，一旦生产出来将惠及全体社会成员；公用物品消费的非排他性则有可能出现公用物品消费中的"免费搭车"行为，并且很难排除，即使能够排除，界定免费搭车者并将他们排除的成本将非常高昂。鉴于以上原因，公用物品的生产制度最终选择税收制度。

从帕累托最优化资源配置理论来看，显然，前面分析的私人物品采用的价格生产制度是不宜从事公用物品的生产和供给的。从公用物品的消费特性出发，公用物品的生产和供给必须选择全体社会成员的集体产权制度。这一产权制度具有以下特性：(1)全体社会成员是公用物品的所有者和共同消费者；(2)全体社会成员之间对公用物品的财产权利是完全平等的，不可分割的，每个社会成员都对其拥有全部产权，但它却不能，也不以任何形式或比例划分成若干份分属各个社会成员所有；(3)单个社会成员不允许独立行使其财产权力，各项产权都必须由社会共同行使，具体方式则采取多层次的委托与代理关系。

在集体产权制度下，公用物品的生产由代表全体社会成员的政府提供，其生产资金也必须由集体——全体社会成员筹措，具体的筹措方式就是建立税收制度，即每个社会成员在拥有无偿享用公用物品消费的同时，也承担依法纳税的义务。由于税收，才形成了公共收入，才会有公共开支，从而能够对公用物品进行价值补偿和实物补偿，使公用物品的再生产得以顺利进行，满足全体社会成员的公共消费的需要。高速公路虽然理论上是准公用物品，但它在交通量未饱和时具有的公用物品特性，使高速公路采用集体产权的税收生产制度成为可能，尤其是当一国财政收入颇丰，有能力为高速公路建设提供大量资金时，采用税收生产制度建设高速公路，可以实现资源的优化配置，正如很多发达国家所实践的那样。

3.准公用物品的生产制度

如前所述，由于准公用物品是“俱乐部物品”，具有消费上的局部排他性和有限的非竞争性，决定了准公用物品的生产制度宜采用社团产权决定的收费制度。

社团产权相对于全体社会成员的集体产权而言，是一种成员数目有限的被缩小了的集体产权。在社团内部，每个成员拥有的产权特征，与公用物品的集体产权相似，即每个成员都平等地拥有社团产权，但任何一个成员又都不能独占或独享，即具有非排他性，为了实现准公用物品的价值补偿，每个成员还要依照社团规则缴纳一定的费用，才能享受社团的产品。但是，社团产权对于外部成员而言，却又具有消费上的排他性，这一点与私人物品的产权相似，也可以看成社团产权是一种成员数目较多的被放大了的私人产权，社团和外部的交换，类似于私人产权之间的交换，非社团成员如不缴纳费用，便不可能享受社团的服务。总之，社团产权具有两重性，就是内部的集体性和外部的私人性。

社团产权的两重性，一方面在俱乐部界限上保留了产权界面，社团法人与其他产权所有者的交换仍遵循市场规则和价格制度，从而依然保持着有效利用资源的激励；另一方面，社团成员之间活动的外部性又通过社团这一组织形式而内在化，从而可以节约交易成本 II 的支出。从整体上看，准公用物品实行社团产权制度，有利于实现帕累托最优化的改进。

在社团产权制度下，准公用物品的生产与运营的资金来源需要从两个方面进行价值补偿。如图 4-2 所示，在社团组织内部，每个社团成员都需要向社团组织缴纳近似税的一定的费用，是社团成员对社团组织所应履行的一种义务和贡献，这是准公用物品价值补偿的一部分；在社团组织外部，社

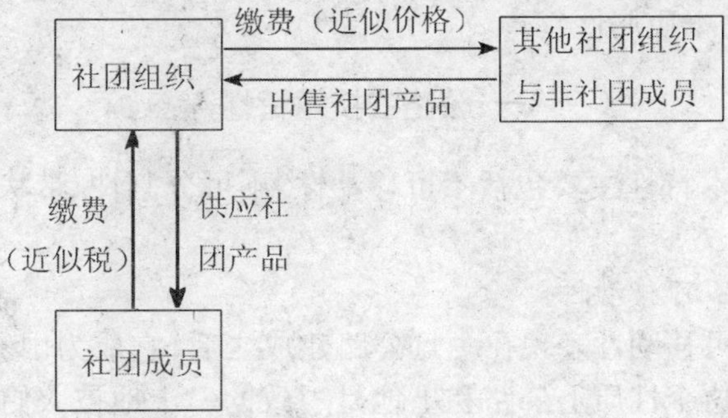

图 4-2 社团产权中的收费制度

团成员通过向其他社团组织或非社团成员出售物品而收取一定的费用，这种费用近似于价格，是按照市场交换原则取得的另一部分产权收益，也就是准公用物品价值补偿的另一部分。可以看出，社团产权结构，已蕴含了收费机制，说明准公用物品的生产制度是收费制度，它是价格和税收制度的交集。总而言之，准公用物品消费的局部公共性和局部排他性，要求其生产制度采取介于价格制度与税收制度之间的收费制度，这样就与具有内部的集体性和外部私人性的社团产权结构相匹配。如果说集体产权是形成税收生产制度的产权依据，私人产权是形成价格制度的产权依据，则具有集体产权和私人产权两重特征的社团产权，就是要求实行介于税收制度和价格制度之间的收费制度的依据。

高速公路是可以实行社团产权的收费生产制度的，这已为我国和很多国家的实践所证明，尤其是对政府财政紧张的发展中国家，当利用提高税收增加财政收入的社会边际成本很高时，对某些高速公路实行收费生产制度，加速国家建设高速公路的步伐，是可行的，符合帕累托资源优化配置原理。或者国家对高速公路同时实行两种生产制度供给，并科学地掌握各级别公路实行两种生产制度的规模和结构，既实现了公路事业的快速发展，又达到了资源的优化配置，能取得很好的效果。

第二节 公路的特性

公路呈现多元的特性，归纳起来可以分为两大类别：第一，公路的技术特性类别，有人也称之为自然特性类别；第二，公路的社会特性类别。在公路的社会特性中,既包括公路的经济特性,还包括公路的社会公益性和基础性(这是公路的本质属性)。

一、公路的技术特性

公路的技术特性主要包括不可移动性、不可分割性、带状性、网络性和耐久性。

1.公路的不可移动性

公路的不可移动性表现在一旦公路建成之后,它成为国家不可搬移的固定资产。在这个性质上公路和土地是一致的。土地被人们称为不动产,按照经济学对土地的理解,土地不仅包括地面和土壤,而且也包括附着于土地的任何东西,无论是自然生成的树、草和花,或者是人工建造的如房屋和其他建筑物。作为土地的整体,它们都是不能移动的。从这个意义上说,公路也属于不动产。但公路和土地这两种不动产又有明显的区别。英国经济学家马歇尔给土地下的定义是:“土地的含义指的是大自然无偿地资助人们的地上、水中、空中、光和热等物质和力量”(《经济学原理》,1907年伦敦,第五版,第135页)。也就是说土地是大自然赋予的,土地可以被人们的经济活动所改造,也可以不被人们改造。但公路这种不动产,则是在地面上,人们为了通行方便专门修建的道路,可以说公路是经过改造的特殊的土地。由于不动产不能被从甲地搬往乙地,它们一个鲜明的经济后果是其报废后几乎没有什么使用价值。例如,围绕着一座铜矿的开采和冶炼,人们可以在铜矿附近建成居民区和工厂,这种铜矿附近土地的价值比较昂贵,可是当铜矿开采殆尽的时候,这里的地皮和建筑却无法搬走,此时,土地和其上的一切设施就失掉了它们的价值。相反的,在蓬勃发展的商业区,如上海的浦东,其地价会直线上升。这些经济现象都是由于土地的不可移动性造成的。公路一旦报废后,其后果和放弃的土地几乎相同,其利用机会很少,几乎不具有什么价值。

2.公路的不可分割性

公路是布置在土地表面,供各种车辆行驶的一种线形带状构造物,其主要的功能是承受行驶汽车荷载的反重力作用并经受各种自然因素的长期侵蚀与影响。这就要求公路必须具备平顺的线形、和缓的纵坡、坚实的路基、平整而防滑的路面、牢固耐用的桥涵、安全可靠的隧道,再加上公路沿线的交通安全设施、交通管理设施、防护设施以及美化保护环境、稳固道路的绿化等,这些要素浑然构成一体,具有明显的不可分割性。如前所述,在土地概念中，有自然形成的未经人类改造的土地，也有经过人类经济活动改造（如在其上建筑房屋）的土地，各类土地共同构成经济社会的房地产业。而公路资产则是路基路面及各种设施与土地的有机结合密不可分，如果设想将路基路面从土地上拿去，则根本不能形成公路的概念，更不能发挥公路的功能。

由公路的功能所决定，公路的不可分割性另一个重要的表观是公路这个带状体在建设与使用上的不可分割性。任何一条公路的建设与使用至少是在两个社会经济活动中心（如城市、乡、镇、旅游区等）之间一次完成，它不能在建设与使用中按里程任意截取。而土地和其它商品则不同，土地可以以亩为单位按市场需求的任何面积销售与使用，其它一般商品的生产规模也是可大可小，销售数量可批可零。如果公路也象土地和一般商品的生产和使用那样，任意地截取、分割，则完全破坏了公路建设与使用上的整体性，根本无法实现公路的功能，更不能形成国家地区、完善的公路网络。因此，公路不可分割的技术特性是非常重要的，它决定和支配了公路在可行性论证、设计、施工、使用、保养等领域中一系列与一般商品不同的经济管理规律。

3.公路的带状性和网络性

一条可以发挥功能的公路，至少是建设在两个居民活动点之间。一个国家一个地区的居民活动点，即前述的城市、村、镇、旅游区等，是星罗棋布地分布在很多地方，这些地方之间修建的全部公路连接起来，就形成公路网络。这就体现了公路的一个鲜明的自然技术属性——公路的带状性和网络性。

一般来说，一条公路的设计、建设与划分等级，是根据公路的使用任务、性质、交通量以及所经地区的地形、地质等自然条件来确定的。一条公路往往需要穿过平原、丘陵、山区、城市或乡村，它不能固定在某一地点，而是呈现长距离的连续的带状。公路的带状性使与它连接的沿线流域经济、文化、生活均会受到很大的影响与波及。例如，可以使沿线的土地、森林、矿山等自然资源增值，可以使沿线城、镇的经济繁荣、社会发达，可以影响沿线的国民经济发展与生产力布局等。后面要分析的所谓“高速公路产业带”、“高速公路经济走廊”等概念，无不与公路的带状性密切相关。

公路网是公路网络性的主要表现形式。网络性不仅是公路的特性，而且是其他运输方式的特性，例如，除公路网外，还有铁路网、水运网、航空网和管道网等。这五种运输方式网络的有机结合，就构成了个国家或一个地区全部的交通运输网。运输经济学的重要理论综合运输规律和运输经营中的联运,都与公路的网络性有密切的关系。各种运输方式的网络性规律要求综合运输网络应该在各种运输方式的协调中建设,其规模要与经济社会的发展相适应,其结构要根据客、货流的特点和自然地理条件来决定,要做到干线与支线衔接,装、运、卸各环节配套,做到合理运输和资源的优化配置。

此外,经济学中的一个重要理论——区位经济理论,还有发展经济学中的一些重要概念与规律,也都直接或间接地与公路的带状性和网络性有一定的联系。

4.公路的耐久性

在进行公路建设项目的经济可行性论证时,世界上多数国家将公路的经济寿命计算期规定在20～30年之间,在20世纪80年代末,原国家经委将我国公路的计算经济寿命规定为20年。各国这样做是因为货币存在着时间价值,20年以后所发生的成本和效益贴现到基年以后的结果很小,例如在贴现率为15%的时候,20年以后发生的100万元效益,贴现到基年的现值为100万元×0.0611=6.11万元,因此计算不计算20年以后发生的成本和效益对公路经济评估的结论影响不大。所以,我们不要误以为公路的经济寿命只有20多年,20年以后公路就不再使用了。事实上,只要对公路进行按时正常的保养和维修,在公路的交通流量不超过其饱和标准而需要改建并且没有特大自然灾异(如地震、泥石流或特大洪水淹没等)破坏的情况下,公路几乎可以永久使用,这个性质就是公路的耐久性。在意大利境内,有一段罗马帝国时期的道路,由于其特殊的环境,虽然经过1000多年的历史变迁,却一直没有改建,1000多年来,该道路得到及时的保养维修,因此直到现在还在使用。发达国家最早的高速公路也已经使用了半个世纪,除了改建、扩建的路段之外,都仍然在继续使用,一直保持着良好的技术标准。

我们说公路具有耐久性是有条件的,就是要正常的保养和维修,随时使其保持一定的技术标准。公路养护对公路的耐久性至关重要,公路养护工作主要包括公路小修、公路中修和公路大修,还包括公路的改善工程等。公路养护是一种长期经常性工作,它是周而复始、无休止进行的。一条公路如果失养失修或者被放弃不用,会很快由于自然力的侵蚀而遭到破坏。前面提到的秦朝的驰道,据《汉书》记载,秦朝的驰道又宽又平,路面用铁杵夯实,路两边遍植青松。北驰道建成后,秦朝的骑兵部队从其指挥中心云阳林光宫(今陕西淳化县梁武帝村),三天三夜即可驰抵阴山脚下,出击匈奴。然而,这样宽畅的道路由于废弃不用,早已荡然无存,或为田野耕地,或为沟壑森林,只在极少数路段存有只能由专家辩认的路基。

二、公路的经济特性

本节所论述的公路经济特性主要包括:公路的规模收益特性、公路的资金密集性、公路的价值和使用价值。另外,需要说明的是,下一段论述的公路特性,有的也可以归入经济特性的范畴,但由于公路的社会公益性和基础性是公路的最主要的本质特性,为了集中叙述的方便,本书专门列出,以示强调。

1.公路的规模收益特性

规模经济(economics of scale)是一个重要的经济概念。它描述的是在经济社会中因生产规模变动而引起收益的变动规律。当某产品或服务的所有生产要素同时增加或同时减少时,就意味着其生产规律扩大或者减少,这会导致收益的变动。如果随着规模的扩大,某产品生产的收益增加幅度高于其规模扩大的幅度,这种现象叫规模收益递增。如果规模扩大时,收益虽然同时增加,但收益增加幅度小于规模扩大的幅度,这时就称做规模收益递减。如果规模扩大的幅度与收益增加的幅度相等,则称为规模收益不变。

上述经济变化规律也可以用数学模型表示,设某产品(服务)的生产函数是 r 次齐次方程,假如所有的物质投入要素表示为 k,各种劳动力投入要素表示为 L,则产出量是 k 和 L 的函数,设 λ 为非零常数,表示生产规模扩大的倍数,则:

$$F(\lambda k,\lambda L)=\lambda^{r}f(k,L)$$

可以表示规模收益变化规律:

当 $r>1$ 时,规模收益递增;

当 $r=1$ 时,规模收益不变;

当 $r<1$ 时,规模收益递减。

公路具有明显的规模收益递增特性。这一点可以用高速公路为例予以说明。高速公路的一个行车道(lane)一般宽 3.25m,一条高速公路双向至少有 4 个行车道,还有 6 车道高速公路,8 车道高速公路,甚至 16 车道高速公路等。高速公路提供的服务是使交通流量迅速安全地通过,其能力用每昼夜最大通行量表示。高速公路的车道数与通过的最大交通流量之间就呈现规模收益递增的关系,如表 4-2 所列。

高速公路车道数与通行能力表　　表 4-2

高速公路车道数	通行能力(标准车/每昼夜)
4 车道	25000(左右)
6 车道	50000(左右)
8 车道	100000(以上)

资料来源:根据《公路工程技术标准》(JTG B01—2003)资料归纳。

从 4 车道到 6 车道,规模增加到 1.5 倍,通行能力增加到 2 倍;从 4 车道到 8 车道,规模增加到 2 倍,通行能力增加到 4 倍。高速公路具有明显的规模收益递增特征,根据经济学原理,任何产品的生产,在一定的技术经济条件下都有一个适度规模的问题。从纯经济理论角度看,适度规模就是由规模收益递增刚转为收益不变时的规模,据世界银行专家的理论研究认为,规模不变的高速公路车道数是双向 24 车道,这是理论推算结果,没有经过实践核实。

2. 公路的资金密集性

公路与铁路、航空等运输产业一样,属于资金密集型产业。据统计,20 世纪 70 年代和 20 世纪 80 年代日本公路设施投资占其国民生产总值的 2.4%,澳大利亚 2.2%,瑞士 2.1%,美国 1.7%。由于这些国家国民生产总值很高,因此,对公路设施投资的资金数目是很庞大的。例如,美国 1984 年对公路投资为 502.6 亿美元,平均每人 234 美元,日本投资 238.33 亿美元,平均每人 206 美元,原联邦德国投资 63.1 亿美元,平均每人 104.6 美元(以上资料摘自中德合作研究《2000 年中国公路运输发展战略》)。我国在九五期间公路建设总投资超过 8000 亿元人民币,在十五期间的前三年总投资已达到 9000 亿元人民币,是同期各种运输方式投资最多的。我国目前每公里高速公路的平均造价已超过 1500 万元人民币,南方沿海省份少数路段每公里造价接近 1 亿元。以每公里平均造价比,高速公路超过了任何一种运输方式的路线造价。由于公路建设的不可分割性,一条公路必须是一次整段建设,动辄上亿元,甚至几十亿元才建成。所以说,公路是典型的资金密集型产业。

3. 公路的价值和使用价值

公路具有价值和使用价值两种特性。

价值和使用价值是商品的两个因素,是商品的最主要的属性。价值是凝结在商品中的一般无差别的人类劳动,即抽象的人类劳动。商品的价值量,是由凝结在商品中的社会必要劳动量决定的。使用价值是商品满足人们的某种需要而发生的效用。

公路的功能在于提供交通量的通行服务,能实现货畅其流、人便于行,实现客、货的空间位移效用和客、货及时、迅速到达出行目的地的时间效用,这就是公路所实现的使用价值。公路同其他商品一样凝结着无差别的人类劳动,并且由社会必要劳动时间所决定,这就是公路的价值。

在马克思经济理论中,商品的定义是:用于交换的劳动产品。这里关键是“交换”二字。公路是准公用物品,适宜利用税收生产制度或者收费生产制度生产并供给,或者免费通行,或者交费通行,不具备私人产品那样在市场上自由交换的条件,因此,公路不是商品。曾有人认为,既然公路具有与商品同样的价值与使用价值,公路也应是商品。其实,马克思从未这样做过结论,逆向推断是不成立的。

公路价值的实现形式之一是收费过路,即“一手交费,交费后过路”的交换形式,即公路的使用者通过付费,得到使用公路的权利,在这里把公路的使用权能作为交换对象,其他权能(如所有权、收益权、经营权、支配权)则不在交换之中。交费过路使公路投资者实现了公路的价值,付费过路者获得了公路的使用价值。这是准公用物品在生产消费过程的主要形式。

4.公路的国民经济基础性

公路是国家主要的基础结构。世界银行 1994 年的世界发展报告给基础结构(Infrastructure)下的定义是:“基础结构被称作一个国家经济的社会管理资本(Social Overhead Capital)。它们都不同程度地存在着规模经济,存在着使用者与非使用者之间利益的溢出性(spillovers from users to nousers),主要包括以下几个方面:

(1)公共设施——电力、电讯、自来水、卫生设施、排放污水、垃圾收集与处理、管道煤气等。

(2)公共工程——道路、为灌溉和泄洪而建的大坝和运河工程设施等。

(3)其他运输——市区与城间铁路、市区交通、港口和航道、飞机场等。

在这个定义中,公路被列为公共工程一类。

公路属于交通运输基础设施,列宁说:“运输是我们整个经济的主要基础,也许是最主要的基础之一”(《列宁全集》第 33 卷第 125 页)。交通运输基础设施是支撑一国经济的基础,这一基础决定着国家经济活力(工业、商业等)的水平,这主要表现在以下几个方面:第一,交通运输是现代经济社会快速运行的保障,是市场机制作用于人类经济行为的首要物质前提,没有一个现代化的运输体系,就很难想象会有一个较为完善的市场经济;第二,交通运输规模的大小和水平是经济社会现代化程度的基本标志之一,现代经济社会在多大规模上运用多少资源来实现人与物在空间和时间上的交换,反映了经济社会的发达程度;第三,现代经济社会发展历程,交通运输具有运输革命的特征,它集中表现为"交通运输是现代经济社会发展的命脉"这一命题。纵观已实现现代化国家的发展过程,都证明了现代经济社会的发展,必须经历一个交通运输革命阶段。所谓交通运输革命阶段,是指交通运输的发展不仅是一种经济社会运输需求的直接反映,更是交通运输以主角的身份作用于经济社会发展过程的特殊时期。

根据发展经济学的原理,一个国家的经济起飞是一国进入发达国家的必要前提和步骤,但一国进入起飞阶段的关键是什么呢?现代著名发展经济学家 W·W·罗斯托提出,"起飞的初始条件是有最低限度的社会管理资本(这儿主要指交通运输基础结构)的先行建设,以便为必不可少的扩散效应准备前提条件"。他在论述工业和社会管理资本时还讲道,"在创造前提条件和起飞时期,总投资中很高的份额必须投入社会管理资本。社会管理资本的建立,在时间上具有确定无疑的优先性。因为,大量的交通建设和其他形式的社会管理资本,实际上毫无例外地出现在起飞之前。这种投资的最重要职能是降低运输成本,使得资源能更便宜而有效地结合起来,扩大国内市场,使外贸的有效引导成为可能。也只有在这样的市场环境下,最初的主导部门才有可能实现。"

上面的叙述说明公路作为一国经济的基础结构,是实现经济发展和社会进步的前提条件,每个国家的经济发展都无不遵循这个规律。我国经济发展的实践也同样证明了这一结论的正确性。我国东部沿海地区,运输基础设施较好,交通较便利,经济发展就快,人民生活水平就较高,而西部内陆地区,运输基础设施较差,交通不便,经济发展就相对缓慢,人民生活水平也较低,许多地方群众总结正反两方面经验,用"要想富,先修路"这样朴素的语言,表达了公路是经济发展的基础这样深刻的道理。

5.公路发展的超前性

公路交通运输业是国民经济先导性基础产业,公路的建设与发展必须具有超前性。著名经济学家保尔·N·罗森斯坦说过,"在建设消费品工业之前,必须建立和支持主要的不可分的社会管理资本或基础设施的形成。那么,现代经济增长初期的社会先行管理资本的主要内容是什么呢?那就是交通运输"。在这里保尔先生讲的就是包括公路在内的交通基础设施发展建设的超前性。

各国经济发展的历史经验表明，国民经济的工业化和经济起飞，无不先从发展交通运输入手，这也证实了公路等交通基础结构的超前性规律。从一百多年前世界上首批国家实现工业化开始，交通运输的超前发展既是经济发展中运输需求的要求，也总是以一种主导产业的身份去促使整个国家的工业化，在经济工业化（或现代化）的前期或中期成为主要的投资对象。这是因为，交通运输除了具有满足沟通与健全市场以及加强社会的组织协调功能外，还有其自身巨大的物质、资金、劳动力及技术的需求，常常作为主导产业刺激并带动其他行业的迅速发展。例如，在美国早期工业化的1849～1859年的10年间，美国铁路蒸汽动力增加量占全国动力增加量75%，铁路蒸汽动力总功率占全国总功率的60%，可以说，美国当时的能源动力工业是由于铁路发展而发展的，W·W·罗斯托总结道，“美国经济起飞的产生是铁路为龙头的工业结果而不是农业结果。”英国的工业化时期，铁路建设也是其主导产业，在英国修建铁路最高潮的1847年，英国政府对铁路的投资达到国民总收入的12%，所以美国西北大学的理查德·索斯塔克博士说，“标志着英国产业革命的几个特征（地区专业化、工业生产规模化、新产业迅速出现和技术革新的明显加快），都可以用英国运输网在19世纪获得的巨大改善来加以解释。”

公路运输的发展，尤其是高速公路的建设与汽车工业的发展一起，共同成为世界发达国家20世纪50年代到70年代，由工业化社会向高消费发展阶段过渡的主导产业。这个时期各国的共同特点是全面超前规划高速公路网的建设并投入大量资金，经过30年左右的不懈努力，终于在20世纪80年代先后实现了公路快速运输的全面现代化，形成以高速公路运输为主导的现代化综合运输体系。这个阶段，公路基础结构在国民经济发展中的超前性规律得到了淋离尽致地体现。

美国高速公路建设具有显著的超前性。早在20世纪30年代就开始筹划建设全美现代化州际与国防高速公路系统，当时提出的计划是“德怀特·艾森豪威尔州际与国防高速公路系统”，简称“州际系统”（Interstate System）。根据1938年国会通过的《联邦援助高速公路法》对建设跨越美国大陆的三纵三横高速公路计划进行可行性研究，并建议联邦政府增加50%的联邦资助比例，建设一个4.3万公里高速公路网的计划。1943年12月20日，美国国会又批准修建6.44万公里高速公路的新的扩大计划，称为州际高速公路系统。以后美国政府不断加大投资力度，1953～1955年每年联邦为此投资均为2500万美元，到1984年美国对高速公路已累计投资502.6亿美元，平均每人投资234美元,形成该历史阶段美国投资最多的产业。

6.公路对区位经济影响的规律

区位(location)在经济学中是一个空间优选的概念。

最早的区位概念是描述农业发展规律的。1826年图能(J.T.Thunen)的《弧立国》(the lsolated state)认为,如果土地质量一致,运费按距离延长而增加,那么土地价格和农业利用方式将依赖于距离市场中心的远近而不同。1909年,韦伯(A.Weber)的《工业区位论》(theory of the location of Industries),将区位理论用于工业,根据原料及其运费的综合,提出了几种区位模式。例如,两个原料产地和一个市场,就构成三边区位模式,三者的最低运费交汇点即为优选工厂的合理区位。如果多种原料加终极市场,则构成多区位模式。1933年,德国的克里斯秦勒(W.Christaller)又提出了商业中心地优选区位理论。总之,所有的区位经济理论实质上都有空间优选的问题。现代区位经济研究,已经大大发展了其原有概念,既可对单项目标进行空间优选比较,也可对一个地区,甚至一个国家进行区位经济的综合评价;而且,区位也不再仅仅局限于地理位置的范畴,而成为自然、经济、社会等多种环境因素的综合分析。在诸因素中,最关键的区位因素是交通运输。针对主要物资商品流向和经济联系方向,根据交通线网、运输工具和运输效率形成的总能力进行评价,以最低运输总成本为核心指标。一般来说,在区位经济中,交通运输直接关系到市场和腹地,关系到能源、原材料,关系到技术协作与推广的保证程度,在这些方面能力越大,接近性越强,区位价值也就越高。

在现代化经济发展过程中,高速公路产业带的形成,恰好是对区位经济理论的验证。在两个经济中心之间修建高速公路,会调动沿线地区的经济发展潜力,创造更加优越的发展条件,随着各个有利于经济发展条件的形成,高速公路沿线会形成区位优势,并产生强烈吸引力,有可能把相关企业和生产力要素吸引过来,在利益原则的驱动下,形成产业布局上的相对集中和聚集,从而促进该地区经济发展。尤其是在我国目前尚未根本扭转交通运输滞后于经济发展的情况下,高速公路所产生的沿线地区的便捷的交通优势,就是区位优势,具有巨大的吸引力和发展潜力。国外有许多成功的高速公路产业带,例如,美国波士顿近郊128号高速公路产业带,有10英里已全部被高科技工业园区所布满;美国加州硅谷高速公路产业带;英国苏格兰阿伯丁电子产业带等。目前我国沈大、京津塘、沪宁、广深珠等高速公路产业带已进入梯度扩散阶段,成为带动我国区域经济腾飞的火车头。

三、公路的社会公益性

在经济领域，人们常常把基础结构和公共事业放在一起，这是因为它们之间确有许多共同的特点和密切的联系，这就是它们都具有社会公益性。

从经济学概念来说，公共事业是一个国家必须由政府向社会公众提供服务的事业，因为公共事业的产品是公用物品（public goods）；一国的最主要的公用物品是"公正（equity）"和"安全（safety）"，还包括其他的公共事业，如公共教育、社会保障、城市建设、卫生保健等。"公正"这一产品包括有司法、经济调节、社会保障等；"安全"这一产品包括国防、警察、消防等。政府在向社会提供公用物品时具有独占性，政府为了提供这些服务必须向社会公众征税。公众愿意向政府缴税，因为他们懂得只有政府才可以向他们提供"公正"和"安全"，得到"公正"和"安全"就必须付出成本，这就是纳税。从成本效益分析原理来说，为获得"公正"和"安全"的纳税与"公正"与"安全"而获得的收益相比，收益如果较大，则纳税人认为是值得的。关于社会保障中的福利再分配，纳税人也会同意把自己的一部分收入再分配给他人，因为他们知道自己的利益和社会其他人的利益有密切的依存关系。

"公正"与"安全"是纯公用物品，因为它们只能由政府一家提供；而其他的物品，如公共教育、卫生保健、社会保障、城市建设等，有些是公用物品，有些是准公用物品；或者在一种物品中，部分是公用物品，另一些部分是准公用物品。除主要由政府提供外，有时也部分地由政府以外的企业或私人提供。公路就是属于这种情形，纯公用物品由政府提供，准公用物品也可以由政府以外的企业或私人在一定的条件下（政府特许经营）提供。

与公用物品相对应，经济社会还有数不清的私人物品（private goods）。私人物品是指一般生产要素供给者通过市场经济机制提供的产品与服务，私人物品与公用物品之间的主要区别可以归纳如下：

(1)政府的参与。公用物品的提供及其资金来源（征税、征费）是政府行为，即政府通过参与不仅提供了服务，而且实现了社会成员之间收入的再分配。私人物品一般政府并不参与，由市场经济机制提供，并实现资源配置。

(2)公用物品由全体公民享用，不具有排他性（exclusivity）；而私人物品在消费上具有排他性，私人物品只能由购买者消费或支配，别人无权涉入。

(3)利益的溢出性。私人物品的生产与消费不存在使用者与非使用者之间的利益溢出性。而对于公用物品，有的公民享用较多，有的公民享用较少，甚至有的公民可能不享用，但交费（税、费）多少则并不一定与享用数量一一对应,或者不享用者也要付费(如纳税的普遍性),或者有的享用者可能不必付费(如免税户)等。

(4)提供产品的决策过程。公用物品的决策过程要来得复杂,通常由政府或国家立法机关并通过一定程序来决定生产什么,生产多少,怎样生产和为谁生产的问题。而私人产品的决策过程比较简单,通常由私人或企业通过市场经济机制来提供,基本上不受政治的影响和政府的干与。

公路属于准公用物品的范畴,具有很强的社会公益性。根据各国经验,大部分国家的公路都是由政府通过税收、费收的收入提供资金的;公路的建设过程,包括立项、征地、搬迁安置等,没有政府的参与是很难顺利完成的;公路通行者对公路的使用基本不具有排他性,公路由全体公民享用,在公路未达到饱和状态产生拥挤堵塞之前,任何一个公路使用者都不会对其他使用者发生影响,任何使用者都不以拒绝他人的使用而使用,故而未饱和的公路具有明显的公用物品的特征。公路的建设要纳入政府规划,通过复杂的程序立项批准,其决策过程是政府行为,这也强烈体现着公用物品的特征。

目前,我国在公路发展建设过程中,采用了“双轨制”的体制,即针对一般性公路没有级差效益,基本上反映公路社会公益性的特点,其建设和使用的价值补偿采用以税收生产制度为主,其使用管理(包括维修、养护等)采用事业性管理。而针对高速公路具有显著级差效益,在某种程度上可以采取优质优价等市场运作原理的特点,高速公路允许借款、贷款、引进外资建设,建设好以后收费还贷;也允许高速公路在建设过程中发行股票和债券,组建股份公司以企业经营管理方式建设公路并承担风险;还允许将高速公路的收费权有偿转让给国内外经济组织,提前获得资金,加速高速公路建设。

第三节　高速公路的特殊性

前面讲过,高速公路是专供汽车行驶的专用公路。作为公路,高速公路具有前面叙述的公路的一切特性。然而,在公路这个大家庭中,高速公路与其他类别公路相比,却有着其自身的特殊性,这可简要地从两个方面来分析,一是技术方面,二是经济方面。从理论上讲,正是由于高速公路的这些特殊性,才使我国在高速公路的建设与使用过程中采取了与一般公路不同的政策,这些政策产生了巨大的作用。

一、高速公路在技术方面的特殊性

1.设计标准高、完善的交通与服务设施

高速公路路线采用高于一般公路的技术指标。高速公路至少双向四车道，设有中央分隔带，实行对向行车分离。高速公路的线形设计要满足汽车力学、汽车运动学的要求；要满足美学、交通心理学和环境保护的要求。因此，高速公路的线形设计，既有较高的线形指标，又有平、纵、横三面完美的立体协调，产生完美的美学效果，达到高指标与心理安全的统一。

在高速公路沿线，设置完善的、形状和颜色显著易辩的考究的标志和号志，这些标志夜间能反光或发光；在交通要道、立交口等处，设置高亮度照明；设置必要的护栏、防护设施、气象情报装置、紧急电话、交通状况通报设施；通过医院、学校、居民区附近时，应设置隔音墙以减少噪声；在一定的高速公路地区网，要设置自动控制的现代化交通管理系统；高速公路沿线要在一定的间隔设置服务区，包括停车场、体息区、餐饮部、加油站、修理厂等设施，以满足旅客、驾驶员、乘务人员在车辆运行中的各种需要。

2.实行交通限制、规定汽车专用

交通限制主要指对车辆的限制及车速的限制。凡非机动车辆、行人及车速低于规定标准(我国规定 50km/h)的机动车不准使用高速公路。车速限制主要是对最高行驶速度的限制和最低速度的限制，最高车速各国规定并不统一，我国 120km/h，美国 88km/h，日本 100km/h，意大利 140km/h 等等。

3.实行全部交叉口的立体交叉，实行车辆的分隔行驶

高速公路的路权和铁路干线路权相似，都属于 A 级路权，保证车辆优先通行，不受干扰，因此高速公路必须实行所有交叉道路的立体交叉。也就是说，汽车在高速公路上行驶时，除了收费站以外，无论路途多远，不应当碰到红灯，车辆不能受到干扰。

实行分隔行驶，第一，在上下行车道中间要设中央分隔带，将对向行驶车辆隔离，以杜绝对向撞车的发生，中央分隔带有一定宽度要求，使对向行驶车辆互不干扰。第二，对于同一方向的车辆，至少建设两条以上有效行车道，并用画线将车道分开，分为行车道和超车道，将快车和慢车分开，并使快车在超过速度较慢车辆时，行驶速度不受影响，互不干扰。另外每个方向还建设辅助车道或局部停车车位，使临时停靠车辆对正在同向行驶的车辆不发生干扰。

4.严格控制出入,实行“全封闭”

控制出入是指对进出高速公路的车辆实行严格控制,对于非机动车和人、畜,则禁止上高速公路。

控制车辆出入主要是采用全封闭、全立交,规定车辆只能从指定的互通式立交匝道出入。在交叉道口设置立体交叉,使相交车流在空间上分离,立体交叉既起到交叉路口车辆互不干扰,又可以控制车辆出入。

高速公路沿线通过设置高路堤、高架桥、护栏、分隔网和通道等封闭措施,禁止非机动车、人、畜进入高速公路,使高速公路封闭起来,排除对高速行驶汽车的干扰,形成稳定、快速的车流。

二、高速公路在经济方面的特殊性

与一般公路相比,高速公路在经济上的最主要特性是高速公路具有鲜明的“级差效益”(Benefit of differences)。所谓级差效益,就是相同汽车完成相同的运输工作,在使用高速公路时高出使用一般公路而得到的较高效益。

为了清楚地说明公路的级差效益,这里先介绍一下土地的一个重要特性——级差地租的概念。

地租是土地所有者凭借土地所有权而获得的收入;对于土地使用者而言,地租是为了使用土地而支付的成本。对地租的解释和理解,不同经济学派有很大区别。英国哥伦比亚大学经济学家约翰·B·克拉克根据其生产要素价格理论,用土地的边际产品原则来解释和确定地租,这种理论认为地租实际是投入要素土地自身的产品。而大卫·李嘉图则解释地租是劳动产品。还有的经济学家认为地租是一种“经济盈余”,是产品价格同工资、利息等生产费用之间的余额。本书在这里不打算深入分析这些理论,因为我们的目的只是为了说清楚公路的“级差效益”。

无论各学派对地租的看法分歧有多大，但都承认级差地租是由于三个方面原因造成的:

(1)土地肥沃程度的差别;

(2)土地地理位置的差别;

(3)在同一地块上各个连续投资的劳动生产率的差别。

其中，土地肥沃程度对农业用地特别重要，而地理位置优劣对于城市用地特别重要，第三条因素则对两种用地都有程度不同的影响。总而言之，在用处上、质量上不同的土地，其地租有明显的差别，有时这种差别还非常大，这就是级差地租。

与级差地租相似，公路也因等级的不同而产生级差效益。公路等级不同，提供相同服务时所产生的效益也不相同。总的来说，高速公路相对于普通公路而形成的级差效益，主要表现在以下几个方面：

(1)汽车行驶成本的降低。包括油料的节省、维修费用的降低、轮胎消耗成本的下降等。

(2)行驶时间的节约。包括货物运行时间减少、资金周转加快的效益，驾驶人员工时节约效益，旅客时间节约效益等。

(3)行驶里程缩短的效益。由于高速公路选线标准高，两地间比一般公路距离要缩短。

(4)交通事故减少的损失。

这些效益是道路使用者直接得到的。此外，高速公路比一般公路多给国民经济带来的经济效益尚未计算在内，例如，高速公路加快区域经济发展，对沿线产业带经济发展的促进作用等。在本书中，由于研究的重点是高速公路管理者与使用者的行为，所以我们的注意力主要放在能够给道路使用者带来的直接级差效益上，因为它是高速公路经营管理的经济理论基础之一。

地租是土地价格的决定因素，地租的高低，即级差地租决定了土地在土地市场上的价格。级差地租使土地这种投入要素为利用市场机制实现资源的优化配置奠定了基础。

高速公路所特有的级差效益经济特性，为高速公路的筹资、建设及运营管理采用不同于普通公路的方式奠定了基础。正是由于高速公路的级差效益，才可以在其建设与使用的一些主要方面采用市场经济的方法。例如，高速公路可以借款建设，建成后利用收费方式还贷；高速公路可以在金融市场利用市场经济机制的手段(如股票或债券融资等)筹资建设，建成后收费经营；高速公路可以将经营权实施有偿转让；高速公路可以用 BOT 方式建设等。这些市场经济手段的采用，从理论上讲，都是由于高速公路存在级差效益作保证的。在我国，高速公路基本上都是收费公路，过路收费，类似于市场经济中的“一手交钱、一手交货”的交易行为，实质上是对高速公路使用的“直接买卖交易”。为什么对高速公路可以实行收费制度，有大量的道路使用者自愿交费，通过收费的高速公路，而不是使用并行的不交费的普通公路呢？原因就是由于高速公路具有级差效益的经济特性。

有专家总结，高速公路有一条经济特性，就是它的有偿使用性。其实，这条经济特性也是由于高速公路的级差效益而派生的。级差效益的存在，使高速公路收费成为可能，由于收到了过路费，才可以补偿高速公路建设所投入的资金，这就是高速公路的有偿使用性。

小　结

经济学认为，人类所有的社会产品可以分为公用物品、准公用物品和私人物品，三类物品以消费的非排他性与排他性、消费的非竞争性与竞争性相区别；三类物品分别选择集体产权的税收生产制度、社团产权的收费生产制度和私人产权的市场(价格)生产制度以实现其供给。高速公路从本质上讲属于准公用物品，它可以采用社团产权的收费生产制度，也可以采取集体产权的税收生产制度提供。对于政府财政紧张的发展中国家，当利用提高税收增加财政收入的社会边际成本很高时，对某些条件适宜的高速公路实行收费生产制度，以加速国家建设高速公路的步伐是可行的；对财政收入丰厚的发达国家，当过路收费的社会边际成本高于税收财政收入的社会边际成本时，则采用税收生产制度生产高速公路是可行的，其原理是生产制度的选择必须符合帕累托资源的优化配置原理。

从技术角度上讲，高速公路具有不可分割性、不可移动性、带状性、网络性和耐久性；从经济角度上讲，高速公路具有规模收益特性、资金的密集性、国民经济的基础性以及发展的超前性；高速公路的社会公益性也是不容忽视的，因为这是它的主要特性。同时，与普通公路相比，高速公路在技术、经济方面的特殊性也是非常明显的。

思考题

1. 什么是公用物品、准公用物品和私人物品？
2. 为什么高速公路是准公用物品？
3. 高速公路作为准公用物品，在消费上具有什么特性？
4. 在社会产品的提供上有哪三种生产制度？为什么高速公路可以采用税收生产制度，也可以采用收费生产制度？选择生产制度的原则是什么？
5. 简述公路的技术特性和社会经济特性。
6. 与普通公路相比，高速公路在经济上和技术上有什么特殊性？

第五章

高速公路的规划与可行性论证

学习目标

高速公路是国家的运输大动脉，同时也是国道、省道主干线，了解高速公路的规划对于管理人员是必要的。公路规划是公路建设、公路投资融资、公路维护和公路管理的前提；公路规划是否科学合理，关系到公路交通运输事业乃至国民经济能否健康发展，其意义是显而易见的。本章介绍了我国公路规划的政策法规和公路规划的管理制度，至于公路规划的理论和方法及公路规划的主要内容，因专业性强，高速公路管理人员接触极少，在本章中就不再介绍。

高速公路可行性研究就是对建设项目的价值、质量、效率的可取性所进行的抉择。对于国家基础建设项目和社会公益性项目，可行性研究中的国民经济评价是做出抉择的关键性环节，因此，高速公路管理人员了解高速公路项目的国民经济评价原理是十分必要的，对此，本章作了全面、扼要的介绍。

第一节 高速公路规划

高速公路是国家公路网络的主要组成部分，高速公路的规划不能脱离公路网的整体规划而单独进行；整个国道省道主干线公路网络必须实行统一规划。统一规划可以和国家经济建设和区域发展密切结合，可以使各种等级公路布局合理，互相衔接；可以有效地协调五种运输方式，使之充分发挥特长,达到最有效地资源配置。

公路规划是关于公路发展的长远计划和总体设计。公路规划是一个国家或地区综合交通规划的重要组成部分；而综合交通规划又是这个国家或地区国民经济发展规划的重要环节。在国民经济发展总规划中，与公路规划关系最直接最密切的有综合交通规划和国家国土资源规划。一方面，公路网是综合交通运输网的一个子系统，其轮廓、结构、组成及设计方案，取决于各种运输方式的合理分工状况，受约束于各运输点之间的运输量的特性；另一方面，由于公路建设需要占用相当数量的土地资源,涉及到国家土地资源的充分开发利用问题,因此,公路网建设必须服从国土规划的统一要求。

一、公路规划的原则

《公路法》的第十二条和第十三条规定了我国公路规划的原则。《公路法》第十二条规定:“公路规划应当根据国民经济和社会发展以及国防建设的需要编制,与城市建设发展规划和其他方式的交通发展规划相协调”。《公路法》第十三条规定:“公路建设用地规划应当符合土地利用总体规划,当年建设用地应当纳入年度建设用地计划”。这两条就是我国公路规划的总原则,概括起来,可以简称为公路规划编制的“三项要求”、“两个协调”和“一个符合”。

1.三项要求

就是公路规划必须满足和服从国民经济发展的整体要求、公路规划必须服从社会发展的总体要求和公路规划必须服从国防建设的总体要求。

从经济学理论来说，公路建设需求是发展国民经济，方便人民生活的派生需求，是依附于国家富强、经济繁荣、人民生活幸福和国家安全的需求而存在的。公路是国民经济的基础结构，公路规划只有纳入国民经济整体发展的大体系之中，服从国民经济发展的全局需要，既不过度超前国民经济发展而造成浪费，也不滞后而造成“瓶颈”以至于制约国民经济的发展；也就是说公路规划编制的科学性就在于它必须符合国家的整体经济发展战略，适应国民经济和人民生活对运输的需求。公路规划应有全局观念，应服从全国一盘棋的需要。交通部颁布的《公路网编制办法》中强调了如下观点：编制公路网规划必须坚决贯彻党和国家确定的战略方针和目标，充分体现发展以综合运输体系为主轴的交通事业的方针，牢固树立全国一盘棋的思想观念，使公路网发展布局服从于社会经济发展的总战略和总目标，服从于国家确定的生产力布局需要，服从于国家整体综合运输方式间路网的衔接。公路规划必须坚持实事求是、讲究科学、讲究经济效益的原则，从国情或本地区特点出发，既有长远战略观念，又从实际出发做好具体安排，要严格执行国家有关法律、法规、制度，严格执行公路工程技术规范和标准。

公路规划必须服从社会发展的总体要求。社会发展就是一个国家由落后的不发达或欠发达状态向先进的发达状态的过渡和转化，其内容包括经济、科技、政治、文化、教育和环境保护等多方面的发展。我国社会发展的特点之一是在不同地域之间的不平衡。由于历史的、自然的和现实的原因，我国西部地区比中部和东部地区要落后许多，就社会进步和经济发展的速度来说，近二十年东部沿海区域比中部和西部地区要快得多，这样在东部和西部之间，社会发展的差距越来越大。交通基础设施不完善，交通网络短缺是制约中西部地区社会进步和经济发展的关键因素之一。邓小平同志对我国的社会经济发展制定了“让一部分人(和地区)先富起来，带动并实现所有人(和地区)共同富裕”的方针。江泽民同志在1999年6月召开的中央扶贫开发工作会议上指出：“现在，加快中西部地区发展步伐的条件已经具备，时机已经成熟。在继续加快东部沿海地区发展的同时，必须不失时机地加快中西部地区的发展。从现在起，这要作为党和国家一项重大的战略任务，摆在更加突出的位置”。我国公路规划也必须服从党中央关于我国社会整体向发达状态发展的总体要求。

公路规划应服从国防建设的总体要求。实现我国国民经济和社会发展的远景目标，必须要有和平、稳定的社会环境，而巩固国防是保证社会经济稳定发展的前提。《公路法》对公路规划必须服从国防总体建设需要的规定，体现了公路交通对国防的重要意义，反映了公路具有重要的政治功能。在现代化国防建设上，公路是非常重要的一部分。现代战争科技含量高、机械化程度高、时间要求紧迫、军需供给量大，因而需要的公路多、标准高。在《公路法》等诸多的公路法律法规中，都对公路规划的“国防需要”有明确的规定。

2.两个协调

就是公路规划要与城市建设规划相协调、与其他方式的交通运输发展规划相协调。

在一个社会中，城市是交通枢纽，是政治、经济、文化发展的中心；尤其是大城市对于社会的经济发展具有举足轻重的作用。大城市一般具有较雄厚的工业基础和科学技术力量，交通运输比较方便，市场容量大，信息比较灵通，在国家经济、社会发展中起着带头的领导作用。但是，大城市自身在发展中又存在这样和那样的问题，例如，用地、用水、交通拥挤、环境污染、住房紧张等。因此，城市建设发展规划就显得非常重要。

城市内交通主要依靠城市道路，城市间交通主要依靠公路，城市道路与城间公路有着十分密切的关系。如果在公路规划中，与城市道路之间的衔接规划不好，就很容易形成城市出入口的“瓶颈”。城市道路作为城市基础设施的重要组成部分，是城市功能发挥的基本保证，也是人民生活的重要物质保障；城市道路与城间公路的顺畅衔接，可以发挥城市作为主枢纽的中转和集散功能。公路规划与城市建设相协调，对于改善居民居住条件，加快城市现代化进程，推动商业、服务业、房地产业的发展有巨大作用；对解决城市交通拥挤和环境污染问题以及水、电、暖、气、通讯等项事业的发展也能纳入科学、规范化的轨道。

《公路法》所规定的公路规划与城市建设发展规划相协调的原则，还体现在一系列有关公路的法律法规中。例如，对公路与城市道路的连接及规划公路和村镇时，做了“保持规定距离”、“防止造成公路街道化，影响公路的运行安全与畅通”的规定。《中华人民共和国公路管理条例实施细则》中规定，现有国道、省道改建时，要“靠城不进城”、“避开城区另辟新线”。还规定地级市及其以上的大中城市出入口道路与干线公路连接处，已规划为城市范围，但尚未形成街道的路段，其公路建设规划、计划及其实施，以当地城建部门为主，公路部门配合协调。

与其他交通运输方式协调也是公路规划应遵循的重要原则。任何国家的交通运输体系，都是铁路运输、公路运输、水路运输、航空运输和管道运输五种方式组成的。在实现了运输现代化的国家，把五种运输方式组成的运输体系称为综合交通运输体系，对它的解释是，五种运输方式在社会化的运输范围内和统一的运输过程中，按其技术经济特点组成分工协作、有机结合、连接贯通、布局合理的交通运输综合体。随着经济和社会的发展和科学的进步，运输过程由单一方式向多样化发展，运输工具由简陋向现代化发展，而人流和物流位移的全过程往往要使用多种运输工具才能实现，因此运输生产本身就要求把多种运输方式组织起来，形成统一的运输过程。综合交通运输也是各种运输方式的技术经济规律特征所要求的。五种运输方式各有所长，应互相配合、互相协调、取长补短、发挥优势，这样才能实现运输生产过程的优化方案，才能最大限度地服从和满足国民经济和社会发展的总体要求。公路运输在综合交通运输体系中有着特殊的重要作用，它既可以独立承担一次运输生产活动的全过程，实现“门到门”运输，也可以为其他运输方式集散旅客与货物。鉴于上述规律，《公路法》规定，在公路规划时，要与其他运输方式发展相协调，才能最大限度地发挥公路及其他四种运输方式的效能，建立起适合我国社会主义市场经济发展的现代化综合交通运输体系。

3.一个符合

公路建设用地规划应当符合土地利用总体规划，当年公路建设用地应当纳入年度建设用地计划。

我国对于土地管理的主体法规是《中华人民共和国土地管理法》，该法确认对全国土地资源实行统一管理体制；确定国家土地管理局主管全国土地并负责土地的统一管理工作，负责制定土地政策、法规，统一管理土地资源和城乡地籍、地政工作；制定土地资源利用计划、规划和土地后备资源开发规划、计划，统一审核征用、划拨建设用地，统一查处土地权属纠纷，实施土地监察和土地管理。确定建设部主管城市建设工作，负责城市的规划管理，并根据城市规划实施城市土地开发利用管理。

我国耕地人均数量少，土地资源非常宝贵。一要吃饭，二要建设，因此，国家在所有涉及土地使用的法规中都强调正确处理经济建设与保护耕地的关系，要求合理利用土地，切实保护耕地。公路建设需要利用大量的土地，也不可避免地要占用部分耕地，而在公路规划时，必须遵守上述规定，既要保证公路建设的顺利进行，又要合理地利用土地。任何公路规划，必须服从《公路法》和有关土地管理的法律、法规、规章的规定，从全民族的根本利益出发，服从国家的统一管理与规划，在合理规划公路网同时，采用先进的科技手段，优化公路设计和施工，尽量节省占用耕地，保证国家经济的可持续发展。

二、我国公路规划的管理体制

我国公路规划的管理体制，就是依据公路的分类方法形成的。所谓公路规划的管理体制，就是关于公路发展规划责任的分工、规划方案的编制及规划方案的审查批准权限的制度的总称。

1.公路发展规划的编制与审批权限

(1)国道发展规划的编制与审批权限

《公路法》第十四条规定：“国道规划由国务院交通主管部门会同国务院

有关部门并商国道沿线省、自治区、直辖市人民政府编制，报国务院批准”。这一条对国道发展规划的编制及规划方案的审批权限做了明确的规定。在《中华人民共和国公路管理条例》第七条中，也明确规定了公路规划的编制及规划方案审批的责任部门和审批程序，具体可以解释如下：

①对于国道的发展规划编制，主要的责任部门是中华人民共和国交通部；该部负责国道发展规划编制的具体操作事宜；

②交通部在编制国道发展规划过程中，必须会同国务院有关部门，例如国家建设部、财政部及国家发展计划委员会等有关部门，听取其意见和建议；

③交通部在编制国道发展规划时，还要同国道沿线的省、市、自治区人民政府共商有关事宜，听取其意见或建议；

④国道发展规划的最后审批权是国务院，申报责任部门是中华人民共和国交通部。交通部制定的国道发展规划只有经国务院批准后方可有法律效力，才可以予以实施。

(2)省道发展规划的编制与审批权限

《公路法》第十四条规定：“省道规划由省、自治区、直辖市人民政府交通主管部门会同同级有关部门并商省道沿线下一级人民政府编制，报省、自治区、直辖市人民政府批准，并报国务院交通主管部门备案”。上述规定明确了省道发展规划编制的责任部门，也明确了省道规划方案的审批权限与审批程序。具体如下：

①省道发展规划的主要编制责任部门是省、自治区、直辖市的交通厅或者交通局，这些部门负责省道发展规划编制的具体操作事宜；

②在省道发展规划的编制过程中，省、自治区、直辖市交通主管部门要与同级其他有关部门(例如省发展计划委员会、财政厅、公安厅、建设厅等)共商，听取这些部门的意见和建议；

③省、自治区、直辖市交通主管部门在编制省道发展规划时，要同省道沿线下一级人民政府共商规划事宜，听取他们的意见和建议；

④省道发展规划的最后审批权是省、自治区、直辖市人民政府，申报责任部门是省、自治区、直辖市交通厅(局)。省道发展规划只有经省级人民政府批准后方可有效，才可以付诸实施；

⑤省道发展规划必须与国道发展规划相协调。国务院交通部作为专业主管部门对省道发展规划有指导之责任，为此，《公路法》规定省道发展规划必须报国务院交通部备案。

(3)县道发展规划的编制与审批权限

《公路法》第十四条还规定:“县道规划由县级人民政府交通主管部门会同同级有关部门编制,经本级人民政府审定后,报上一级人民政府批准”。该规定确定了县道发展规划编制的责任部门,确定了县道规划方案的权限与审批程序,具体解释如下:

①县道发展规划编制的主要责任部门是县人民政府交通主管部门,具体讲就是县交通局具体负责县道发展规划编制的操作事宜;

②在县道发展规划的编制中,县交通局要会同同级有关部门共商编制公路发展规划的相关事宜;

③县道发展规划方案首先应当由县级人民政府审查批准,后呈报上级人民政府审批;

④县道发展规划的最后批准权是县所在地上一级人民政府,只有经过上一级人民政府批准后的县道发展规划才具有法律效力,方可付诸实施;

⑤县道发展规划方案的最后批准机关在对规划核批后,应报省级人民政府交通主管部门备案;

⑥县道发展规划的编制,应当与省道的发展规划相协调。

(4)乡道发展规划的编制与审批权限

《公路法》第十四条还规定:“乡道规划由县级人民政府交通主管部门协助乡、民族乡、镇人民政府编制,报县级人民政府批准”。根据上述规定,对乡道规划的编制及其审批权限解释如下:

①乡道发展规划编制的责任部门是县级人民政府交通主管部门;县级交通主管部门有公路交通专业人员,而一般的乡、镇人民政府不一定具有搞公路规划的专业人员,所以应由县级人民政府交通部门具体编制县辖区内各乡、镇的乡道发展规划,也便于与本县县道公路发展规划相协调。在搞乡道规划时应当结合当地实际,适应地方社会经济发展的需要,因此,乡、镇人民政府当然应当参与乡道发展计划的编制,县交通主管部门应当自始至终充分地听取乡、镇政府和当地人民群众的意见;

②乡道发展规划的审批权在县级人民政府。县交通局在与乡、镇人民政府共同制定好乡道发展规划方案后,应报县人民政府审批,只有经过县人民政府审核批准后的乡道发展规划才有法律效力;

③乡道的发展规划在经县级人民政府批准后,还应报批准机关(县级)的上一级人民政府交通主管部门备案。

(5)专用公路规划及审批权限

如前面所述，专用公路就是专供或主要供某特定工厂、矿山、农场、林场、油田、电站、旅游区、军事要地等与外部联接的公路，它由专用部门或单位自行规划、建设、使用和维护。《公路法》第十五条规定；“专用公路规划由专用公路的主管单位编制，经其上级主管部门审定后，报县级以上人民政府交通主管部门审核。这里明确规定了专用公路规划的责任部门或审批政府机关。

专用公路规划应当与政府编制的国道、省道、县道和乡道规划相协调。当县级以上人民政府交通主管部门发现专用公路规划与国道、省道、县道、乡道规划有不协调时，应提出修改意见，专用公路主管部门和单位应当作出相应的修改。当专用公路的专用性质因故发生变化时，例如水电站建设专用公路因项目竣工或者军事基地专用公路因军事基地搬迁等，经专用部门或单位申请，省级政府公路主管部门批准，可以改划为省道或县道。

2.公路发展规划变更调整的程序和审批

我国是发展中国家，我国经济形态正处于“起飞”（take off）前夜的准备阶段。这个阶段国民经济增长速率高、新兴产业不断出现并成长壮大，产业结构处于变动之中，因此，为适应经济社会需求而编制的公路网规划在实施中常常因经济形势的变化而需要调整，这就需要为公路规划的变更与调整制定法规程序和审批权限，以保证公路建设的科学、有序。

《公路法》第十六条规定：“国道规划的局部调整由原编制机关决定。国道规划需要作重大修改的，由原编制机关提出修改方案，报国务院批准”。对于省道、县道、乡道规划的变更调整也作了规定：“经批准的省道、县道、乡道公路规划需要修改的，由原编制机关提出修改方案，报原批准机关批准。”

对《公路法》关于公路规划变更调整规定的具体理解与执行，可以阐述如下：

(1)国道规划的变更与调整，由国务院交通主管部门，即国道规划的编制责任部门——交通部决定与执行；

(2)国务院交通主管部门在决定原国道规划的变更与调整时，应会同国务院有关部门，并听取其意见和建议；

(3)对于国道变更与调整中的重大项目，即《公路法》中所说的重大修改，在交通部会同国务院有关部门就有关修改方案取得一致意见后，应报国务院批准。而对于局部的小的修改，则可由交通部会同有关部门和国道两侧省级人民政府协商一致后决定；

(4)经批准的省道发展规划的局部变更与调整，应经由省、自治区、直辖市交通主管部门并会同同级有关部门提出修改方案，然后报省、自治区、直辖市人民政府批准；对批准后的修改方案还应报交通部备案；

(5)经批准的县道规划的变更与调整，应由县级人民政府交通主管部门会同同级有关部门提出修改方案，经本级人民政府审定批准，并报上一级人民政府批准；

(6)经批准的乡道规划的局部调整与变更，须由县级人民政府交通主管部门协助乡、民族乡、镇人民政府提出修改方案，报县级人民政府批准。

第二节 高速公路项目的可行性论证和国民经济评价

高速公路的投资建设是个极为重要而且复杂的问题。高速公路投资大，工期长，配套设施多，建设周期少则三五年，多则七八年，投资额动辄上亿元，多则几十亿元。高速公路项目的投资建设还涉及国家的经济、政治、军事、文化以及其他行业，意义十分重大，因此，要使高速公路建设项目获得最好的效果，没有严密、科学的可行性研究，是不可想象的。

高速公路建设项目的可行性研究要从五个不同的侧面进行，即技术上、财务上、经济上、社会环境生态上、组织管理上的分析论证。而高速公路国民经济评价则是其中最主要的分析论证，尤其是对国家的基础设施和公益事业项目，国民经济评价结果是决定它们上马或是不上马决策的关键性因素。高速公路属于国家主要的交通基础设施，所以在作出投资建设决策前，必须先认真地进行国民经济评价。为了深入理解高速公路，应当掌握一些国民经济评价的相关知识。

一、高速公路国民经济评价概述

1.国民经济评价的概念

我国现行的项目经济评价分为两个层次，即财务评价和国民经济评价。财务评价是在现行国家财税制度和价格条件下，从企业财务角度分析，预测项目的费用与效益，考察项目的获利能力、清偿能力和外汇效果等财务情况，以判别项目在财务上的可行性。而国民经济评价是从国家的、社会的角度来考察项目，分析计算项目需要国家付出的代价和对国家的贡献，以判断项目的经济合理性。通常应以国民经济评价结论作为项目取舍的主要依据。

国民经济评价的目的在于以较省的投资、较快的时间、较少的投入获得最大的产出效益。即如何更有效地利用国家的有限资源，最大限度的促进国民经济的增长和人民物质文化水平的提高。

2. 高速公路项目国民经济评价的特点

高速公路国民经济评价与其他工业项目的国民经济评价相比，有一些不同的特点，这是高速公路本身具有的特殊的技术经济特征所决定的。

(1)高速公路项目国民经济评价是以谋求社会效益为目的的。所谓社会效益，指的是项目对国家全体人民所作出的贡献，它包括货币度量的经济效益，也包括难以用货币计量的非经济效益，也就是高速公路所表现出来的巨大的外部效益，亦即高速公路对社会经济发展和人民生活带来的巨大效益；这种效益项目自身是不会得到的，而是通过推动地区经济繁荣和改善人民生活实现的。另外，高速公路也会带来一定的负效益，例如，对自然环境带来的不良影响，产生的噪声和空气污染等。在这种情况下，高速公路产生的社会效益就是正效益与负效益相抵后的净效益。高速公路可以用货币计量的经济效益，是可行性研究中计算的经济效益，即由高速公路本身产生的，并用影子价格计算的公路运输成本节约的经济价值，它是高速公路国民经济评价中计算各项判定指标的量化依据。而高速公路产生的巨大的社会效益，目前难以量化，只能在可行性论证报告中进行定性的描述，在计算 ENPV、EIRR 等评价指标时无法计入。

(2)高速公路项目的效益不是用项目实施后产品销售收入来衡量的，而主要是项目实施后给国民经济和社会带来的成本节省来衡量的，用它对整个社会或地区经济发展所作出的贡献来衡量，体现为有项目相对于无项目时运输成本节省及项目带来的其他效益。

(3)高速公路项目的国民经济评价必须充分考虑货币的时间价值。这里的货币时间并不是项目现金流入流出的时间，而是经济成本和经济效益发生的时间。在高速公路项目经济评价的指标 EBCR、ENPV、EIRR 和经济投资回收期 T 的计算中，都离不开时间价值原理。

(4)高速公路项目国民经济评价要求以经济学的概念影子价格计算成本和效益。评价中对成本和效益的贴现不能采用市场利息率而采用社会折现率；涉及外贸投入要素资源的计算不能用现行的外贸汇率，而采用折算后的影子汇率；施工工人和设计人员的工资不能用实际支付的货币工资数而必须采用影子工资；不涉及外贸的投入要素资源不能用实际支付的市场价格而必须用调整后的影子价格等。在上述各种影子价格的计算中应用了经济学中许多重要的经济学概念，如边际成本、机会成本等，它们反映的都是对国民经济收入的减少和增加，其出发点是整个国民经济。

3.高速公路国民经济评价的意义

从事社会再生产活动需要一定数量的经济资源，经济资源由劳动资源、自然资源和社会产品组成，这是社会再生产的三个基本要素。一定时期、一定社会生产力发展水平条件下社会上所拥有的经济资源是有限的、稀缺的。对任何一项人类的社会投资，都有多种可供人们遴选的项目类别。在实现既定目标的每一具体项目里，又有多个不同的实现途径。正是由于资源的稀缺性和经济活动类别及目标的多样性，才有必要在备选的各项目之间进行选择，以便最有效的使用与配置这些稀缺资源，使之产生最大的社会经济效益。而高速公路项目的经济评价是筛选最优项目的最主要途径。

国民经济是一个国家的宏观经济，国民经济评价就是站在国家宏观经济的高度，以国家根本利益为出发点，去评价分析高速公路项目的得与失，找出对全社会而言最佳的公路建设方案。它不是以某个企业为出发点，也不是以某个人的私利为出发点，它追求的是对全体国民的最大利益。国民经济评价中采用的主要评价指标，如经济内部收益率、经济净现值以及体现国家宏观经济意图的影子价格、影子汇率和社会折现率等国家参数，可以从宏观的、综合平衡的角度考察项目对国民经济的净效益，促进国家资源的优化配置。

我国在高速公路的建设中，成功地建成了一批经济效益和社会效益好的建设项目。但有一些项目决策依据不足，决策程序不严，决策方法不当导致决策失误，造成项目建成投产后生产经营的浪费，使国家蒙受很大损失。在实现项目决策科学化和民主化的过程中，特别是建立科学的、实用的国民经济评价方法和评价参数，对于加强投资宏观管理，保证资源的最佳利用，促进经济结构的合理化，具有十分重要的意义。

二、高速公路项目的可行性研究

1.可行性研究的基本概念

可行性研究是工程项目的建设前期广泛采用的一种技术经济论证方法，工程项目可行性研究是指在项目决策前，通过对与该项目有关的工程、技术、经济等方面条件和情况进行深入全面的调查、研究、分析、预测，对各种可能的实施方案进行比较论证，并对项目建成后的经济损益进行测算和评价的一种科学的分析活动，由此为该项目投资决策推荐可行方案，为设计任务书的编制、审批提供科学的依据。

可行性研究是项目前期工作的重要内容，它从项目实施建设的全过程、多角度考察分析项目的可行性，其目的是回答该项目是否有必要建设，是否有可能建成，如何进行建设，能够给社会带来多大的利益，其结论为投资者的最终决策提供直接的依据。

技术可行性有两层含意：一是研究某项目采用现代技术是否可能办到；二是研究完成某项目需要采用什么技术。

经济合理性是可行性研究的核心。任何国家，尤其是发展中国家，面临一个基本的经济问题，就是如何把有限的资源分配到各种不同的用途中去。一个国家或地区的资源是有限的，某种资源用于某一方面，就会减少另一方面对资源的可使用量；满足一个目标，就可能牺牲另一个目标为代价。这显然存在一种权衡，国家必须在资源的各种可能用途中，根据他们对实现国家基本目标的贡献大小来作出抉择。可行性研究的一个重要任务是以一种人们所容易接受的方式分析比较资源各种用途对国家基本目标贡献的大小，从而选择出最佳用途。

项目实施的可能性是对建设该项目的主客观条件所作的分析和结论，投资估算和资金来源是最重要的研究内容。当然，还有其他一些条件，如设计、施工力量，原材料供应，水、电、土地、气候以及交通运输条件等都影响项目的实施可能性。

2.高速公路项目可行性研究的特点

高速公路项目的自身特点决定了其可行性研究的特点。

(1)高速公路项目可行性研究要立足于全社会的公路交通状况，包括公路运输量、公路交通量和客货流起迄点情况。为此，必须分析研究引发运输量、交通量的地域社会经济发展现状、资源特征、产业结构，预测其未来的发展速度、发展水平，还要调查分析研究其他运输方式的运输能力及其对运输量的分流状况，在此基础上还必须特别摸清与研究对象平行的整个运输走廊的公路运输量和交通量，以及公路网络情况。

(2)由于高速公路大多是贷款修建的经营性项目，因而对于高速公路项目，不仅要进行国民经济分析和评价，还要进行财务分析和评价。甚至还要研究收费方式、收费标准，然后计算过路费收入，动态计算贷款偿还年限。如果收费公路管理机构是经营性的经济实体，财务分析则不仅需计算贷款偿还年限，还要计算偿还年限后收费所得。无论哪一种情况都要考虑收费对交通量分配的影响。

(3)在考虑高速公路建设项目投资收益时，必须把着眼点放在满足社会经济发展的需要上。高速公路建设项目投资产生的效益大部分不是在运输业内部，而在它的外部，主要反映在用户身上，反映在它对社会经济的影响上。其效益的计算不是像工业项目一样，可以通过项目实施后的产品销售收入计算，而主要使用项目实施后给国民经济和社会带来的费用节约来计算。

(4)在费用的计算上，由于高速公路建设项目在基础设施方面需要投入大量的稀缺资源，如土地、钢材、水泥等。因此，在进行高速公路项目可行性研究和经济评价的时候，必须特别注意方案的比选，在满足相同目标的各种可替代方案中，找出投入最小的方案，尽可能减少建设期和营运期的资源消耗。

3.高速公路项目可行性研究的内容

高速公路项目可行性研究的主要内容应包括：项目建设依据、历史背景；建设地区综合运输网的交通运输现状和建设项目在交通运输网中的地位及作用；原有公路的技术状况及适应程度；论述建设项目所在地区的经济特性，研究建设项目与经济发展的内在联系，预测交通量、运输量的发展水平；建设项目的地理位置、地形、地貌、地质、地震、水文、气候等自然特征；建筑材料来源及运输条件；论证不同建设方案的线路起迄点和主要工程数量、征地拆迁数量，估算投资，提出资金筹措方式；提出勘测设计、施工计划安排；确定运输成本及有关经济参数，进行经济评价、敏感性分析，收费公路项目需作出财务分析；评价推荐方案，提出存在问题和有关建议。

可行性研究按照其工作深度,可分为预可行性研究(初步可行性研究)和工程可行性研究。两者在研究上述内容时,要求有所不同。预可行性研究重点阐述建设项目的必要性,通过勘查和调查研究,提出建设项目的规模、技术标准,进行简要的经济效益分析,审批后作为编制项目建议书的依据;工程可行性研究则通过必要的测量、地质勘探,在认真调查研究、占有必要资料的基础上,对不同建议方案从经济上、技术上进行综合论证,提出推荐建设方案,审批后作为编制涉及计划任务书的依据。工程可行性研究的投资估算与初步设计概算之差,应控制在上下浮动10%以内。

4.高速公路项目可行性研究的步骤

高速公路项目可行性研究的一般工作步骤如下：

(1)接受任务和签订合同

高速公路项目可行性研究由项目业主自行委托有资格的工程设计单位承担。

项目业主和受委托单位签订的合同中一般应包括：进行该项目可行性研究的依据，研究的范围和内容，研究工作的质量和进度，研究费用及其支付方法，合同双方的责任和义务，协作方式和关于违约处理的方法等主要内容。

(2)组织准备和计划安排

受委托单位应根据工作内容组织项目小组，确定项目负责人和专业负责人。承担研究工作的人员，必须是具有较丰富的公路勘察设计、施工的工程实践经验和宏观经济、公路经济、交通工程等有较广泛知识的专门人才组成。项目负责人还应具备广博的学识、远大的目光、较高的领导水平和丰富的工作经验。研究组一般包括如下人员：项目负责人，工程经济人员，交通工作人员，线路工程人员，路面工程人员，地质水文人员，工程概预算人员等。

(3)调查研究与资料搜集

在清楚地了解项目建设意图和要求的基础上，拟定调查研究提纲，组织有关专业人员赴现场进行实地调查和专题抽样调查，包括经济调查、交通量调查、路况调查、地形图或航测照片定线、线路桥隧勘探、地质调查、建筑材料调查以及必要的线路桥隧测量和地质勘查钻探工作。

通过这些调查，广泛搜集项目所在地经济、社会、自然资源、环境、交通、运输等方面的资料，并以科学的方法对资料进行整理、分析，为技术方案设计和技术经济评价提供可靠的依据。

(4)方案设计和经济分析

在搜集、整理了一定的设计基础资料和技术经济基本资料的基础上，开展深入地分析、研究工作，包括公路运输量、交通量的预测和评价，工程规模与技术标准研究，线路和桥隧方案研究，建筑材料来源分析，环境保护工作研究，工程量分析与估算，投资估算及资金来源研究，经济评价，建设工程安排等。通过研究提出若干种可供选择的建设方案和技术方案，并进行比较和评价，从中选择或推荐最佳的建设方案。

(5)编写报告文本及绘制附表、附图

在对建设方案和技术方案进行技术经济论证和评价后，组织研究人员分别编写详尽的可行性研究报告。在报告中推荐一个或几个项目建设方案，也可以提出项目不可行的结论意见或项目改进的建议。研究报告须按《公路建设项目可行性研究报告编制办法》的格式和要求编写。

(6)上报及评审

按照现行规定，大中型建设项目的可行性研究报告，由主管部、各省、市、自治区或全国性专业公司负责预审，报国家发展与改革委员会委托有关单位审批。重大项目和特殊项目的可行性研究报告，由国家发展与改革委员会会同有关部门预审，报国务院审批。小型项目的可行性研究报告按隶属关系由主管部门、各省、市、自治区或全国性专业公司审批。

三、国民经济评价指标的经济学原理

国民经济评价以经济内部收益率为主要评价指标。根据项目特点和实际需要,也可计算经济净现值等指标。现对其经济学原理做一个简单的介绍。

1.经济内部收益率

经济内部收益率（EIRR）是反映项目对国民经济净贡献的相对指标，它的经济含义是高速公路项目在计算期内各年经济净效益流量的现值累计等于零时的折现率。

其表达式为：

$$\sum_{t=1}^{n}(B-C)_t(1+\mathrm{EIRR})^{-t}=0$$

式中：B——效益流入量；

C——费用流出量；

$(B-C)_t$——第 t 年的净效益流量；

n——计算期。

经济内部收益率等于或大于社会折现率表明项目对国民经济的净贡献超过了要求的水平，这时应认为项目是可以接受的。

2.经济净现值

经济净现值（ENPV）是反映项目对国民经济净贡献的绝对指标。它的经济含义是用社会折现率将项目计算期内各年的净效益流量折算到建设期初的现值之和。

其表达式：

$$\mathrm{ENPV}=\sum_{t=1}^{n}(B-C)_t(1+i_s)^{-t}$$

式中：i_s——社会折现率。

经济净现值等于或大于零表示国家为拟建项目付出代价后，可以得到符合社会折现率的社会盈余，或除得到符合社会折现率的社会盈余之外，还可以得到以现值计算的超额社会盈余，这时就认为项目是可以考虑接受的。

3. 经济外汇净现值

经济外汇净现值（$\mathrm{ENPV_F}$）是反映项目实施后对国家外汇收支直接或间接影响的重要指标。用以衡量项目对国家外汇真正的净贡献（创汇）或净消耗（用汇）。经济外汇净现值可以通过经济外汇流量表计算求得。

其表达式：

$$\mathrm{ENPV_F}=\sum_{t=1}^{n}(FI-FO)_t(1+i_s)^{-t}$$

式中：FI——外汇流入量；

FO——外汇流出量；

$(FI-FO)_t$——第 t 年的净外汇流量；

n——计算期。

当有产品替代进口时，可按净外汇效果计算经济外汇净现值。

4. 经济节汇成本

经济节汇成本是当有产品替代进口时，应计算经济节汇成本，它等于项目计算期内生产替代进口产品所投入的国内资源的现值与生产替代进口产品的经济外汇净现值之比，即节约一美元外汇所需的人民币金额。

其表达式：

$$\text{经济节汇成本}=\frac{\sum_{t=1}^{n}DR'_t(1+i_s)^{-t}}{\sum_{t=1}^{n}(FI'-FO')_t(1+i_s)^{-t}}$$

式中：DR'_t——项目在第 t 年生产替代进口产品投入的国内资源（包括投资、原材料、工资、其他投入和贸易费用）（元）；

FI'——生产替代进口产品所节约的外汇（美元）；

FO'——生产替代进口产品的外汇流出（包括应有替代进口产品分摊的固定资产及经营费用中的外汇流出）（美元）。

经济节汇成本（元/美元）小于或等于影子汇率，表明该项目替代进口是有利的。

第三节 高速公路的成本

一、高速公路的建设成本

建设成本是指建设单位在投资活动中计入交付使用资产价值的各项投资支出，包括建筑安装工程投资支出、设备投资支出、待摊投资支出和其他投资支出。其中，建设项目的建筑安装工程投资支出、设备投资支出和分摊的待摊投资支出之和构成了该项目的建设工程成本；其他投资支出构成了不需要通过建筑安装工作即可形成交付使用资产的价值。

高速公路建设项目成本的核算依据是交通部颁布的《公路工程估算指南》和《公路工程概（预）算定额》。《估算指南》在编制项目建议书和编制可行性研究报告时使用，《概算定额》作为确定施工成本的依据。

根据上述定额，公路建设项目的成本由建筑安装费、设备购置费（包括生产所需的工具、器具购置费）、工程建设其他费用和预留费用四部分组成。

1.建筑安装工程费

建筑安装工程费是指在公路施工活动中发生的费用，是构成公路建设项目成本的主要部分。其中，直接费由工程项目的人工费、材料费和机械使用费组成。直接费既是建筑安装工程费的主要组成部分，又是计算其他各项费用的基础，又称为基价。直接费的计算是根据工程实际发生的人、料、机使用量和公路所在地区的人、料、机单价计算确定。

其他工程费，指主要工程以外的（零星工程）费用。该项费用不多，按直接费用的一定比例计算。

其他直接费、现场经费与间接费综合费用，包括施工管理费、施工临时设施费、劳动保险基金、施工队伍调遣费等内容。其计算公式如下：

综合费用＝直接费用×（1＋其他工程费率）×综合费率

综合费率是以省会地点、自治区、直辖市直属施工企业为对象测算的，如果同建设项目实际有较大出入时，可以进行调整。

综合利税费是指施工技术装备费、计划利润和税金之和，以直接费、其他工程费、现场经费与间接费综合费用之和为基数，按综合利税率10%计算。

2.设备、工具、器具购置费

该项费用是指为营运、养护服务的设备和工器具费用。高速公路的设备、工具、器具购置费，按下面的公式估算：

设备、工具、器具购置费 = 建筑安装工程费 × 1.867%

3.工程建设其它费用

(1)征用土地费用:高速公路每公里定额征用永久性用地 22.30 ~ 24.14 亩(各省情况不同),临时用地每公里 6.13 亩。根据各省的土地价格估算征地土地费。

(2)拆迁赔偿费、研究实验费、勘察设计费及供电补贴费:这几项费用均以建筑安装工程费为基数,乘以相关的费率。

高速公路的拆迁赔偿费率:华北、东北地区为 4.674%,华东、华中、华南地区为 4.895%,西南地区为 4.7325%,西北地区为 4.535%。

研究实验费率各省均为 0.728%。

勘察设计费率各省均为 2.113%。

供电补贴费各省为 0.178% ~ 0.222%不等。

(3)建设单位管理费,含工程质量监督费、工程监理费、定额编制管理费、设计文件审查费。按建筑安装工程费的 0.15% ~ 0.20%估算。

4.预留费用

预留费用是指在投资估算或者概算中难以预料的费用,包括工程造价增涨预留费和预备费。

根据以上的分析,高速公路项目的建设成本大约为建筑安装工程费用的 1.3 倍左右。如果大型桥梁、隧道和立体交叉工程较多,建设成本还要高一些。

二、高速公路的营运成本

高速公路建设项目的经济成本主要包括公路工程的投资成本和公路使用过程中的营运成本两部分。高速公路建设项目的营运成本主要包括：

(1)车辆运行成本；

(2)装卸业务成本；

(3)公路养护成本；

(4)公路运输过程中发生的货损、货差事故损失以及人员伤亡事故损失；

(5)其他构成营运成本的经济成本。

由于在计算高速公路建设项目的经济效益时，已将车辆运行成本、装卸业务成本、公路运输过程中发生的货损、货差事故损失以及人员伤亡事故损失等计算在内，所以在经济成本衡量中需考虑的营运成本只有公路养护成本和其他有关成本。

从高速公路经营企业的角度来看，高速公路的运营成本是指公司在高速公路通行期间发生的与高速公路经营有关的支出，计入营运成本。高速公路经营企业的营运成本包括以下内容：

公司在经营过程中实际消耗的各种燃料、材料、备品备件、轮胎、低值易耗品等支出；公司支付的各类人员的工资和福利费；公司在经营过程中发生的固定资产折旧费、固定资产维修费、固定资产租赁费、公路灾害预防及抢修费、公路线路绿化费、取暖费、办公费、水电费、差旅费、保险费、劳动保护费等。

按照营运成本的经济用途分类，高速公路经营企业可进一步划分为以下业务成本项目：

(1)公路维护成本：是指路基、路面、桥梁、涵洞等公路构造物所发生的各项支出，包括公路小修保养支出和公路大中修支出。

(2)安全和通讯及监控设施的维护成本：是指防撞拦、隔网、标志、标线、电话机及线路、监控设施及线路所发生的各项支出。

(3)公路灾害预防及抢修成本：是指水毁工程及灾害性事故抢修所发生的各项支出。

(4)公路绿化成本：是指公路线路上各种绿化植物所发生的各项支出。

(5)收费业务成本：是指为收取公路通行费而发生的各项支出，包括收费人员的工资、福利费和其他人员经费支出。

(6)其他成本：是指上述项目以外的支出，包括路政支出和交通安全支出。

三、高速公路的经济成本和财务成本

高速公路的经济成本是指全社会为建设和使用高速公路所付出的经济代价，即前节高速公路项目国民经济评价中指出的经济成本概念。它可划分为内部成本和外部成本。

高速公路的内部成本是指项目法人为修建和经营高速公路所付出的代

价；外部成本是指社会其他单位和个人由于高速公路的修建和使用所付出的经济代价。内部成本一般可表现为项目法人的财务成本，而外部成本则是社会其他单位和个人非自愿的因高速公路修建和使用所付出的代价。高速公路建设的投资成本和高速公路的经营成本是内部成本的主要组成部分；大气污染、噪声污染等则是高速公路建设项目外部成本的典型示例。

高速公路项目的经济成本反映了国民经济为项目的构建与运营而付出的代价，而项目的财务成本则是项目执行的具体单位为其付出的代价，二者之间的区别与联系可以从以下几个方面分析认识：

(1)从成本的出发点来看，经济成本是从整个国民经济的角度来衡量、鉴别与估算经济资源的耗费与占用，因此经济成本既包括项目自身的内部成本，也包括项目对外界造成的外部成本；而财务成本则是建立从执行项目的企业角度出发而计算的企业的全部费用支出，它不管项目外部产生的任何支出。

(2)财务成本反映的是按权责发生制应由本期收益负担的费用支出，包括上期已支付的待摊费用摊销额和以后支付的预提费用；而经济成本则不以货币支付为转移，计入经济成本的只是该项目本期消耗或占用的经济资源。

(3)财务成本是项目以现金支付为原则形成的，含有很多转移支付，如借款利息支付及材料、设备成本中包括的税金款，因发生现金支付，都要挤入财务成本之中，而经济成本的鉴别原则是社会资源是否被占用或消耗，所以，实际上未被消耗的转移支付，必须从财务成本中剔除，才可能将财务成本调整为经济成本。

货币的时间价值规律对财务成本和经济成本都有影响作用。在财务评估中，该影响考虑的却不是财务成本发生的时间，而是货币支付的时间及现金流量发生的时间。经济评估中，经济成本不是反映货币支付的时间，而是反映经济资源耗费和占用的时间。

(4)从计价的尺度上讲，经济成本的计价尺度是影子价格，而财务成本的计价尺度是现行的购买价格，影子价格反映对项目投入经济资源的机会成本，在理论上，它是在完全竞争市场条件下形成的以边际成本衡量的价格。然而，在实际的经济生活中，由于税收、政府各种形式的经济干预及其他原因造成市场的不完全性，大部分的物品的价格都不同程度的出现对完全竞争市场价格的背离，因此有必要进行调整。

在高速公路项目的国民经济评价中，除了某些外部成本单独设账进行核算外，对于大量具体项目的内部成本不再单独设账进行核算，而是对已设账的财务成本进行调整，通过转换系数将财务成本逐项调整为经济成本。转换系数的经济公式为：

转换系数＝经济成本/财务成本

即

经济成本＝财务成本×转换系数

在实际评价工作中，转换系数只是比较直观而方便的从各种投入要素财务成本账目转为经济成本的一种形式。它的得到还是通过对各类资源影子价格的核算来实现的。

四、高速公路经济成本的计算

1.高速公路所占用土地资源经济成本的计算

土地的影子价格可以采取以下两种方法确定。

(1)将使用土地的经济成本作为投资成本的一部分

将使用土地的经济成本作为投资成本的一部分可进一步采用以下两种方法进行：

①如果土地的使用权可以交易，可根据土地使用权的市场交易价格（公允价值）来近似的替代土地的影子价格作为衡量使用土地经济成本的依据；

②根据高速公路的有效期限、一定的经济折现率和土地的年租金来估算土地的影子价格。土地的年租金反映了使用土地的年机会成本。

土地影子价格的计算公式如下：

$$P=\sum_{t=1}^{n}R_t(1+K)^{-t}$$

式中：P——土地的影子价格(元)；

R_t——t 年的土地年租金(元)；

K——经济折现率(%)；

n——计算年限。

如果经济折现率为12%，按20年的期限计算，则土地的影子价格应该是年租金的7.649倍。

(2)土地的年租金作为项目年运营成本的一部分

2.项目所耗用设备和原材料经济成本的计算

项目所耗用设备和原材料经济成本的衡量计算一般采用以下步骤进行：

(1)将项目的投入物品划分为可外贸物品和非外贸物品两类；

(2)可外贸物品按国际市场价格和项目耗用该物品后对进口增加或者出口减少的不同影像分别衡量其经济成本;

(3)将非外贸物品进一步的划分为稀缺资源和非稀缺资源两种:

①稀缺资源的影子价格可根据不同情况分别采用市场价格、替代物品的市场价格、物品的机会成本等方法来估计;

②非稀缺物品的经济成本一般用其财务成本扣除内含的税金和利润后的金额确定。

3.项目所耗用劳动资源经济成本的衡量

(1)项目所耗用劳动资源经济成本的概念

项目所耗用劳动资源的经济成本不是指项目支付的人员工资和其他人工成本,而是反映了由于项目对劳动力的占用使得其他国民经济部门缺乏人力造成的经济损失。因此,由于社会上闲置的劳动力的机会成本为零,所以项目使用社会闲置劳动力的经济成本为零。

(2)劳动资源的分类

为了有利于科学衡量项目所耗用劳动资源的经济成本,有必要将劳动资源作以下分类:

①社会上闲置的劳动力和从国民经济的其他部门吸收转移的劳动力;

②技术工人和普通工人;

③国内人员和国外人员;

④其他分类。应当根据不同类型的劳动力分别衡量其经济成本。

(3)影子工资率

衡量使用劳动资源经济成本最通用的做法,是在科学研究和统计的基础上确定影子工资率,并以此为参数将人工的财务成本转化为经济成本。其计算公式为:

$$劳动资源的经济成本 = \sum 人员的实际工资 \times 影子工资率$$

4.项目使用资金经济成本的衡量

在建设项目国民经济评价中,资金的经济成本、机会成本或者影子价格反映为计算项目动态效益所采用的经济折现率。衡量资金经济成本的工作实际上是在确定项目的经济折现率。

5.项目耗用外汇经济成本的衡量

项目耗用外汇经济成本的衡量一般可采用以下步骤进行:

(1)计算影子汇率

影子汇率的计算公式如下:

$$SER = OER \times \left[\frac{(M + T) + (X + S)}{M + X} \right]$$

式中:SER——影子汇率;

OER——官方汇率;

T——进口税;

S——进口补贴;

M——进口商品的到岸价格;

X——出口物品的离岸价格。

(2)计算外汇的经济成本

外汇经济成本的计算公式如下:

外汇的经济成本 = 官方汇率 × 影子汇率

根据这一公式,可将官方汇率计算的外汇的财务成本调整为按影子汇率计算的经济成本。

第四节 高速公路的经济效益

一、高速公路经济效益的构成

高速公路建设项目的经济效益主要有以下各项:

1.运输成本降低的效益

运输成本降低的效益是高速公路项目计算的最主要的内部效益,它是由于公路技术等级的提高,与以前的公路相比较,在保修费用、轮胎、燃料方面的成本节省效益。

运输成本降低的效益应当进一步包括:新建公路由于道路等级提高、交通拥挤状况和路面状况改善而降低的车辆运行成本;同时还包括旧路由于交通拥挤状况改善而降低的车辆运行成本和旧路由于交通量减少而降低的公路养护成本。

2.运输时间节约的效益

运输时间节约的效益是高速公路项目经济效益的重要组成部分。修建一条高速公路代替混合交通的普通公路,可以大量地节约旅客、货物和驾驶员的时间。利用有无分析法计算节约的时间,再利用机会成本测算时间节约的价值,就是运输时间节约的效益。

3.运输事故减少的效益

运输事故减少的效益就是由于事故次数减少而下降的事故损失。它包括事故发生后人身伤亡,车辆损失和货物损失。在计算事故减少的效益时,要采用具有可比性的指标,例如高速公路和旧路比较时应使用万车公里事故损失额指标,而不能简单的用绝对数额比较。

4.运输里程缩短的效益

两个相同的起迄点之间,高速公路与旧路相比,由于等级提高、线路取直等原因,使里程缩短,体现了运输成本的减少和时间的节约。用有无分析法计算运输里程缩短的效益。

5.促进国民经济发展的效益

促进国民经济发展的效益是高速公路的外部效益。高速公路建设项目对于公路沿线经济发展和项目所在区域经济的发展具有重要的促进作用。由于技术手段的原因,还不能用定量的方法对其进行准确的评价,目前,大部分高速公路项目的国民经济评价只是对这类效益进行定性分析。

6.提供就业机会的效益

高速公路的建设会直接或间接的增加大量的就业机会,具有提高全社会就业率的积极作用。据测算,每亿元公路建设投资可提供2000个就业岗位,我国1998年2168亿元的公路建设总投资可为434万人提供就业机会,为拉动经济增长可谓贡献巨大。

7.治理环境污染的效益

高速公路的环境污染主要有噪声污染、空气污染、环境破坏等。高速公路项目可以将砂土路面改造成沥青路面,可有效的减少尘土污染;高速公路植树绿化、采用新型的柴油车、使用无铅汽油、安装发动机消音设备等,都可以有效的控制环境污染、减少噪声。科学的选线,高架公路桥和隧道的建设,可以减少公路对自然环境和人文环境的破坏。这些效益,有的可以量化,有的暂时难以量化,但越来越受到各国的重视。

8.提高运输质量和信誉的效益

对于旅客运输,质量表现在安全、舒适、快捷、方便的乘车旅行上;对于货物运输,质量表现在安全、快捷、方便(门对门运输,简化托运和取货手续等)方面。这是很重要的经济效益,有利于提高工作效率,提高运输企业的信誉,信誉又可以转化为经济效益。目前,由于技术手段限制,这些效益难以用货币量化,但在高速公路项目国民经济评价中,不可忽视这些效益对方案选择的影响。

二、高速公路的直接效益

直接效益反映了可以直接按项目归集的效益。高速公路的直接效益一般反映提高运输生产效率所带来的效益。内部效益是直接效益,外部效益中也有一部分属于直接效益,例如,公路运输质量的提高、环境的改善、社会就业数量的增加等,他们是高速公路项目的外部效益,又是高速公路项目的直接效益。

三、高速公路的间接效益

间接效益反映了由于项目的新建而产生于项目之外的效益。间接效益是外部效益的一种形式,项目的间接效益反映了由某项目所引起或所导致的效益。例如,山西运煤专用公路的新建所造成的煤炭供应量的增加,将引起或带动其他地区电力工业、化学工业、机械制造业、轻工业以及商业的进一步发展;反过来,煤炭运输量的增加也会促进山西煤炭采掘业以及煤炭采掘地周围商业、服务行业等的进一步发展,并将导致煤炭部门对其他部门产品需求的增长。乘数效应在估算间接效益中发挥重要作用。因此,项目的经济效益应当包括由初级产品到最终产品消费全过程中所产生的净收入。

四、高速公路经济效益的计算

高速公路经济效益,其中运行成本降低的效益、运行里程缩短的效益、运行时间节约的效益等高速公路产生的内部经济效益是可以计算的,但高速公路项目产生的外部效益,尽管十分巨大,有时高出运输节约经济效益很多倍,但目前尚难找出定量的办法计算,只能够做定性的描述。对于社会公益性的基础结构建设项目的外部效益,世界各国经济学家一直在孜孜不倦的寻求量化评价的方法,但尚未找到大家认为合适的办法和途径。在这方面美国经济学家G·赫夫曼曾经预言过:“生活中的事物,几乎没有一个是绝对不可衡量的。从发明各种方法的历史过程来看,在某个时期不可衡量的可变因素,后来就变成可以衡量了,所以方法总是随着时间的推移而不断的发展和改进。”我们相信随着科技的进步和信息社会的到来,各国经济学家的努力一定会得到突破,更精确、更合适的评价高速公路外部效益的方法一定会找到。现介绍高速公路内部效益的计算。

1.运行成本降低效益的计算

运行成本降低的效益应包括:新建公路由于道路等级提高、交通拥挤状况和路面状况改善而降低的成本；同时还包括旧路由于交通拥状况改善而降低的车辆运行成本和旧路由于交通量减少而降低的公路养护成本。

(1)新建公路由于道路等级提高、交通拥挤状况和路面状况改善而降低的成本

公路建设项目完工投入使用后的交通量，包括正常交通量、转移交通量和诱增交通量三种类型。正常交通量是没有本项目也会在现有公路网上发生和增长的交通量；转移交通量是自本项目建成投入使用后，从其他公路项目或者其他运输方式转移过来的交通量；诱增交通量是指如果没有项目不会发生的交通量。这三种不同类型交通量运行成本降低的效益需要分别计算确定。

①正常交通量运行成本降低效益的计算公式如下：

$$B_{11} = \sum(AC_0 - AC_1) \times Q_{11} \times L_1$$

式中：B_{11}——正常交通量运行成本降低效益(元)；

AC_0——无项目时某车型单位成本(元/车公里)；

AC_1——高速公路的某车型单位成本(元/车公里)；

L_1——高速公路总长度(km)；

Q_{11}——正常交通量(年辆次)。

②转移交通量运行成本降低效益的计算公式如下：

$$B_{12} = \sum(AC_0 \times L_0 - AC_1 \times L_1) \times Q_{12}$$

式中：B_{12}——转移交通量运行成本降低效益(元)；

AC_0——原线路某车型单位成本(元/车公里)；

AC_1——高速公路的某车型单位成本(元/车公里)；

L_0——原线路总长度(km)；

L_1——高速公路总长度(km)；

Q_{12}——转移交通量(年辆次)。

(2)旧路由于交通拥挤状况改善而降低的车辆运行成本和公路养护成本

由于新建高速公路项目投入使用，旧路上的交通量将有相当一部分分流到高速公路上，拥挤的交通状况将大为改观，不仅车辆运行成本将有所降低，公路养护成本也会下降。该成本降低效益计算公式如下：

$$B_{13} = \sum[(AC_0 - AC_2) \times Q_0 \times L_0 + (AC_{y0} - AC_{y1}) \times L_0]$$

式中：B_{13}——运行成本降低效益(元)；

AC_0——旧路分流前的某车型单位成本(元/车公里);

AC_2——旧路分流后的某车型单位成本(元/车公里);

AC_{y0}——旧路分流前平均养护成本(元/公里);

AC_{y1}——旧路分流后平均养护成本(元/公里);

L_0——原线路总长度(km);

Q_0——旧路分流后的交通量(年辆次)。

2.运行里程缩短的效益的计算

运行里程缩短效益的计算公式如下:

$$B_2 = \sum(L_0 - L_1) \times Q_{11} \times AC_0$$

式中:B_2——运行里程缩短效益(元);

AC_0——原线路某车型单位成本(元/车公里);

L_0——原线路总长度(km);

L_1——高速公路总长度(km);

Q_{11}——正常交通量(年辆次)。

3.运行时间节约的效益的计算

运行时间节约的效益的计算公式如下:

$$B_3 = Q_{11} \times \triangle T \times V$$

式中:B_3——运行时间节约的效益;

Q_{11}——正常交通量(年辆次);

$\triangle T$——全程节约的时间(小时);

V——平均时间价值(元/ 小时)。

运行时间节约效益确定的关键在于确定节约时间的价值。由于货运时间价值与客运时间价值计算的依据不同,有必要分别研究确定。

(1)货物单位时间价值的确定

就货物而言,无论是原材料、初级产品、中间产品还是最终消费品,都具有一定的价值,代表一定金额的资金;货物运输过程中所占用的时间意味着资金的占用。可以认为,节约货物运输时间,意味着加速资金的周转,减少了资金的占用。所以,可以根据资金成本的概念来计算货运时间价值。在建设项目国民经济评价过程中,资金成本表现为经济折现率,因而可以根据经济折现率和货物的平均价值计算货物的单位时间价值。

(2)旅客单位时间价值的确定

旅客单位时间价值的确定可采用生产法或者费用法确定。采用生产法的理论依据是旅客可以将运行途中节约的时间用于工作，创造新的价值，为国民经济增长做出贡献。依据这一理论，可根据所在地区人均国民收入来估计人员的单位时间价值。采用费用法的理论依据是旅客为节约在途时间“支付货币的意愿”。采取费用法可按照下列公式确定：

$$V_2 = \frac{\sum(F_2 - F_1)}{\sum(T_1 - T_2)}$$

式中：V_2——旅客单位时间价值(元)；

F——旅客愿意支付的旅行费用(元)；

T——旅客在途时间(h)。

4.运输事故减少的效益的计算

运输事故减少的效益的计算公式如下：

$$B_4 = \sum(S_0 - S_1) \times Q_{11} \times C$$

式中：B_4——运输事故减少的效益(元)；

S_0——没有项目的事故率(次/百万车公里)；

S_1——高速公路的事故率(次/百万车公里)；

C——平均每次事故的经济损失(元)；

Q_{11}——年车辆总行程(百万车公里)。

5.交通量增加的效益计算

交通量增加的效益计算公式如下：

$$B_5 = \sum(P_1 - P_0) \times Q_5$$

式中：B_5——交通量增加的效益(元)；

P_1——有项目货物的平均市场价格(元/t)；

P_0——无项目货物的平均市场价格(元/t)；

Q_5——新增某物品的年货运量(t)。

第五节　高速公路的后评价

一、高速公路后评价的作用

高速公路建设项目后评价是在项目建成并运营一段时间后进行的，是一种事后评价。对公路建设项目进行后评价具有以下几个方面的作用：

(1)通过对建设项目的后评价研究工作，可以分析其实际效果与可行性研究工作中的预期效果偏差较大的原因，从而总结项目可行性研究和项目管理等方面的经验和教训，并将其储存起来，反馈到今后的项目可行性研究和项目管理工作中去，不断提高项目可行性研究和项目管理工作的水平。

(2)通过项目后评价还能够发现宏观投资管理中的不足，从而使国家可以及时地修正某些不适应经济发展的技术经济政策，修订某些已经过时的指标参数，同时建立必要的法令、法规、各项规章和机构，促进高速公路建设项目投资管理的良性循环。

(3)通过项目后评价可以对高速公路建设项目的运营管理进行诊断，及时发现问题、解决问题，促使项目运营状态的正常化，提高项目的经济效益和社会效益。

二、高速公路后评价的内容和步骤

1.高速公路后评价的主要内容

根据公路建设项目的特点以及按照我国交通部1996年颁发的《公路建设项目后评价报告编制办法》的相关规定，公路建设项目后评价的主要内容包括五个方面：

(1)建设项目概述

简述项目的起迄点(位置)，项目立项、决策、设计、开工、竣工、通车时间等，突出反映项目的特点；简述项目的建设标准、规模和主要技术经济指标以及建设项目立项、决策、设计、施工准备阶段主要指标的变化情况，建设资金来源及使用情况，建设项目后评价的主要结论等。

(2)建设项目的过程评价

这部分主要是依据国家现行的有关法令、制度和规定，分析和评价项目前期工作、建设实施、运营管理等执行过程，从中找出变化原因，总结经验教训。过程评价应该涵盖项目建设的各个阶段，并能反映各阶段主要环节的特征；该过程是指项目从编制项目建设书到建成通车并交付使用，直至报废为止的整个过程。过程评价主要包括五个方面的内容：项目前期工作情况和评价；项目实施情况和评价；投资执行情况和评价；营运情况和评价；管理、配套及服务设施情况及其评价。

(3)建设项目的效益评价

建设项目的效益评价是指根据实际出发的资料和后评价时国家颁布的参数进行国民经济评价和财务评价，并与前期工作阶段按预测资料进行的评价相比较，分析其差别和原因。即效益评价是以高速公路建设项目建成通车后的实际资料为基础而进行的经济再评价，任务是计算建设项目的实际经济效益指标，比较实际指标与预测指标的偏差情况并分析原因，以便吸取经验教训，改进投资决策服务。效益评价主要包括两个方面的内容，分别是国民经济效益评价和财务效益评价。

(4)建设项目的影响评价

建设项目的影响评价是指分析评价对影响区域的经济、社会、文化和自然环境等方面所产生的影响。建设项目的影响是指高速公路建设项目对该区域社会经济及环境的直接或间接作用；在评价时，通常分成社会经济影响评价和环境影响评价两部分来进行。具体评价内容一般分为社会经济影响评价和生态环境影响评价。

(5)建设项目目标持续性评价

建设项目目标持续性评价就是指根据高速公路建设项目的公路网状况、配套设施建设、管理体制、方针政策等外部条件和运行机制、内部管理、运营情况、公路收费、服务情况等内部条件的分析，评价项目目标的持续性，并提出相应的解决措施和建议。高速公路建设项目的目标就是畅通、安全、高社会经济效益和财务效益、低成本、环境保护等。目标的持续性则是指在项目建成通车后是否还可以顺利地持续运营下去，是否有能力持续实现既定目标。高速公路是一项资金高度密集型基础设施，一旦上马，投入的资金将高达十几亿，甚至是几十亿人民币。能否持续地实现既定目标是十分重要的，但我国在这一方面的理论和内容还不尽成熟和完善。

2. 高速公路后评价的步骤

项目后评价是一项实际面较广的技术经济分析工作，不仅需要科学的方法作工具，而且需要严密的程序作保证。尽管随着建设项目规模大小、复杂程度不同，每个项目后评价的具体工作程序会有一定的差异，但从总体来看，项目后评价都遵循一个客观、循序渐进的基本程序，这个程序一般包括提出问题、筹划准备、收集资料、分析研究、编写报告、成果送审等六个既有区别又有联系的阶段，其具体步骤如下：

(1)提出问题，明确项目后评价的具体对象、组织规模和具体要求

项目后评价已经纳入了基建管理程序，原则上对所有竣工通车的建设项目都应进行后评价。但后评价工作往往只是在一定的范围内进行。按照交通部部颁《公路建设项目后评价工作管理办法》的有关规定，我国公路项目后评价工作的重点是国家重点公路建设项目、40km 以上的国道主干线项目或 100km 以上的国道及省道高等级公路项目、利用外资的公路项目、特大

型独立公路桥梁隧道项目以及上级主管部门指定的项目。

项目后评价的组织单位可以是国家行政主管部门，也可以是项目法人或建设单位。无论哪种形式，在组织机构上都应满足客观性和公正性的要求，同时应具有反馈检查功能，这样才能保证项目后评价的客观和公正，并把后评价的有关信息迅速的反馈到计划决策部门。从这个意义上讲，项目原可行性研究单位或实施过程中的项目管理机构不宜作为项目后评价的组织单位。

具体从事项目后评价的机构可以是后评价的组织单位，也可以委托外部机构，如投资咨询公司、专职的后评价机构等。两种方式都有各自的缺点和优点。一般来讲，将两种方式结合起来比较有利，组织单位负责后评价的组织工作，协调项目的可行性研究、设计、施工、监理、运营、管理等部门、单位的关系；多数分析研究工作由外部机构来承担，但组织单位要尽量为外部机构进行具体的后评价工作创造条件。

(2)筹划准备

落实了项目后评价的组织机构后，项目后评价的承担单位就进入筹划准备阶段。筹划准备阶段的主要任务是组建一个人员结构合理的工作班子，并按委托单位的要求制定一个周详的项目后评价计划，后评价计划的内容包括项目评价人员的配备、建立组织机构的设想、时间进度的安排、内容范围和深度的确定、预算安排、评价方法的选定等。

(3)深入调查，收集资料

建设项目后评价必须以项目各阶段的正式文件和项目建成通车一定时期内进行各种调查及重要运行参数的测试资料为依据，本阶段的主要任务是制定详细的调查提纲，确定调查对象和调查方法并开展实际调查工作，收集后评价所需的各种数据和资料。

(4)分析研究

围绕项目后评价内容，采用定量分析和定性分析方法，发现问题，提出改进措施。项目后评价所采用的定量研究方法较多，如指标计划法、指标对比法、准试验方法、回归分析方法等。

(5)编制项目后评价报告

将分析研究的成果汇总，编制出项目后评价报告，并提交给委托单位和被评价单位。项目后评价报告是项目后评价工作的最终成果，应该按照有关文件规定的文本格式和内容要求认真编写，既要全面系统，又要突出重点，简明扼要。后评价报告编制必须客观、公正、科学，不应受项目各阶段文件结论的束缚。

(6)成果送审

公路建设项目后评价报告编制完成后,就应按照管理办法的规定上报有关部门组织审查,并及时地反馈后评价成果及审查意见。建设项目的各有关单位和部门要认真对待后评价成果,从中吸取经验教训,并采取相应的对策、措施,进一步完善已建项目,改进在建项目,指导待建项目。

小　　结

我国法律法规对全国公路网规划的原则、公路规划的执行机关、公路规划的管理体制,包括公路规划的职责及权限划分都有明确的规定。读者可以通过学习本章掌握相关知识。高速公路网络的规划方案在确定之后,各路段的建设规模、标准,建设的时间和次序必须经过严格科学的可行性研究论证。可行性研究是在高速公路建设前期对项目的考察与鉴定,对项目技术上是否可行,经济上是否有利,建设上是否可以操作等进行的综合分析和科学论证,目的是为了避免和减少建设项目的决策失误,实现资源的优化配置。一般来说,高速公路的可行性研究包括技术论证、财务论证、国民经济论证、社会生态论证和组织管理的可行性论证,其中起关键作用的是国民经济论证。所以高速公路管理人员应当掌握基本的国民经济论证的相关知识、国民经济评价的意义和作用、国民经济评价指标的计算原理、高速公路的经济成本和经济效益、影子价格的原理及其运用等。一般高速公路管理人员在掌握了这些概念之后,阅读高速公路的可行性报告就没有困难了,对高速公路就有了更深层次的理解。

思考题

1.简述国民经济评价的概念以及国民经济评价指标的经济学原理。

2.与其他项目相比,高速公路项目的国民经济评价有哪些特点?

3.高速公路的建设成本由哪几部分组成?

4.比较分析经济成本和财务成本的区别与联系。

5.高速公路的经济效益有哪几部分组成,目前哪些可以量化,哪些不可以量化,能量化的经济效益如何衡量?

6.简述高速公路后评价的主要内容与步骤。

第六章

高速公路的资金

学习目标

高速公路与所有交通基础设施一样是国民经济中的资金密集型产业。通过对本章的学习，学员应理解，在一个发达的经济社会，在其发展经济的过程中，对交通基础设施的投资，常常达到近乎天文数字，高速公路建设需要的资金数量，又是所有交通基础设施中比例最高的，因此，解决资金问题，成为发展高速公路的关键。而要筹集足够的建设资金，核心在于必须有一套行之有效的投资与融资机制，这个机制能源源不断地为交通基础设施输送大量的资金，而不致因为资金严重短缺使国家的交通基础设施建设捉襟见肘，从而制约经济的发展。在公路、铁路、航空、水运、管道几种运输方式中，现代化的公路网是耗资最多的一类，所以，高速公路建设的投资与筹资显得更加重要。

本章将对高速公路的投资、筹资予以介绍，帮助读者了解和认识我国和世界各国公路资金的主要来源，比较分析公路建设的投资、融资体制以及我国高速公路建设投资融资体制改革。

第一节　我国公路建设投资、融资概述

一、计划经济时期的公路建设投资

我国传统的投资体制是计划经济的产物，是以政府直接干预、决定一

切、操纵全过程为特征的投资体制。在交通基础设施建设方面,铁路、港口、机场的建设项目基本上都是由中央政府统一安排投资。而公路建设则有所不同。在建国初期,公路建设由中央和地方分工负责,中央政府负责国家干线公路的规划与修建,地方政府负责本区域公路的规划与修建。1958年,中央政府决定,除国防公路仍由中央政府专款投资建设外,将其它公路的建设与管理权全部下放到地方,中央政府的基本建设投资中从此不再列公路建设项目,而改由地方政府计划安排。各省、市地方政府由于财政限制,对公路的建设资金主要采取挤用公路养路费解决,还采用民工建勤、以工代赈等方法建设公路。这种体制表现出政府在计划经济时期对公路建设的不重视和僵化的管理,其结果是导致公路建设长期落后于经济发展,成为制约国民经济发展的重要因素,造成了我国公路交通的落后状态。由于这种投资体制以省级政府为主,各省各自为政、各行其事,在规划建设上没有统一协调,很难形成全国统一的干线公路网络,使我国公路建设事业的发展走了弯路,以致于我国形成各省独立的公路网,以为地方经济服务为主,以每个省、自治区的省会为核心,向全省幅射,造成省际之间的数千条断头路。这种不合理的建设思路一直维持到20世纪80年代初,以致于交通部后来不得不把消灭断头路做为发展公路交通的投资重点,一直到20世纪90年代中期,才基本完成省际间断头路的吻接,这种不合理状况才得到纠正。

归纳起来,传统的公路建设投资体制有以下特征:

(1)投资决策权高度集中在政府,尤其是地方政府手中。

政府通过指令性计划和行政审批程序决定公路具体的每一个建设项目,决定其投资规模、投资结构等。从公路项目的提出到初步设计,到开工的每个环节都必须由政府部门进行行政性审查批准。

(2)投资主体和资金渠道单一。

政府是唯一的投资主体,私人投资被完全排斥。公路建设被认为是事业性投资,无偿使用,不计成本与效益。

(3)投入要素计划安排使用。

对公路建设投资所需要的资金、设备、建筑材料和劳动力等实行计划分配使用,直接以指令性计划和行政命令(红头文件)管项目、管拨款、管调配物资、管施工队伍。没有公路建设投入要素市场,各种投入要素都不流动。

(4)没有投资责任约束。

传统的公路建设投资体制对投资决策没有任何约束力,各地(市)、县的交通主管部门都向省交通厅争项目、争投资,为本地区争得项目和投资越多越好。由于是“大锅饭”体制，无论是项目发生决策失误或是具体项目的设计、施工发生失误，都无法明确直接责任者，也无法追究责任。

根据经济学规律，交通运输业是国民经济发展的先行部门，应当相对于国民经济有一定超前发展。然而，在计划经济的投资体制下，交通运输设施的建设不仅没有超前，反而越来越滞后于经济的发展，导致运货难、乘车难，运力供给与运输需求之间供不应求的矛盾越来越突出。这种现象的产生，其根源在于当时的计划经济体制，但其表现在于政府对交通运输发展规律认识不深、决策失误，没有在实践上把交通运输的发展摆在应有的位置。在这样的背景下，就建立不了一个完善高效、合乎交通运输设施建设规律的投资、融资体制，也必然导致公路建设资金没有保证，对落实的有限资金在使用上也缺乏效率。

二、改革开放后公路建设投资与筹资体制变革

公路建设投资体制是全国投资管理体制的一部分，公路建设投资管理体制的改革必然受到全国投资管理体制改革大框架的影响。我国投资管理体制改革是从党的十一届三中全会确定了改革开放的方针后迈开步伐的，其进程大体可以划分为以下几个阶段：

(1)第一阶段，从 1979 年到 1983 年是起步和试点阶段，国家对财政投资实行“拨改贷”。1980 年，基本建设投资由原先的无偿拨款改为有偿贷款。1981 年，我国实施第一步利改税。1983 年，为了加快能源、交通建设，解决能源、交通发展滞后严重制约国家经济快速发展的问题，国家开征能源交通重点建设基金。1983 年 10 月又开征建筑税(1991 年改为投资方向税)。1983 年起，各省也提高了公路养路费的征收标准，扩大了征收范围，使各省能从养路费中拿出更多资金用于公路建设。从此计划经济体制下传统的完全用行政手段分配资金的方法有了初步改变。

(2)第二阶段，从 1984 年到 1986 年，重点对项目建设实施阶段的管理体制进行改革。1984 年国务院颁布了《关于改革建筑业和基本建设管理体制的若干问题的暂行规定》，推行招标投标制度，代替行政分配任务制度，建立工程承包，实行基建物资和设备供应单位企业化，开始引进市场竞争机制。公路建设领域也全面推行国务院颁布的改革制度，加快了改革步伐，实行路政与公路施工、保养单位政企分开，实行公路建设项目监理制度，推行招投标制度，并开始形成公路建设投入要素市场。1985 年国务院批准征收汽车购置附加费，当时规定：国产车按销价的 10% 征收，进口车按销价的

15%征收,全部收入作为国家公路建设发展基金的一项来源,由交通部按国家规定统一安排使用。同时,各省(区、直辖市)政府也相继出台了征收客、货运附加费、公路建设基金等政策,进一步扩大了公路建设资金来源。

(3)第三阶段,从1987年到1992年,该阶段以国务院颁布的《关于投资体制近期改革方案》(国发[1988]45号文)为标志,提出对投资活动的管理,必须符合发展有计划商品经济的要求,把计划与市场有机结合起来,重点对政府投资范围、资金来源和经营方式进行初步改革。在1987年,国家经委明文规定对基本建设投资项目必须进行国民经济可行性论证,并确定今后将根据国家宏观经济运行状况、国家经济政策调控取向和全社会资金产出能力等因素,由国家计委定期对基础项目和其他公共项目,统一规定社会折现率指标。借鉴世界银行等国际组织规范化的建设项目可行性论证经验和程序,凡未进行论证或论证达不到规定指标的,一律不予立项。这个阶段,在调整投资结构,运用经济手段管理和引导全社会投资运行上取得了一定进展。

在此期间,改革开放和发展经济的实践使各级政府和广大人民群众对"要致富,先修路"的观念达到了共识,对公路交通设施在发展国民经济中的超前规律有了深刻的认识。在此背景下,各级地方政府对公路建设,尤其是高等级公路建设开始焕发出巨大的热情,利用贷款、借款、集资、引进外资等途径解决资金来源建设公路,建成后收费还贷的办法在广东省已全面铺开,并在全国起到了示范作用。为此,1988年国家批准了对贷款修建高等级公路和大型公路桥梁、隧道实行收取车辆通行费的文件。1992年交通部发出《关于深化改革、扩大开放、加快交通发展》的通知,进一步明确了对外开放、积极引进外资的态度,扩大了外资引入规模。

(4)第四阶段,从1993年起到现在,这个阶段以邓小平同志南巡讲话精神为指针,各级政府进一步解放思想,突破旧的体制,大胆创新,积极探索了许多为公路建设筹集资金的好办法,扩大了公路建设资金来源,加速了公路的发展步伐。公路收费进一步形成政策,并最终为法律所规定。我国为公路筹集资金的方法实现多元化,除了政府投入以外,向银行贷款、发行债券、发行股票、有偿转让公路收费权、公路项目融资,以及利用BOT方式建设公路等在我国开始采用。

改革开放后,开始对公路建设项目实行的前期可行性论证、设计、采购、施工、监理等方面的体制改革,也广泛地引入竞争机制。通过推行公路建设项目竞争性公开招标,实行公路咨询、公路勘察设计、施工、质量监理的企业化经营，建立公路建设要素市场体系，使市场在公路建设要素配置过程中起基础性作用是必要的和可行的。

三、我国公路建设投资的性质与分类

如前文分析，改革开放之前，我国的固定资产投资是政府行政行为，政府通过指令性计划安排各行各业的投资活动，政府是惟一的投资主体；全国实行计划经济，否认市场配置资源作用的存在。在这种情况下，所有固定资产投资的性质是相同的，也用不着将这种投资活动根据其性质来划分类别。如果按投资主体的级别来划分，可以划分为中央政府的投资和地方政府的投资，但二者在本质上也没有什么区别，都是国有制计划经济。

改革开放以后，我国经济发生了深刻的变革，通过市场机制对稀缺资源的配置作用得到肯定。投资主体多元化，即除了国有成分之外，私人经济和外资也成为投资主体，而且迅速增加。公路建设投资和融资体制也发生了深刻的变化，已经形成以国家政策性投资为基础，以市场型投资融资为主导，多层次、多渠道、多形式的投资融资体制。这样，确定公路建设投资的性质并进行分类就显得很有必要。

在 1993 年 11 月十四届三中全会上通过的《中共中央关于建立社会主义市场经济体制若干问题的决定》(以下简称《决定》)里，党中央对我国改革开放之后固定资产投资体制改革做了总结和深入的分析，把我国固定资产投资，根据其性质和特征划分为三个大的类别：竞争性项目投资、基础性项目投资和社会公益性项目投资。对这种划分方法，无论从经济理论还是从政治学理论上来认识都是科学的。政府的职能是生产或提供私人企业或社会团体都无法提供或提供不了的公用产品(服务)，而凡是私人企业或社会成员有能力通过市场机制提供的产品和劳务，政府一般都不用代劳。

竞争性项目投资，就是不用政府代劳的产品(劳务)生产投资的领域，它们由企业自主决策，自担风险、自负盈亏，所需要资金可向银行借贷，贷与不贷也完全由商业银行根据项目的盈利情况自己决定。这一类固定资产投资在经济社会中每日每时都在大量发生，属于由市场机制配置资源的范畴。政府对竞争性项目的管理方式是用产业政策引导，不进行行政干预，用项目登记备案制度代替原先的行政审批，以市场机制来规范竞争性项目的投资。

基础性项目投资。基础性项目就是进行国家基础结构建设的项目。基础结构(道路、铁路、水库、电站、机场等)是社会管理资本，是支撑一国经济运行发展的基础，它决定着一个国家经济活力(工业、商业等)的水平。基础结构主要是准公用产品，也有部分公用产品。根据上述特性，政府对基础性项目投资应当进行管理。《决定》规定了中央政府与地方政府在基础性项目投资上的责任分工；中央政府负责国家全局性的重大项目，地方政府负责本地的基础性建设项目。中央或地方政府负责的基础性项目都要进行统一规划，并通过国家财政投资或向社会融资，例如，通过金融市场发行债券等渠道筹资，其形式可以采取控股、参股和政策性优惠贷款等形式进行。《决定》还规定，基础性投资项目必须实行项目法人制度，项目法人对项目筹划、筹资、建设直至生产经营负完全责任，项目法人还要承担风险，归还贷款本息以及全过程负责固定资产的保值与增值。

社会公益性项目投资。社会公益性产品（服务）是典型的公用产品，例如我国对九年制义务教育发展的投资，对城市市政公共设施的投资，对社会保障和社会福利设施的投资等。这些产品不能用市场机制实现其生产和资源的配置，其建设项目必须由政府负责，其资金必须从国家税收收入中开支，由政府通过国家财政统筹安排。《决定》规定，除国家财政开支外，社会公益性项目也应广泛吸收社会各界资金（例如，我国为发展九年制义务教育而设立的希望工程），以扩大社会公益性项目的资金来源。

根据《决定》的规定及前面的分析，高速公路建设投资项目的性质应属于第二类——基础性项目投资。

第二节　公路资金的来源及结构

一、我国公路投资主体

我国公路建设投资在1978年前，投资主体是各级政府，资金来源于地方政府财政拨款及养路费，采用政府集中的投资管理方式。改革开放以后，公路建设投资政策发生变动，投资主体多元化，资金来源渠道拓宽。由于本书将公路划分为非经营性公路和经营性公路，而两者投资主体和资金来源差异很大，故而分别予以叙述。

1.非经营性公路投资主体

非经营性公路大部分是普通公路，不收费，主要体现了公路的社会公益性。其投资主体包括：

(1)中央政府

中央政府是非经营性公路最高层次的投资者和管理者，负责全国公路交通发展规划的制定、实施、协调与管理,并对全国重点公路建设项目进行投资。

(2)地方政府

地方各级政府对本地区公路项目,特别是非经营性普通公路的修建和养护进行投资。

(3)民工建勤,以工代赈

这种方法是从计划经济体制时沿袭下来的,主要是修建县、乡级公路。目前很多地区,尤其是中西部地区仍然利用这种投资修建公路,作为乡村一级政府对当地公路建设的一种投资,可以将这种投资的主体归为县、乡、村级政府。在《中华人民共和国公路管理条例》第九条中规定:“……公路建设还可以采取民工建勤、民办公助和以工代赈的办法”,明确了在社会主义市场经济条件下,这种投资方式的法律地位。

随着我国税费改革的深入,减轻农民负担是农村税费改革的最主要目标,为了实现彻底为农民减负,民工建勤的筹资方法将被逐渐废除,而代之以新的农民参与公路建设的形式,主要思路是:在行政村村民代表大会民主决策的基础上,重点实行“四个结合”的原则,即宣传动员与政府组织相结合、政策支持与村民“一事一议”相结合、农民履行法定义务与弘扬优良传统相结合、政府行政推动与适度采用市场机制相结合。通过“四个结合”,动员农民参与农村公路建设,同时要严格把握政策界限,防止增加农民负担。

(4)企业、社会组织、个人的捐资

2.经营性公路投资主体

对经营性公路项目的投资,主要体现公路建设项目的基础性和竞争性。中央政府允许并鼓励各行各业、各种经济成分对经营性公路投资。《中华人民共和国公路法》第二十一条规定:“……国家鼓励国内外经济组织对公路建设进行投资。开发经营的公司可以依照法律、行政法规的规定发行股票、公司债券筹集资金”。公路建设投资主体的多层次主要是表现在经营性公路项目上。经营性公路的投资主体包括:

(1)政府投资主体

各级政府通过预算拨款、政策性收费和交通规费所筹集的资金,除用于非经营性投资项目外,也可作为资本金,成立公路建设投资开发公司。公司按照国家制定的产业政策、投资政策及交通发展规划,对公路投资资金进行统筹安排、分级经营、分成回收、滚动发展。对于高等级公路建设收费项目的经营性投资资金,全部实行有偿使用。

公路建设投资开发公司按公路法的要求组建和运行，具有独立法人资格，建立投资风险和投资约束机制，明确其责、权、利的关系。

公路建设投资开发公司对各级交通部门注入的资本金承担投资建设、经营管理、收回投资本息及增值的责任风险。增值部分按一定比例上缴各级交通管理部门，用于新的公路建设项目，其余部分除按规定留成后，进入公司资本金，增加公司再投资的实力。

在与其他经济成分(包括外商)联合投资筑路修桥，或以原有旧路入股合作时，经产权界定、资产评估，公路建设投资开发公司以企业法人的资格代表交通管理部门参股，成立相应的董事会，共同进行建设、经营、管理及收益分红。

公路建设投资开发公司的资金来源，除政府投入外，主要靠银行贷款及市场融资。当然，公司承担贷款和市场融资的还本付息责任。

(2)企业投资主体

随着经济的发展和企业实力的增强，公路建设日益成为企业投资的一个热点。另外，政府也常常制定一些鼓励企业向公路建设投资的优惠政策，例如，地方政府拨土地给企业开发，鼓励企业向公路投资；政府为了建设某条公路，拍卖公路沿线的土地使用权，并将建设该条公路的投资作为附加条件等。这些做法在全国各地已多有尝试，吸引了不少企业资金向公路投入，企业已成为公路建设中的一个重要的投资主体。

(3)外商投资主体

近几年来，外商对公路等交通运输基础设施的投资发展很快，投资项目涉及到公路、桥梁、机场、港口等，投资规模不断扩大，投资的形式也很多，有借贷款、有入股、有购买公路收费权、有合资开发等。外资已逐渐成为补充公路基础设施建设资金的重要来源。

(4)其他投资主体

随着我国经济的发展，人民生活逐渐富裕起来，我国城乡居民的个人储蓄已达到数万亿人民币，这些都是公路建设的重要潜在资金来源。

二、我国公路投资结构分析

所谓公路投资结构，就是不同渠道对公路建设投资数量在总投资中所占的比例。从投资结构分析中，可以得出划分各类投资主体的合理负担规律，形成符合我国国情的公路交通业行特点的多元化公路建设投资格局。

在各种交通基础结构的投资建设中，公路比铁路的改革步伐迈得更快。

公路建设投资的特点是政策好、投资机制更灵活。"七五"以后,公路建设速度明显加快,一方面是各级政府和人民群众形成"要想富,先修路"的共识,另一方面是正确贯彻了中央"统筹规划、条块结合、分层负责、联合建设"的方针。中央政府负责国道的统一规划,省(市、自治区)以下各级政府负责省、市、县、乡公路的规划,公路建设和管理以地方为主,中央政府以征收的车辆购置附加费为资助手段,与地方政府一起对辖区境内国道等公路项目"拼盘"投资,再加上采取必要的扶持政策,充分调动了各级地方政府和群众建设公路的积极性,形成全国性筑路高潮。

据交通部统计,"七五"期间我国公路建设投资结构如表 6-1。

"七五"期间公路建设投资情况 表 6-1

	总投资	中央财政	交通部投资	地方政府	其 他
金额(亿元)	228	11	96.4	114	6.6
比 例(%)	100%	4.8%	42.3%	50%	2.9%

注:①交通部投资中有 4%是向世界银行等国外金融机构借款,由中央政府担保偿还;
②地方政府投资中有 10%是向国内银行借款,由地方政府担保偿还。
资料来源:交通部财务司。

由表中可以看出,地方政府对公路建设的投资,"八五"比"七五"增加了近 13 倍(表 6-2),在总投资比例上达到 80%以上,成为公路建设资金的主要来源。

"八五"期间公路建设投资情况 表 6-2

	总投资	中央财政	交通部投资	地方政府
金额(亿元)	1600	26	174	1400
比 例(%)	100%	1.62%	10.87%	87.5%

注:地方政府投资中包括国内借款和部分国外借款,均由地方承担偿还职责,还包括由发行股票、债券等形式的其他投资,因由地方实际操作,故列入该项,这部资金大约占 15%左右。
资料来源:同表 6-1。

进入"九五"之后,我国公路建设资金结构又出现一些新特点,下面以 1997 年和 1998 年的资料加以分析,如表 6-3 和表 6-4 所示。

1997、1998 年公路建设资金来源情况 单位:亿元 表 6-3

	国家投资	国内贷款	利用外资	部专项资金	企事业自筹	地方自筹	以工代赈	其他资金	本年投资合计
1997	9.5	168	82	119.6	10.9	655.9	5.6	204.2	1256.1
1998	168.3	773.4	109.9	117.7	38.5	786.7	11.7	125.7	2131.8

资料来源:交通部《全国交通统计资料汇编》——交通固定资产投资完成情况。

1997、1998 公路建设资金结构比较 表 6-4

	国家投资	国内贷款	利用外资	部专项资金	企事业自筹	地方自筹	以工代赈	其他资金
1997	0.76%	13.4%	6.6%	9.5%	0.87%	52.2%	0.45%	16.3%
1998	7.9%	36.3%	5.1%	5.5%	1.8%	36.9%	0.5%	5.9%

资料来源:同表 6-3。

进入“十五”之后,我国公路建设投资规模进一步加大,在公路投资结构中,形成以国内贷款和地方政府自筹为主要来源的两大亮点,两项合计达全部投资的四分之三以上。以 2001 年和 2002 年为例,具体数据见表 6-5 和 6-6 所示。

2001、2002 年公路建设投资情况(亿元) 表 6-5

年份	国家预算内	国内贷款	利用外资	部专项资金	自筹及其他	到位资金合计
2001	256	1048	82	249	912	2547
2002	204	1163	78	297	1255	2997

资料来源:交通部 2002 年公路、水路交通运输统计公报;交通部 2003 年公路、水路交通运输统计公报。

2001、2002 年公路建设资金结构分析(%) 表 6-6

年份	国家预算内	国内贷款	利用外资	部专项资金	自筹及其他	到位资金合计
2001	10.1%	41.1%	3.2%	9.8%	35.8%	100%
2002	6.8%	38.8%	2.6%	9.9%	41.9%	100%

资料来源:同表 6-5。

从上面数据分析可知:

①地方政府投资从“七五”到现在都一直占主要地位。表中所列地方自筹的公路资金主要由养路费及地方其他各种形式规费构成,也包括地方政府的财政拨款。1997 年地方自筹占整个公路建设资金的 52.2%,1998 年为 36.9%,2001 年为 35.8%,2002 年为 41.5%。地方自筹与以工代赈、国内贷款、利用外资及其他资金(多数为地方性投资)相加构成地方政府投资,占总投资的 70%~80%。

②另一个公路建设资金得到的主要渠道是国内贷款,其所占公路建设资金的比重迅速上升,1997 年为 13.4%,此后,贷款修路数量猛增,成为我国公路建设资金的主要来源。1998 年达到 36.3%,2001 年为 41.1%,2002 年为 38.8%,连续 6 年保持在 40%左右的水平。它们主要是由省级政府出面贷款的,贷款抵押主要是过路费收入、公路养路费等规费。费改税后,地方政府失去了以养路费或其他收费做担保的基础,公路建设贷款资金将会受到一定影响。

③部拨专项资金主要来源是汽车购置附加税。占整个公路建设资金的5%～10%，也是公路建设稳定的资金来源。

④国家投资(此处指中央财政拨款)，也称为国家预算内拨款，其中包括中央政府对公路建设投入的国债资金，其资金数量所占比重较小，1997年为9.5亿元，仅占当年公路总投资的0.76%。自1998年起，国家为拉动经济增长，对公路建设投资比1997年显著增加，当年投入168.3亿元(主要是国债投入)，占总投资的7.9%，2001年和2002年分别为256亿元和204亿元，占总投资的10.1%和6.8%。

⑤利用外资。由于种种原因，改革开放以来，公路项目利用外资一直未获得实质性进展；直到1995年，国家计委、国家经贸委、外经贸部发布的《外商投资产业指导目录》明确将公路、大桥和隧道的建设、经营列为鼓励外商投资产业，对引进外资到公路建设项目中来起到了良好指导作用。近10多年来，每年利用外资规模在50～100亿元，占投资规模的3%～5%。

三、对我国公路资金来源的分析

从前面对我国公路投资结构的分析，我们已经清楚了我国公路建设投资的主体，并由此在大体上了解了我国公路资金的来源。但是，投资主体和资金来源还不是一个概念，按照经济学原理，公路资金来源应当指公路建设资金最终由谁来负担，最终负担者便是公路的资金来源。例如，从1998年开始，我国公路建设投资中大约每年有40%左右的资金是国内贷款，但我们不能说银行是公路资金的来源，也不能说债务人——举债的交通主管部门是资金的来源。因为，最终这些债务还是要还给银行，而还债的资金如果依靠收取的通行费，则收费公路的使用者是这些资金的来源；如果还债资金依靠政府的财政拨款，则国家普通税收是公路资金的来源，负担者是全社会的纳税人。从这个原理出发，我们可以归纳我国公路资金的来源如下：

1.普通税收

前面表中列出的公路资金项目真正属于普通税收的是“国家预算内拨款”。它是由中央政府从财政收入(也包括由中央财政收入偿还的国债资金)中拨出用于建设公路的，它最终来源于全社会纳税人上缴给政府的税收。

“部专项资金”是由全国汽车消费者购买汽车时所缴纳的“汽车购置附加税”形成的。这部分资金专款专用，全部用于修建公路，从表面上看，它们是税收，但这部分税收并不是来自全社会的纳税人，而是来自购买汽车并上路行驶的人，即道路使用者。收费公路提供的通行服务，最终由汽车所有者享受。从这点出发,大多数国家把这部分资金归入“公路使用者”来源。

2.公路使用者

主要包括前面表中所列出的“自筹及其他”、“国内贷款”、“部专项资金”和“利用外资”中在公路建成后向公路使用者收取过路费的部分,不包括利用外资建设的农村公路,这些公路免费通行。

“自筹及其他”资金构成比较复杂,它主要包括:向汽车车主收取的养路费中用于公路建设的部分;地方政府向汽车所有者收取的其他道路交通规费(如公路建设基金、客货运附加费等);也包含一些地方政府财政投入;还包含政府的“以工代赈”投入等。上述资金来源大多数是道路使用者,也有少量来自一般的社会公众,如以工代赈就是来自一般的社会公众。

“利用外资”的构成也比较复杂。如果外资是国外经济组织投资我国公路建设,建成后收取通行费,国外经济组织除弥补自己的投入成本外还取得一定盈利,其实这部分资金的来源应当是公路使用者,因为归根到底公路建设资金由使用者负担。如果外资来自外国政府、外国金融机构建设了免费公路,而其偿还是由中央政府财政负担,其来源是普通税收;如果外资不需要偿还,其来源属于国外捐赠者。

世界上大多数国家是通过收取燃油税形成公路建设资金的,由于燃油税是汽车所有者缴纳的,所以燃油税形成的公路资金也应当归入公路使用者来源。

国内贷款建成的公路,在我国实行“贷款修路、收费还贷”的政策,毫无疑问其资金来源是公路使用者,无论国内贷款的债务人是谁,最终建设公路的负担都转嫁到了公路使用者的头上。

3.国内外社会经济组织和个人的捐赠

这部分公路资金来源很少,随机性较强,是公路资金的一项辅助来源。我国农村公路建设资金来源中,有一项“民工建勤”,即通过基层地方政府组织当地农民义务出工修建农村公路,或对农村公路进行养护,其义务工作量一般是在当地农民中实行平均分摊。由于是无偿的,这项资金来源也可以归入捐赠一类。

从上面分析不难看出,在我国,公路使用者缴纳的各种税费实际上是公路资金最主要的来源。

四、国外公路建设资金来源简介

世界上许多国家为建设、养护和管理公路提供资金主要有三类来源渠道与筹措方法。它们是:①普通税收;②公路使用者税收;③对某些特定公路收取通行费。上述三类方法是大多数国家最常使用的。

1.普通税收

对于使用普通税收建设公路,各国政府、经济学界及民众的一致观点是:由于公路的社会公益性,在一定范围内使用一定量的普通税收修建公路是合理的。

美国地方道路的投资,主要依靠当地的普通税收。当然,各国在选择普通税收作为公路资金时,也多选用那些与公路发展受益关系最密切的税种,例如,财产税、土地增值税等。许多国家也有统一从地方税收中划出一定比例作为道路发展基金的,这是因为,道路对本地经济具有很大推动作用及贡献,如美国地方普通税收对公路投资占地方公路资金的58.7%(1994年),而其中从地方税收入中划出的公路发展基金占地方公路总资金的13.7%(参考表6-7)。

1994年美国地方政府公路资金来源及构成　　表6-7

来源项目		金额(10亿美元)	百分比(%)
道路使用者税收	燃油税及车辆税	1.33	3.8
	过路费	0.54	1.5
	小计	1.87	5.3
地方普通税收	地方普通税收财政拨款	9.64	27.2
	财产税及特别评估税	4.83	13.7
	其他地方专门税收	2.03	5.7
	杂项	4.28	12.1
	小计	20.78	58.7
公路债券	发行新债券	3.11	8.8
	扩大发行债券	0.12	0.3
	小计	3.22	9.1
州政府及联邦政府拨款	州公路使用者税收拨款	7.46	21.1
	其他州拨款	1.38	3.9
	联邦公路管理局拨款	0.28	0.8
	其他联邦机构拨款	0.39	1.1
	小计	9.51	26.9
总计		35.38	100.0

注:美国的“地方政府”概念只包括市、县级政府,不包括州政府。

资料来源:联邦公路管理局《1995年公路统计》(1997年1月)表LGF-1,P.IV-99。

2.公路使用者税收

大多数国家以征收公路使用者税收作为公路资金主要来源，尤其是作为国道和干线公路的主要资金来源。从国外公路税收实践来看，公路使用者税大致上分为：①汽、柴油及汽车轮胎、配件材料与易耗品的消费税；②汽车购置税；③车辆使用税，包括车辆登记、牌照、汽车重量（单轴及整车重量）、汽车驾驶员执照等税种。这些税收中，燃油税的比重最大，一般占60%～80%。

在公路使用者税中又以燃油税为其主要来源，这种状况可以概括成两个70%，即平均公路使用者税占总公路资金的70%，燃油税平均占公路使用者税的70%，这反映多数国家公路资金的一般构成状况。

我国公路使用者税包括许多类别，大体上可划分为三类：①汽、柴油、汽车用酒精燃料、润滑油及汽车轮胎、配件、易耗品的消费税；②汽车购置税；③车辆使用税，包括车辆注册、牌照登记、重车辆税、汽车驾驶执照税等。（表6-8列出1996年23个国家燃油税占油价百分比）。

1996年典型国家燃油税占油价比例　　表6-8

顺序	国家	税为油价的（%）	备注	顺序	国家	税为油价的（%）	备注
1	法国	82.8%		13	西班牙	70.4%	
2	瑞典	80.1%		14	卢森堡	70.3%	
3	英国	79.4%		15	挪威	69.4%	
4	荷兰	76.4%	1995年资料	16	土耳其	68.9%	
5	德国	76.4%		17	奥地利	68.6%	
6	秘鲁	76.0%		18	爱尔兰	67.6%	
7	意大利	75.7%		19	澳大利亚	59.7%	
8	葡萄牙	75.5%		20	日本	50%	
9	芬兰	75.1%	1995年资料	21	新西兰	47.7%	
10	希腊	74.1%		22	加拿大	45.5%	
11	瑞士	73%		23	美国	29%	
12	丹麦	73%	1995年资料				

资料来源：《中国公路》1998年8月。

3.公路通行费

第二次世界大战之后的20世纪40年代后期和20世纪60年代，世界上主要的资本主义国家一度兴起建设收费公路之风。当时兴起收费公路的原因是，二战以后为恢复经济，急需大量投资建设公路，随着资金需求大增，政府没有能力通过正常税收渠道筹集足够公路资金；公路使用者税收也不足以支付公路资金需求。

进入 20 世纪 70 年代之后，在公路使用者税收收入增加和许多公路偿还完债券本息的情况下，收费公路建设降温。例如美国，1975 年有近 3680km 收费高速公路并入州际公路系统，成为免费公路。美国收费公路随着公路建设的大发展而兴起，并随着现代化高速公路网的建成而下降，许多国家都存在相同的规律。

到了 1991 年，美国联邦又出台鼓励私人资金投入公路的政策，其主要目的有两个：一是美国州际公路系统在使用了 10 年之后普遍破损，都先后进入大修期，有些不适应新增交通量的路段需要重建，这种状况促使美国联邦公路资助计划实施 4R 项目，这些项目需要大量资金，美国政府为了扩大资金来源，又推出鼓励私人投资公路的政策；二是想通过私人企业的示范作用提高公路使用管理效率。

表 6-9 介绍了美国公路资金来源及构成。从表中看出，1994 年，美国收取过路费收入共计 38.4 亿美元，只占全部公路总资金的 4.2%，过路费收入仅起到辅助作用。

美国公路资金来源及构成（1994 年） 表 6-9

来源及收入		金额（10 亿美元）	百分比（%）
公路使用者税收	联邦政府	15.83	17.3
	州政府	34.39	37.7
	地方政府	1.33	1.5
	小 计	51.55	56.5
过 路 费		3.84	4.2
从普通税收拨款		12.43	13.6
财 产 税		4.83	5.3
其他专门税收		4.33	4.7
杂 项		7.03	7.7
债 券		7.30	8.0
总 计		91.31	100.0

注：①杂项栏目收入中包括信托基金利息收入；

②债券收入中不包括短期借款及扩大发行债券。

资料来源：联邦公路管理局《1995 年公路统计》（1997 年元月），表 HF-1，P.IV-13

第三节 我国高速公路领域引进非公有资本的操作实践

如前所述，改革开放以来，我国在公路交通建设上取得巨大的成就，已初步形成一套有效的公路建设投资与融资管理体制。各地政府结合当地特点，创造了不少很好的引进非公有资本，解决公路建设资金短缺的有效办法。正如交通部张春贤部长在2004年全国交通工作会议上说的："我国是当今世界上交通融资活动最丰富、实践最多的国家。这在其他国家是很少见的"。

对于政府(包括中央政府和地方政府)投资，上节已进行了分析，本节不再赘述；对于以政府部门做担保的借款和贷款建设的高等级收费公路，无论借款人是谁，由于形式比较单纯，且已为社会所共识，本节也不再重点介绍。下面以理论与实践相结合的形式，简单介绍我国引进非公有资本进入高速公路领域的一些具体做法，主要有项目融资、收费权有偿转让、证券市场融资和公路BOT投资几种方式的原理。

一、高速公路项目融资

这里的项目融资指的是不需要政府以任何形式的担保，由业主(一般是独立经济法人的高速公路公司)在金融市场(包括国际金融市场)为高速公路建设项目筹措资金的方式。

与政府向国内外金融机构借款与贷款不同的是：高速公路项目融资完全是企业行为，按市场规则运行。每个公路建设项目必须由若干个公司(包括国外公司)共同成立专门经营该项目的新公司，它是一个独立的经济实体，在这个实体中，牵头的公司称为主办人。在这个实体所经营的高速公路项目中，主要的参加者有6个方面：

1.主办人

负责督导该项目计划落实的责任，是主办该项目建设的政府的企业或代理组织。

2.项目公司

由主办人吸收其他企业(通常包括外商)参加，共同组成的针对该公司项目的经济实体，它为该项目筹措资金并经营该项目，例如广深珠高速公路有限公司。

3.贷款人

指为项目贷款的国内外信贷机构和国际金融组织，通常情况下表现为各金融机构为特定项目联合组成的银团。

4.担保人

指贷款人和主办人之外的第三人,对项目的完工和债务偿还等方面进行担保。担保人按担保的类别、范围不同可以细分,如差额垫支担保人、政治风险担保人等。

5.供应人

指按计划提供原材料和设备的供应商。有时原材料供应会直接影响项目贷款,所以供应人通过提供延迟付款可直接参与项目融资。

6.托管人

托管人负责收取和保管项目的收益,并保证在贷款未还清前,项目主办人不得动用该款项。其职责是:从项目的收益中直接接收所有费用;为贷款人的利益保管这些款项。

在高速公路的项目融资中，贷款人要承担项目的风险，但风险则仅限于该项目而无追索权。还款来源是该项目产生的收益，也就是限于该项目本身。在风险赔偿中，可以追索的有关项目资产包括三个方面：第一是项目形成的所有资产；第二是项目建成后的收益和权益；第三是发展商与其他股东与贷款人在合同中约定承担的义务和风险，以及所做出的承诺义务等。

广东省广深珠高速公路是国内运用项目融资建设的一条重要高速公路。它最早于1987年签订合作合同,决定组建中外合作公司负责该公路项目工程建设组织及竣工后的使用及管理,并经省政府批准于1988年注册成立广深珠高速公路有限公司。公司注册资本为7.02亿港元,折合人民币4.71亿元,合作期限为30年,合作期满后全部资产归中方所有。

广深珠高速公路是一条全封闭、全立交、六车道、设计时速为120km的现代化高速公路。该项目投资规模约12亿美元,由三个方面组成:

(1)港商自资投资15.6亿港元,当时等值约2亿美元,其中注册资本7.02亿港币(除2000万元人民币折0.42亿港元不计息外,其余6.6亿港币建设期计单利、期后计复利),股东甲项贷款3.51亿港元用于支付第一期工程费用,股东乙项贷款即资本化利息贷款5.07亿港元。

(2)港商以其香港股权抵押,组织国际银团贷款,包括循环贷款0.8亿美元,港商则以该项目资产权益作抵押。

(3)中方负责协助项目有限公司筹集国内征地拆迁专项人民币贷款5.5亿元,约值2亿美元(含建设期利息)。

上述贷款本息、注册资本回收及收益均从公路项目营运后收取的过路费及服务费收入中偿还,偿还期10年。根据贷款协议规定,国际银团贷款从 1994 年 7 月开始支付利息,每季付息一次,利息率按伦敦银行同业拆息加 1.5 个百分点;1995 年 4 月以后开始还本,每季还本一次,二、三、四季度每季还本 1000 万美元,1996 年开始增加,到 2002 年上半年还清。国内银行贷款从 1994 年 7 月起开始还本付息,每月一次,1998 年还清。股东贷款本息及注册资本回收,在足够偿付银团贷款和国内银行贷款本息以后的余额才可偿付,没有期限限制。国际银团的美元贷款偿还担保由某国际信托投资公司承担差额垫支担保 70%,港方公司承担差额金额垫支担保 30%。偿还次序为:第一,国际银团贷款利息;第二,公司贷款利息;第三,银团贷款本金;第四,公司贷款本金;第五,股东贷款利息;第六,股东贷款本金;第七,注册资本乙项贷款;第八,注册资本甲项贷款。偿还完所有贷款后盈利按以下比例分配:前 10 年中方 60%,港方 40%;后 20 年中方 70%,港方 30%。

该项目于 1994 年 7 月全线通车。尽管该高速公路在建设过程中出现一些问题(这是在没有经验的条件下,探索改革过程中难免的),但最终还是达到了项目融资的目的。

在高速公路项目融资中,中方入资的方式方法并不局限于向国内银行借款一种形式。还有将辖区原有公路作价抵充入资资金,这一般用于对这条旧公路的改造或同方向新路建设的项目。也有地方政府将公路建设与土地开发相结合,指定出让公路沿线或某特定土地开发权与外商合作建设高速公路,这实际上是以土地或土地使用权抵充资金入股,有的地方把这种办法称为“以地换路”。

二、公路收费权有偿转让

交通部在 1994 年 7 月发布的《关于转让公路经营权问题的通知》中规定:“为了筹集公路建设资金,加快公路建设发展速度,国家允许外商或国内非交通管理部门独资、合资建设和经营公路,对已建成的收费公路允许有偿将经营权转让给外商或国内非交通管理部门。”这是我国政府首次正式规定同意实施公路经营权的有偿转让。1997 年 7 月 3 日第八届全国人民代表大会第二十六次会议通过的《中华人民共和国公路法》第六十条规定:“有偿转让公路收费权的公路,收费权转让后,由受让方收费经营。收费权的转让期限由出让、受让双方约定并报转让收费权的审批机关审查批准,但最长不得超过国务院规定的年限。”(这里使用的称呼是公路收费权,其含义与公路经营权是一致的)。这就是在我国通过经营权转让进行公路建设融资的法律依据。

例如,从 1994 年到 1999 年 8 月底,我国已实施公路经营权有偿转让项目 85 个,其中包括大型桥梁经营权的有偿转让。

表6-10中给出了我国从1994年到1998年公路收费经营权的转让情况。

公路收费经营权转让情况

表6-10

年份 项目	1994	1995	1996	1997	1998
转让项目数	8	5	21	45	6
占全部转让项目百分比	9.4%	5.9%	24.7%	52.9%	7.1%

注:1998年数据为当年1~8月统计。

资料来源:交通部财会司。

上述85个项目分布在全国25个省、市、自治区。其中外商独资7个,中外合资4个,合作经营74个,转让合同(协议)达260亿元。从转让的路桥类别来看,有高速公路项目22项,占全部项目的25.9%;一级公路28项,占32.95%;二级公路24项,占28.2%;桥梁隧道有11项,占12.95%。

公路收费权有偿转让是个法律性和政策性很强的工作,为了使这项工作规范化、法制化,并防止国有资产的流失,特别要注意以下几个问题:

1.转让经营权公路路段的选择原则

一般来说,交通流量大,经营效益好的路段,容易达成协议。

转让高速公路收费权路段的选择,必须结合当地社会经济发展状况、公路网布局现状、全省收费公路收入、支出情况以及负债等情况综合考虑。要以实现本省公路建设全面、协调和可持续发展为出发点,既考虑眼前资金需要,又考虑以后的可持续发展;既要以积极的态度大胆引进非公有资本,又要降低成本,优化资金组合;既要加快发展,又要保护消费者的利益,有效避免国有资产流失。另外,要注意在转让过程中,改变个别谈判和个案操作方式,采用公开规范的招投标,实行阳光操作,通过市场竞争和公平、公正、公开的运作,来决定公路收费权的授予者。

2.公路收费权的转让期限和转让价格

世界上许多国家都曾实施过公路、桥梁的特许经营,其经营期限从9年到40年不等。我国政府规定公路的特许经营期最长不得超过30年。

公路的等级不同、规模不同,更主要的是交通流量不同,确定的转让期限也有差异,但它们大体上都遵循相同的经济标准,即以转让公路测算的投资回收期为主要参考,同时参照资产评估机构对该公路的评估价格进行确定。一般来说,确定公路经营权转让年限,可采用两种方法:一是计算投资回收期再加商定的盈利期作为转让期限的方法;另一个是双方达成共识的合宜投资收益率计算法。

(1)计算投资回收期加盈利期法

以公路项目可行性论证研究中计算的投资回收期再加上一个盈利期(如5年)作为特许经营转让期。例如,某高速公路投资回收期为13年,盈利期 5 年,则特许经营期可定为 18 年。

(2)合宜投资收益率法

以一个合宜的、双方都接受的投资收益率为折现率,把投入使用后的各年预测收费收入向基年折现,计算动态投资回收期,并以此作为特许经营期限。这里的所谓合宜投资收益率由双方商定,一般高于同期金融市场利息率。

假定选择的合宜投资收益率为 i,第 t 年的收费收入为 B_t,经营成本为 C_t,初始投资为 I,则特许经营期 T 可通过下式求得:

$$\sum_{T=1}^{n}(B_t - C_t)(1+i)^{-t} - I = 0$$

利用上述计算方法算得的经营期只是提供参考依据,实际确定特许经营期时情况要复杂得多,每一个公路经营权有偿转让项目,几乎都是要经过反复协商,最后才能达成协议。

公路经营权的转让价格是转让活动中的核心问题之一。我国《公路法》第六十一条规定:"……前款规定的公路收费权出让的最低成交价,以国有资产评估机构评估的价值为依据确定。"一般来说,我国劳动力较便宜,投入要素中大多数的原材料价格也相对不高,因此,我国高速公路造价相应也低于其他发达国家。另外,我国各级政府为了鼓励公路事业发展,制定了不少优惠政策,如免交相应税费,征用土地优惠等,这些因素也直接影响了高速公路的成本,所以公路经营权出让价格一般高于高速公路的实际财务造价。《公路法》规定经营权的最低成交价,要以国有资产评估机构的评估价格为主要参考依据是合适的。

三、证券市场的融资方法

《中华人民共和国公路法》第六十条规定:"国家鼓励国内外经济组织对公路建设进行投资。开发、经营公路的公司可以依照法律、行政法规的规定发行股票、公司债券筹集资金。"这对我国发行股票、债券为公路建设提供资金来源提供了法律依据。

在公路建设中,吸收外商直接投资、借用外国政府和金融机构的贷款,虽然可以有效地解决建设资金不足的问题,但也有汇率风险大、还本付息压力重、筹资方式不够灵活等不足之处。随着我国社会主义市场经济的建立和不断完善,国内股票市场也已形成,运用股票市场融资,有可能成为我国高等级公路建设筹资的一个重要手段。运用股票市场融资、筹资效率高,成本相对较低,可以实现风险共担,同时也可以减轻公路建设企业的负担。目前,我国高速公路通过股票市场筹集资金主要有两种形式:一种是境内上市 A 股和境内上市 B 股,B 股是境外投资者用外汇买卖的境内上市股票;另一种是直接在香港股票市场上市的 H 股。

截止2003年底,我国共有18家高速公路公司上市,通过发行股票融资净额达262亿元人民币。其中,在香港发行的H股筹集资金116.4亿港元,约占总筹资额的46%,具体情况见表6-11。

公路上市公司情况表(截止2003底止) 表6-11

上市公司	发行时间	发行价格(元)	筹资额(亿元)	上市公司	发行时间	发行价格(元)	筹资额(亿元)
华北高速A	1999.07	3.82	12.76	宁沪高速A	2000.12	4.20	6.15
东北高速A	1999.07	4.00	11.79	深圳高速H	1997.03	2.20	16.85
厦门路桥A	1999.04	5.53	5.07	深圳高速A	2001.11	3.66	5.86
现代投资A	1998.11	10.45	8.17	沪杭甬高速	1997.05	2.38	36.85
延边公路A	1997.05	3.60	1.02	皖通高速H	1996.11	1.77	9.30
延边公路A	1999.01	5.30	1.18	皖通高速A	2002.12	2.20	5.50
海南高速A	1998.01	5.92	4.14	成渝高速H	1997.10	1.55	14.14
粤高速B	1996.07	3.80	4.84	赣粤高速A	2000.04	11.00	12.99
粤高速A	1998.01	5.41	5.28	五洲交通A	2000.12	5.48	4.38
粤高速A	2000.08	11.00	7.97	福建高速A	2001.01	6.66	13.05
重庆路桥A	1997.06	5.40	4.74	山东基建A	2002.03	2.60	13.13
宁沪高速H	1997.06	3.11	39.26	中原高速A	2003.08	6.36	17.28

注:H股发行的货币单位是港元。

资料来源:①中国证券报公布的各年中期财务报表;

②相关高速公路上市公司网站。

根据高速公路新建和已建成两种情况,实施高速公路股份制及上市发行股票的方法和基本程序有两种。对于新建高速公路,其具体操作步骤是:按照《公司法》的要求,由几个发起人共同拟定发起人协议、章程等,经有关部门批准和工商登记即可成立有限责任公司或股份有限公司。资本金一般应在整个公路项目总造价的30%或以上,也可以按分期建设分段投资的30%作为首期资本金,以后按工程进展分期追加资本金。这样高速公路就可以按股份制进行筹资、建设和营运。而对于已建成的高速公路进行股份制改造则比新建项目要来得复杂,但原则上也必须按照《公司法》的规定进行。一般来说,具体有以下四个步骤:①准备阶段。首先要组建高速公路股份制改造班子,负责拟定改制总体方案,选择中介机构,开展财产清查评估立项,并申请获得股票上市指标。这一阶段的最主要目的是申请得到股票上市指标,但也要注意选择好中介机构,尤其是要选择好的主承销商和好的律师。②企业重组和预测、确定企业重组构架、拟定股票发行方案阶段。在确定企业重组方案后，要分别就资产及土地评估确认，国有股管理方案、税务等取得国家、省有关部门的正式批文。正式批文颁发后，就可以办理工商登记手续并召开公司创立大会。③股票发行和上市阶段。正式向中国证监会提出发行股票及上市的申请，获得批准后，即可向证券交易所申请发行股票并上市。这个阶段的关键是与主承销商制定股票发行方案，包括价格、配售比例、推介路线等。④上市后的运作阶段。就是按照《公司法》的要求，完善机构，制定规章制度，做好股票运行监控及募资所投项目的管理。上面所述的境内股票市场上市及海外股票市场上市，基本上都要按照这四个步骤操作。

四、公路 BOT 投资方式

如果仅从融资角度来说，BOT 方式是典型的融资方式，即把项目资产(包括项目合同内制定的各种权利)作为抵押，并把项目的预期收益作为偿还债务的最主要来源。这种融资方式相对于传统的信誉融资(如主权国政府借款)、担保融资或实物抵押融资具有更大的风险，供款方对借款方的追索是极为有限的(仅能追索项目公司的股本资本)。同时，该借款并不在借方的资产负债表中显示出来，也不影响其财产拥有或原公司信誉。因此，BOT 项目融资也常称为资产负债表外融资或有限追索融资。

利用 BOT 方式进行基础设施建设在世界上一些国家取得成功。在我国，由于多种原因，利用 BOT 方式进行基础设施建设采用较晚。

1998 年 11 月，为了促进 BOT 投资方式在我国公路建设领域的应用，交通部与香港政府在北京举办了公路 BOT 投资方式国际研讨会，国内外一百多家单位和企业参加了会议，几家成功实施公路 BOT 项目的政府机构(包括香港公路署)和企业介绍了他们的经验，几个省级政府交通主管部门介绍了本省公路建设的形势，推出了他们愿意招商引资实施 BOT 投资方式的公路项目。此后，我国公路 BOT 投资方式的应用进入实质性阶段。河北省交通厅以 BOT 融资方式实施京张(北京—张家口)高速公路河北段的建设。内蒙古自治区政府批准伊盟东方路桥集团投资 3.9 亿元，以 BOT 方式建设包府公路东扬段 73km 二级公路，并在 1999 年建设竣工。以后又以 BOT 方式建成或在建二级以上公路 511km 和桥梁 5 座，取得了成功。其他省也相继实施了一些 BOT 项目，可见，公路 BOT 投资方式在我国是有很好前景的。

采用 BOT 方式建设基础设施，对所在国政府来说，主要有以下优点：

(1)通过 BOT 方式，吸引国内外非公有资本，可以缓解政府建设资金来源不足，并且免去了政府借贷和还本付息的责任，减轻了政府的财政负担。

(2)由于公路等基础设施项目投资额巨大,整个建设和营运过程中都存在着较大的风险,采用BOT方式可将项目的风险转移到民营机构。

(3)国有大型基建项目建设超支是各国政府常常碰到的普遍现象。由私营机构以BOT方式承担项目运作,会比政府部门效率更高,尤其是发达国家的大公司参与项目,所在国不仅能获得先进技术、设备和管理经验,而且可以提高建设项目的设计和施工质量,还可以缩短施工期限,降低各种费用。

(4)BOT方式可以吸引国内外投资者向公路等基础设施产业合理化过渡,使之真正取得规模经济效益,实现基础产业发展的良性循环。

(5)项目公司可以集中具有一定实力的国际大公司共同完成项目,有利于缓解基础设施部门承担某些项目能力不足的矛盾。

但BOT方式也有一些不足之处:

由项目公司全权运作,至少在特许经营期内,政府不能拥有对基础设施建设项目的所有权和经营权;政府部门转移过来的某些风险将在较高的融资费用中反映出来,“高风险高回报”将使私营机构有可能得到十分丰厚的利润;BOT项目操作非常复杂,因此前期准备过程长,政府和项目公司投入的人力和费用比较多,项目运作的风险大,失败的机率也比较大;项目公司的投入资本主要来源于国内外银行,而收费为所在国的货币,项目建成后,会导致大量外汇流出,加重所在国外汇储备的压力。

由于各国的国情不同,也由于各个BOT项目自身的特点不同,因此不同BOT公路项目之间的实施也有较大差距,但其基本操作程序大致是相似的,主要有以下几个阶段:

1.第一阶段——项目确定

BOT公路项目的提出,可以是政府也可以是私营机构,但项目实施的决定权最终只能由政府作出。

2.第二阶段——项目发包

作为业主,政府发包BOT公路项目,选择项目发起人,通常采用两阶段公开招标方式或邀请招标方式。无论何种方式,在开标后政府都将与投标者就项目运作的具体细节进行谈判,直到双方签订特许协议。

3.第三阶段——项目融资

项目的融资方式,充分展示出BOT公路项目融资渠道多元化的特点:由项目发起人提供项目启动股本资金,通过银行贷款、发行各种有价证券和股票、承包人带资承包、政府贷款及政府参股等多种途径筹措项目建设资金,但主要资金来源于银行贷款。

国内各商业银行都可以向公路BOT项目贷款。例如,内蒙古几个BOT

公路及桥梁项目，就是向中国建设银行、中国农业银行、中国工商行等商业银行贷款的。

国际银团贷款，也称辛迪加贷款，是当前国际金融市场筹措中长期资金的主要途径，具有筹资金额巨大、期限较长、成本较高的特点。国际银团成员，包括国际著名的商业银行、各种基金协会（如保险基金、互惠基金等）和各国出口信贷机构。近几年，多边机构如国际金融公司（IFC）、亚洲开发银行（ADB）等也积极参与 BOT 项目的融资。

4.第四阶段——项目建设

公路 BOT 项目，其建设由承建商与项目公司签订总承包建设合同（均采用“交钥匙工程”的方式），总承包人或为项目公司股东，或为项目公司主要成员下属公司。在承建合同中应详细列明规定的项目价格、确定的开工、完工日期及预定的奖励及损失赔偿等。在具体实施过程中，总承包人把精力放在大桥、主干线的设计、施工上，而将项目的辅线或辅助工程（如收费站、沿途标志、护栏（柱）等）交给分包人去承担，或者总承包人为免去直接指挥现场施工的繁重工作，采用包工不包料而由总承包人统一供应的方式，将施工具体工作分包给能够提供全部劳务人员并能进行人员管理的当地公司，与其签订施工管理合同。分包人由总承包人通过公开招标的方式来确定。

5.第五阶段——项目营运

在项目营运期间，项目公司的主要任务是收取车辆通行费，对项目设施进行正常的养护维修及定期的大中修，并将收费收入按供款方的优先次序进行还债，收回股本，获得预期收益。

6.第六阶段——项目移交

在特许期结束后，项目公司将项目所有权移交给当地政府。移交也可能发生在其他一些情况下，例如：①项目公司在特许期限内违约；②由于不可抗力使项目建设或运营不现实；③由于政府违约或运营环境发生突变，使项目建设或运营不可行；④政府决定对项目进行实质性改造、扩建等。

特许期结束的正常移交，政府要向项目公司支付费用，这种支付不是基于项目移交时的公平价格，而是基于项目建成的技术规格。根据对项目性能的检查情况，确认项目是否恰当地维护且仍在正常工作，可以对支付额进行调整。如果在特许期内项目公司成员所获的收入足以提供合理的产权投资利润，而项目维护得当，运作正常，那么移交时的支付是象征性的。如果在移交时，项目设施损坏较多，则视修复费用从项目公司的履约保证金中加以扣除。

移交标志着一个 BOT 公路项目的结束。

小　　结

高速公路是国民经济的主要交通基础设施,公路资金是建设高速公路及养护、管理高速公路的专用资金。在一个百业待举的发展中国家,加快发展国民经济,筹集大量资金用于高速公路建设是件两难的事情,作为政府,形成一套行之有效的高速公路投资与融资体制至关重要。

通过本章的学习,读者掌握我国改革开放之后公路建设投资与融资体制变革的过程,了解我国当前公路投资融资新体制的主要框架及内容,包括我国的公路投资主体、公路资金结构以及我国公路资金来源等。作为我国公路投资融资体制改革的成功经验,本章还介绍了在我国高速公路领域引进非公有资本的操作实践,包括项目融资、公路收费权有偿转让、证券融资以及 BOT 项目投资等。为了取长补短,本章还介绍了世界上其它国家公路建设资金的来源情况。

思考题

1.我国固定资产的投资按其性质和特征可划分为哪三类?高速公路的投资属于哪一类?

2.我国公路的投资主体都有哪一些?什么是公路投资主体结构?它有什么规律?

3.在公路资金中,结合实例说明来自公路使用者的渠道有哪些,并说明理由。

4.改革开放以后,我国在引进非公有资本进入高速公路领域方面进行了大胆的改革尝试,举例说明实践了哪些具体的做法。

第七章

高速公路的建设与养护

学习目标

为了做好本职工作,高速公路管理人员了解一定的高速公路建设与养护的基础知识是必要的。本章介绍了高速公路建设中的四项主要制度:项目业主法人制度、建设项目招标投标制度、建设项目合同管理制度以及工程监理制度。这四项制度既是高速公路建设领域的主要法规,也是广大公路建设工作者工作实践经验的总结。它们带动我国高速公路建设走上了科学化、法制化、规范化、透明化的轨道,保证我国高速公路建设事业的健康发展。

高速公路在频繁的使用过程中,其路面及桥隧设施、交通工程设施、监控通讯设施及其他辅助服务设施等,会因行车荷载的反复作用及环境因素的作用而逐步损坏,因此,在使用过程中,需要继续投入大量资金对各种设施进行维护,使它们经常恢复并保持设计标准的使用性能,这就是高速公路的养护。

高速公路养护要常抓不懈、常养不怠。要树立"公路建设是发展,公路养护也是发展,而且是更重要的发展"的理念,认识到搞好高速公路的养护工作,其实是多、快、好、省的对公路的投入,而重建轻养,等到公路坏了再修其实是最大的浪费。本章介绍了高速公路的质量检测和高速公路养护的主要内容,并且着重强调了高速公路养护的重大作用。

第一节　高速公路建设概述

随着我国社会主义市场经济体制的逐步形成,高速公路建设普遍实行了"项目业主法人制"、"招投标制"、"合同管理制"、"工程监理制"等建设管理制度，高速公路建设逐步走向了科学化、规范化、透明化的轨道。

我国的高速公路建设一般由部颁甲级设计证书的设计单位进行设计，具有国家一级资格的施工企业（持有高速公路工程施工许可证）进行施工，具有高速公路监理资格的甲级单位进行监理。即以国际通用的FIDIC土木工程合同为基础，形成以建设单位、施工单位、监理单位三方相互制约，以监理单位为核心的管理模式。这种模式与国内传统做法相比，建设各方的权利、义务和责任更为合理、明确，有利于建设各方克服随意性，增加合同意识，提高管理水平；有利于积累经验，促进建设项目管理向专业化、社会化的方式转变。在施工中按国际惯例实行监理工程师制度的京津塘高速公路、成渝高速公路、济青高速公路以及近期施工的各条高速公路，工程质量优良，管理井然有序，受到中外专家的好评。中国加入WTO后，我国将更多地引入国外公路市场先进的管理方式，与国际惯例接轨，随着我国公路建设的蓬勃发展，公路工程建设的各项制度将日臻完善。

回顾十几年来高速公路建设的发展过程，尽管取得了可喜的成就，但相对于国家经济建设的要求仍有很大距离，我国目前在高速公路的规划设计、建设经验、经营管理及配套设施等方面，与世界发达国家相比还有一些差距，同时已建立的制度也需要一个经受实践检验的过程。为了今后高速公路取得更好的建设效果，针对目前存在的一些问题，今后应注意以下几个方面：

（1）在建立和完善我国道路立法的同时，针对高速公路的特殊性，应制订和健全相应法律条例，对高速公路建设、开发和管理等进行全方位立法。做到有法可依，以保证我国高速公路建设和管理步入规范化健康发展轨道。特别是在目前情况下，要尽快理顺高速公路管理体制，建立集中、统一、高效、特管的管理模式，利用科学的管理手段和方法，保证现代化设施的正常运转和充分发挥其效能。

（2）在高速公路规划设计和建设中应重视和处理好与区域内相关道路网的衔接配套。这将直接影响到高速公路今后对交通量的吸引和建设效果。同时在今后的规划设计中应充分考虑沿线地区土地的开发利用，使建设与开发一体化，同步进行。

（3）加强建设项目的后评估，搞好项目的跟踪管理，重视对项目实施效果的评价，及时总结和宣传高速公路所带来的经济效益和社会效益，让社会更多更好地了解高速公路，理解高速公路，支持高速公路。广泛地听取道路用户及沿线地方行政部门的意见,及时改进和完善道路的服务功能和服务质量,提高服务水平,更好地满足用户需要,以服务创效益。

(4)进一步加强高速公路经营模式的政策及理论研究,探讨适合我国高速公路发展的经营模式,从以往的建设与经营管理分离的模式逐步转变为建设发展、经营管理、开发一体化的模式,制定相应的政策,使之既便于国家宏观管理控制,又能结合当地及项目自身的具体情况进行管理,尤其是对跨地区和省市的高速公路经营管理模式,随着今后高速公路的发展延伸,路网的逐渐形成,将进一步突出。在保证国家总体利益的前提下,如何协调各省市地方的效益,又能发挥道路的整体效益应予以高度重视,进行深入的研究。

(5)要加强高速公路建设质量的管理,高速公路建设质量直接与日后的运营效益相关联。公路建设是百年大计,必须严格基建程序,认真执行监理制度,确定合理工期、合理造价,严格施工队伍,规范材料标准及质量,充分利用高科技、新技术,做到技术和经济相结合,逐步缩小我国高速公路建设水平与国外的差距。

(6)因地制宜、实事求是地加快高速公路的建设步伐。我国高速公路的发展仍然跟不上公路交通量增长的需要,21世纪我国经济的发展对高速公路的需求将更大。面对这一实际,各地在高速公路规划和建设中一定要因地制宜、实事求是,既要保证大发展,又不能盲目攀比,盲目超前,要科学决策,正确处理投入与产出的关系,做到经济合理,把有限的资金用在刀刃上。

第二节　高速公路建设制度

一、建设项目业主法人制度

凡列入国家和地方基本建设计划的公路建设项目必须实行项目法人责任制度,由项目法人对建设项目负总责。公路建设项目法人分为经营性公路建设项目法人(依法投资建设经营性公路项目的国内外经济组织)和公益性公路建设项目法人(非经营性公路建设项目法人)。经营性公路建设项目应依法成立有限责任公司或股份有限公司,对建设项目筹划、资金筹措、建设实施、运营管理、债务偿还和资产管理全过程负责。公益性公路建设项目应明确或组建项目法人,根据交通主管部门授权,对建设项目筹划、资金筹措、建设实施全过程负责。

项目业主法人制度,在此指由工程咨询方面专家为主组成的实体,通过竞争当选并与建设单位签订合同,以业主名义行使项目管理职能的一个机构。这一管理模式结构如图 7-1 所示。

图 7-1 项目业主法人管理模式结构图

作为投资主体的建设项目业主,既是资金的持有人,又是建设项目的所有者,他虽然不是工程项目的直接操作实施者,但按照项目业主法人制的原则,业主不仅要负责从项目的决策到竣工交付使用的全过程管理,还要对项目建设的成效及运行效果负责,在整个建设项目管理中处于核心地位。

项目法人如委托中介机构对项目进行建设管理,必须按项目管理权限报交通主管部门核备。项目可行性研究报告批准后,应正式成立或明确项目法人,在初步设计批准前,按项目管理权限报交通主管部门审批。新组建的项目法人应依法办理公司注册或事业法人登记手续。项目法人机构设置和技术、管理人员素质,必须满足工程建设管理的需要,符合公路建设市场准入条件。

1.项目业主法人制的作用

(1)强化了业主单位的责任,有效地提高了项目管理效率和水平。实施业主责任制后,与业主单位签订“项目投资回报责任书”和“项目投资包干协议书”,业主单位还要分别与施工单位、监理单位、设计单位、设备供应单位等签订合同或协议,以合同契约为手段,实现对工程项目的管理和控制。

(2)通过工程项目招投标和投资包干,进行投资控制。实行业主责任制后,业主单位通过组织项目招投标,强化对投资的控制,提高了投资效果。在施工过程中,业主单位想方设法控制投资,可有效改变过去那种结算超预算、预算超概算的情况。

(3)由于业主单位创造条件主动管理,保证了工程项目顺利进行。

2.工程项目业主的主要职责

经营性公路建设项目法人应按照基建程序,履行以下职责:

(1)项目决策阶段的职责

①组织编写项目建设书或进行投资机会研究。

②自行组织或委托工程咨询单位进行项目可行性研究。

③编制项目实施计划和年度计划。提出项目目标,组织编制项目决策文件,确定项目建设方案的选取。

(2)项目实施阶段的职责

①依法选择勘察设计、施工、监理单位和设备、材料供应单位。业主应当根据建设监理制度的规定,并结合本单位的需求委托工程监理。有条件的地方提倡采用招标方式委托监理。对于已经委托设计监理的项目,选择勘察和设计单位,组织设计招标,商签合同,组织设计竞赛等,应在监理单位的协助下进行,最后由项目业主决策。

②提供建设基地。除了购置土地外,应做好拆迁工作,以及清除地上、地下障碍物,通水、通电、通讯、道路;提供工程现场及周围地区地下管网资料,办理承包方有关手续、证件、批件,公用设施保护与搬迁,移交测量用水准点和从标点,办理临时占地、占路等报批工作。

③组织施工招标工作。对于已经委托社会监理的项目,招标工作应在监理的协助下进行。但是关键问题要由项目业主决定。施工招标,项目业主必须坚持选择施工承包单位的标准;承建单位有符合国家规定的注册资本,有与其从事的建设活动相适应的具有法定执业资格的专业技术人员,有从事相关建设活动所应有的技术装备,有一定的从事相关建设活动的业绩等。

④向交通主管部门办理开工报告。

⑤项目业主必须向有关的勘察、设计、施工、工程监理等单位提供与建设工程有关的原始资料。原始资料必须真实、准确、齐全。原始资料是勘察单位、设计单位、施工单位监理单位赖以进行勘察作业、设计作业、施工作业、监理作业的基础性材料。

⑥根据工程承包合同作好业主方的材料和设备采购工作。由业主采购的材料和设备应在承包合同中规定。业主供应材料设备的,双方应当约定供应材料设备一览表;按一览表约定的内容提供材料设备,并向承包人提供产品合同证明,对其质量负责。

⑦筹措建设资金,履行货币支付义务。筹集建设资金,按合同协议的约

定支付方式和付款办法，按时按量提供给工程承包单位、材料和设备厂家、社会监理单位及其他有关勘察设计单位的付款。

⑧按照合同约定，对工程质量、进度、投资、安全生产和环境保护进行监督管理，审查施工组织设计、重要施工工艺和标准试验以及工程分包等事项，保证工程处于受控状态。

⑨协调与工程项目有关各方的关系。在委托工程监理的情况下，工程项目的协调(包括与承建单位的协调及与材料设备厂家的协调等)工作应主要由监理工程师承担。但是，作为业主应是重要的协调方。

⑩接受交通主管部门和公路工程质量监督机构的监督检查，按时报送项目建设的有关信息资料；执行国家档案管理规定，建立健全建设项目的所有档案。

(3)项目竣工阶段的职责

①及时组织有关单位共同参与交工验收，做好竣工验收的准备工作。在监理单位的协助下，办理工程结算和编制工程决算，并做好保修阶段的有关工作。

②组织项目后评价，提出项目后评价报告。

③按照有关技术标准和规范的要求，做好公路养护管理工作。

④负责收费管理，按期偿还贷款。

上述应由业主完成的工作，业主应按施工阶段的需求，有计划、有步骤地进行，业主认真履行自己的职责，对实现项目目标起着关键作用。公益性公路建设项目法人，根据交通主管部门授权，履行以上相应职责。

二、建设项目招投标制度

招投标是市场经济中的一种竞争方式，是在双方同意的基础上的一种交易行为。其特点是由唯一的招标人通过事先设定标的，招请若干个投标人通过秘密或公开报价进行竞争，按照规定程序从中择优为订约方，随后按协议实现标的。

工程招标是建设单位(发包人)就拟建的工程提出招标条件，发布招标通告或信函，邀请具备相应资质的企业前来提出自己完成工程的报价和保证，从中选择条件优越的投标企业完成工程建设任务的委托方式。建设单位通告招标程序，从中选择投标标价低、工期合理和社会信誉高的承包单位，达到“货比三家，从中选优”。

公路建设项目除涉及国家安全、国家机密、抢险救灾或利用扶贫资金实行以工代赈、民工建勤、民办公助的项目不适宜招标外，达到下列规模标准之一的，必须进行招标（省级人民政府交通主管部门可以在上述规模标准以下，结合本地区实际情况，制定必须招标的规模标准）：

(1)建设项目总投资额在3000万元人民币以上的；

(2)工程单项合同估算价在200万元人民币以上的；

(3)重要设备、材料等货物的采购，单项合同估算价在100万元人民币以上的；

(4)勘察、设计、监理等服务的采购，单项合同估算价在50万元人民币以上的。

1.招投标制度的意义和作用

我国公路系统自1985年以来，逐步推行了招标投标制，交通部1985年颁布了《公路工程施工招标投标试行办法》；1989年交通部又正式颁布了《公路工程施工招标投标管理办法》，明确提出“凡新开工的大中型建设项目都要实行招标投标制”。目前交通系统所属的公路工程大中型建设项目80%以上实行了招标投标制。

实践证明，实行招投标有以下几个方面的作用：

(1)促使工程项目按基本建设程序办理，促进认真做好工程前期准备工作。

(2)有利于缩短工期。招标过程中，承包人要想在竞争中取胜，除了在施工技术力量上竞争外，还必须在施工管理上下功夫，运用网络计划及其他先进的管理手段进行进度控制，达到缩短工期的目的。

(3)有利于降低工程造价。招标过程中，标价是投标人能否中标的决定性因素之一，只要标价低得合理，就有可能中标；只要建设单位完善项目管理措施，尽量减少可能造成承包人索赔的机会，完全可以达到降低造价的目的。

(4)有利于提高工程质量。由于招标过程必须遵循严格规定的程序，能够有效防止搞内幕交易等腐败行为的发生，使工程质量得到了保证。公路施工招标承包的工程，由于实行施工监理制度，严格执行工序检验，而且发生质量事故责任也明确，从而减少了质量隐患。

(5)有利于保护国家利益、社会公共利益和招投标活动当事人的合法权益。《中华人民共和国招标投标法》不仅对招标投标活动进行了规范，还对规避招标、串通投标、转让中标项目等各种非法行为作出了处罚规定，并通过行政监督部门依法实施监督，规定允许当事人提出复议或诉讼等，通过立法来保障国家利益、社会公共利益和当事人的合法权益。

2.公路工程项目招、投标种类及方式

公路工程招标一般可分为勘察设计招标、监理咨询招标、材料及机械设备采购招标、施工招标等几种。根据《公路工程施工招标投标管理办法》的要求,结合公路工程招标承包的实践,公路工程招标前应具备以下条件:

(1)初步设计和概算文件已经审批;

(2)工程项目已正式列入国家或地方公路建设计划,建设资金已经落实;

(3)征地拆迁工作已基本完成或落实,能保证分年度连续建设;

(4)招标文件已编制完毕。

根据《建设工程招标投标暂行规定》和《公路工程施工招标投标管理办法》的规定,其招标方式主要应采用公开招标和邀请招标两种方式。公路建设项目应实行公开招标。国家重点项目和省级人民政府确定的地方重点项目不宜公开招标的,经国务院有关部门或省级人民政府批准,可以进行邀请招标。

(1)公开招标。即无限竞争性招标,其特点是投标单位数量不受限制,凡通过资格预审的单位都可参加投标。招标单位应通过国家指定的报刊和信息网络发布招标公告,公开招请投标单位参加投标竞争。投标单位的报价在开标时公开宣布,并通过评标排定投标单位名次,从中选择中标单位。

(2)邀请招标。即有限竞争性招标,由招标单位向经过预先选择的三个以上具备承担招标项目能力、资信良好的特定法人发出投标邀请书,邀请他们参加某项工程的投标竞争。其具体做法主要包括以下几个步骤:

①招标人在自己熟悉的承包人中选定一定数量的企业;或者采取发布通告的方式在报名的企业中进行选择,然后对被选企业进行资格预审,作出初步选定;

②招标人向初步选定的投标人征询是否愿意参加投标,在规定的最后答复日期之后,在同意参加投标的企业中最后选定投标人名单;

③向名单上的投标人发出正式投标邀请书和发售招标文件,被邀请的投标人通常为3~5家;

④投标人经过现场考察和标前会议,编制和递交投标文件;

⑤招标人经过开标、评标选定中标人。

采用邀请招标方式,由于被邀请参加竞争的投标者为数有限,可以节省招投标的费用和时间,提高投标单位的中标几率。但是这种方式限制了竞争范围，可能会把很有实力的竞争者排除在外。因此，国际上往往对邀请招标方式的适用条件作出指导性的规定，这些条件通常是：

①工程性质特殊，或专业性较强，只有少数承包人能够胜任；

②公开招标所需费用过多，与可获得的好处或工程价值不成比例，甚至得不偿失；

③公开招标的结果未能产生中标人；

④因工期紧迫或保密等特殊要求，而不宜公开招标。

(3)其他招标方式

①议标。即谈判性招标，由业主指定有资格的企业，提出报价，经谈判认可签订承包合同，如谈判达不成协议，业主则另找其他企业，直到达成协议为止。这种方式的优点是不需要准备完备的招标文件，不需要很多时间和费用。但是因不具有公开性和竞争性，难以保证招标质量。因此，我国《招标投标法》规定：议标不是一种法定招标方式。凡是《招标投标法》中规定必须招标的项目只能采用公开招标或邀请招标而均不得采用议标的方式。在工期紧、工程规模小或需特殊工艺和技术（如隧道开挖）等工程中可以采用。

②两阶段招标。这种方式在监理咨询招标中较为常见。其特点是先公开进行技术招标，投标单位提出各自的技术方案，业主从中选择几家技术方案较优的投标单位，安排进行第二阶段报价，然后确定中标单位。

③比价。比价是兼有邀请招标和议标的特点的一种招标方式，适用于规模不大、内容简单的小工程项目。通常的做法是由建设单位准备一份简单的招标文件，然后邀请 2 ~ 3 家施工单位提出报价，建设单位经过分析比较，选择报价合理的施工单位，就工期、造价、付款条件等细节进行磋商，达成承包合同协议。

3.公路建设项目招投标程序

公路建设项目招投标程序见图 7-2。

(1)准备招标文件

根据交通部制订的《公路工程国际招标文件范本》和《公路工程国内招标文件范本》，招标文件主要包括如下内容：投标邀请书；投标人须知；合同通用条件（第一部分）；合同专用条件（第二部分）；合同格式；技术规范；图纸；投标书格式及其附件；投标担保书格式；工程量清单；补充资料表（或称投标书附表）；勘察资料等。

招标文件的各组成部分简略介绍如下：

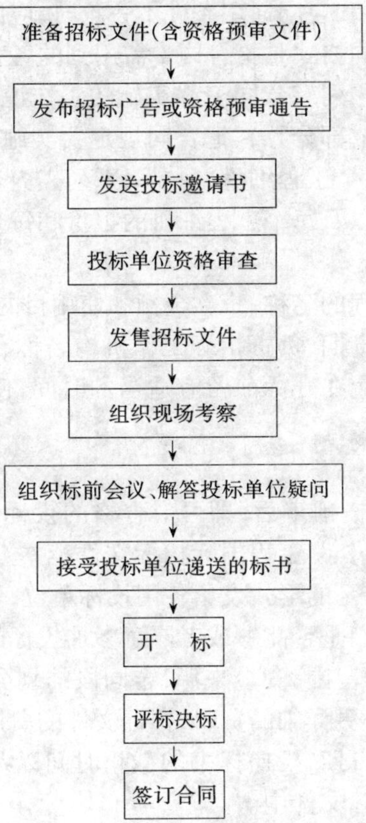

图 7-2 公路建设项目招投标过程框图

①投标人须知。投标人须知是一份为投标单位准备的投标之前必须阅读的文件。其目的是使投标单位了解招标项目的性质、规模及相关的要求，据以编制投标书，有关投标书编制与递交、开标、评标直至签订合同的信息都应在该文件中给出。

②合同通用条件。合同通用条件已形成规范化文本，目前我国交通系统采用国际咨询工程师联合会颁发的《土木工程施工合同条件》第四版或交通部制订的《公路工程国内招标文件范本》中的合同通用条件。在此不一一详述。

③合同专用条件。由于不同的工程有不同的施工环境和专业特点，因此在使用合同通用条件时，应根据工程的具体情况对其加以修改、补充或具体化，这些修改和补充的内容即为合同专用条件。在制订合同专用条件时，可参考国际咨询工程师联合会颁发的《土木工程施工合同条件》第四版及交通部颁发的《公路工程国际招标文件范本》和《公路工程国内招标文件范

本》。当合同专用条件和合同通用条件不一致时,应以合同专用条件为准。

④合同格式。合同格式是指合同中需用到的各种文件的格式。

⑤工程量清单。它列有合同工程实施的工作说明和设计预计工程量,是招标文件的重要组成部分。它把合同规定要实施的全部工程按其部位、性质、内容等划分为各个工程细目,列在一系列表内。每个表中工程细目列有工程量、计价要求,以及每个工程细目的报价和每个表的总计等。

(2)发布招标公告

公告内容包括工程的名称、贷款金额和使用目的,以及出售招标文件和资格预审文件的预定日期,负责招标工作机构名称、地址和电传、电话等通信号码。公告的刊登应在开标前留有适当的时间,使预期的投标人能获得文件并准备送交投标文件。

(3)发送投标邀请书

招标单位进行资格预审后,即可对合格的投标单位发送投标邀请书。投标邀请书格式参见《公路工程国际招标文件范本》和《公路工程国内招标文件范本》。通常以信函的形式发给各国投标单位,目的是向有能力的投标单位提供一些决定他们是否能够或者愿意参加投标的必要信息。投标邀请书的内容应包括:工程范围,资金来源,合同段的划分,主要的工程量,施工期;到什么地方可取得更详细的资料;招标文件的费用;投资保证金的金额;现场考察及标前会议日期,投递标书的截止时间以及开标时间等。有时也将投标邀请书列入招标文件中。

(4)投标人资格预审

公开招标的公路建设项目应进行资格预审,邀请招标的应进行资格后审。

由于投标单位来自各方,为保证工程正常进行,应对投标单位的资格进行审查,资格预审程序见图 7-3 所示。

资格预审主要审查投标人是否有能力圆满地履行合同。审查的内容如下:

①营业执照。营业执照中注有企业的法人资格、注册资金及经营范围,审查对方的营业执照实际上是审查投标单位的资格是否符合法定要求,是否具有权利能力和行为能力。在审查时,通常要求投标单位带正本审查,合格后,留下复印件。

②企业资质等级证书。许多工程在招标时要求投标单位具有一定的技术等级,如高速公路工程的招标通常要求投标单位是一级或二级企业。企

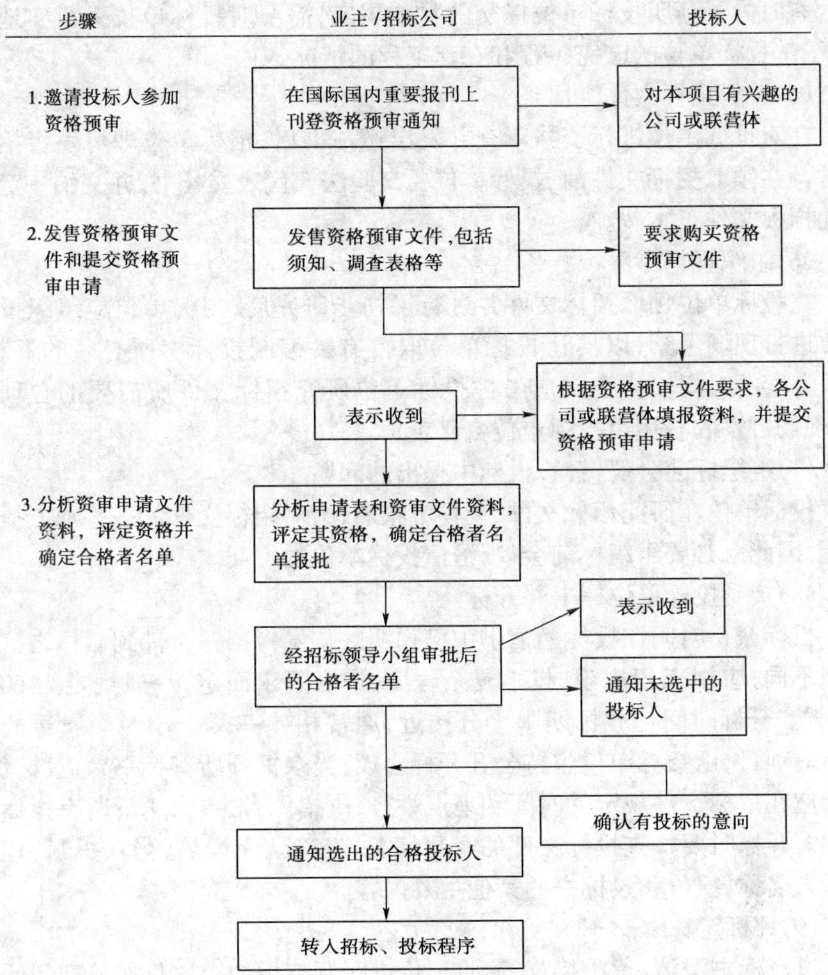

图 7-3 资格预审程序框图

业的资质说明了企业的技术力量、财务状况和履约能力。

③主要的施工经历。施工经历中包括以前进行过的与拟招标项目类似工程的施工情况,以及质量好坏,获得过何种奖励等。

④技术力量简况。主要包括管理人员、技术人员、技术工人的情况、比例等内容。

⑤施工机械装备简况。

⑥正在施工的承建项目。

⑦资金或财务状况。

有时为了证明投标单位提交的材料属实，需要对投标单位进行实地考察，了解投标单位的已完工程和在建工程的情况。

（5）发售招标文件

在对投标单位进行资格审查并发出邀请书后，招标单位即可发售招标文件。在领取招标文件前，投标单位要交验法人代表委托书，并交纳一定数额的招标文件工本费。

（6）组织现场考察

在投标单位领取招标文件并进行了初步研究后，招标单位应组织投标单位进行现场考察，以便让投标单位取得有关编制投标书所必须的资料。现场考察的时间安排通常应考虑投标单位研究招标文件所需要的合理时间，现场考察的费用由投标单位自己负责。

（7）组织标前会议，解答投标中提出的问题

投标单位在研究招标文件、现场考察后，会对招标文件的一些地方提出质疑，因此有必要组织标前会议，澄清投标单位的疑问。

（8）接受投标单位标书并开标

投标截止时间在投标邀请书中已列明。从发售招标文件到截标之日的时间不同，应视工程规模、技术复杂程度、进度要求而定，一般规定为60～120天。开标时间与截标期限十分接近，通常相差一两个小时。属于公开开标的项目，由招标单位主持公开开标会议，当众拆开所有标书，宣读标价。开标应在招标文件规定的时间和地点举行，由招标人主持，邀请所有投标人参加。开标时要检查投标文件的密封情况，经确认无误后，当众拆封，宣读投标人名称、报价和投标书的其他主要内容。

（9）评标定标

进行标书澄清、货币换算等，将标价进行调整后的类比价按从高到低的顺序排队。并对各标书就施工技术方案、工期、财务等方面进行综合分析和比较，提出授标建议。由业主进行最后决策，决定中标单位。定标的原则是接受合理的低标，即通常接受标价最低，而且有充分理由说明这种低标是合理的，且技术、工期、财务方面都较理想的投标单位。

在确定中标单位后，即可向中标单位颁发“中标通知书”，向中标单位说明其投标书已被业主接受，已被确定为这项工程的承包单位。自中标通知书颁发并收到之日起，双方的合同法律关系即已形成，任何一方都要严格执行，否则将追究违约责任。

（10）签订合同

业主在签发“中标通知书”的同时，将招标文件中规定的合同协议书格式填好并寄给中标单位，中标单位在收到协议书后28天内，应以适当方式签字盖章并退还业主，由业主办理签字盖章手续。协议书通常正本一式两份，双方各执一份，于签字盖章后正式生效。副本若干份，双方分存。

根据规定，中标单位还应该在收到中标通知书后的28天内，办理履约担保手续。履约担保通常采用银行保函的形式，保证金额为合同总价的10%。

合同签订完毕，由此，完成了招投标的全过程。

三、建设合同制度

公路建设项目的勘察设计、施工、监理以及与工程建设有关的重要设备、材料的采购，必须遵循诚实信用的原则，依法签订合同。公路建设项目合同包括勘察设计合同、施工合同、监理合同、设备材料采购合同等。公路建设项目合同必须明确双方的权利和义务，按照法定程序和有关要求，由签约双方的法定代表人或其授权代表签订。公路建设项目合同应采用交通主管部门颁布的有关合同范本，并可邀请公证机关公证。公路建设项目合同，必须符合国家和交通部制定的有关技术标准、规范、规程以及批准的设计文件，科学、合理地确定勘察设计周期、施工工期和供货安装期限。

1.合同的主要条款

根据《合同法》第十二条规定，合同的内容由当事人约定，但一般包括以下条款：

(1)当事人的名称或者姓名和住所。

(2)标的。是合同中当事人双方权利和义务共同所指的对象。

(3)数量。是对标的的计量，必须按照国家规定的法定计量单位计量，国家没有规定的由双方协商确定，做到计量标准化、规范化。

(4)质量。标的质量是合同的主要内容，必须明确规定标的质量标准。

(5)价款或报酬。标的价格由当事人双方协商确定或通过招标确定。

(6)履行的期限、地点和方式。

(7)违约责任。明确规定双方的违约责任，有利于双方严肃认真地签订和执行合同，有利于追究责任方的违约责任。

(8)解决争议的方法。

2.合同管理的主要内容

(1)计划与进度控制

能否有效地控制计划与进度，直接关系到工程是否能按期完成。监理工程师如果认为工程进度缓慢，不能完成已批准的工程计划，承包人应修正计划。被批准的工程计划，是监理工程师进行合同管理的依据。

监理工程师对计划与进度的控制，一是对承包人工程计划的审查；二是对工程计划执行情况的监督。

(2)计量与支付

合同授予监理工程师诸多权力，计量与支付不仅是合同管理的核心，也是监理工作的核心，它是监理工程师履行职责的根本保证。由于掌握了计量与支付，就能较好地控制工程质量、进度和造价。

(3)工程变更

工程变更不是单纯的设计变更，而是广义的处理合同事宜，如数量的增减；取消或新增项目；合同中某些规定不适用于现场变化情况，都可以通过变更来解决。

合同规定在执行过程中单价一般不能改变，因此承包人往往寄希望于通过变更工程和价格以获得更多的利润，使得在价格问题上，难以取得一致意见。这就要求监理工程师坚持公平、公正的原则，保证业主和承包人双方的利益。

(4)价格调整

由于后续法规的变化采用文件证据法，或根据权威统计部门发布的指数按照公式法，对报告期内已完工程的价格作上下浮动，使履约双方在公平、合理的原则下顺利执行合同，以维护业主和承包人双方的利益。

(5)工程延期和费用索赔

延期和费用索赔直接涉及工期和费用两个敏感问题，同时往往涉及技术经济和法律等方面，加之事情本身的复杂性和各方对合同条款理解不一致，给处理这类事件带来很大困难。因此，要处理好这两个问题，不仅需要较宽的知识面，还必须熟悉运用合同条款，掌握工地现场第一手资料，才能公正、恰当地处理，维护各方利益。

(6)工程分包

由于承包人往往不具备全面承担各项工程的能力，或因工程技术的原因，或因工期紧迫的原因，可能将一部分工程分包给其他单位施工。但分包人的水平参差不齐，如不严格控制，会给工程带来损失。对分包人的资质审查，显得很有必要。京津塘高速公路建设期间的分包资质审查由监理工程师进行，成渝高速公路则必须经过业主书面批准。

(7)工地会议

尽管合同条件中没有明确工地会议的具体条款,但在实践中,工地会议是一种非常有效的管理方式。它可以互通情况、传递信息、配合进度、反映问题、下达指令、明确目标、有机配合,促使各方按合同规定完成全部工程。工地会议由监理工程师主持,可分以下三种类型:

①第一次工地会议

开工前,在会上澄清各方组织,了解各方开工前的准备工作情况,包括业主征地拆迁、承包人的人员、设备、材料的准备和进场情况,以备发布“开工令”。

②经常性工地会议

每月1~2次,对上次工地会议记录事项进行确认;汇报工程进度、预计阶段进展、存在问题;需要业主或上级监理处理事项;对现场质量、技术管理作出评价;合同执行情况等,并记录在案,以便处理。

③专题性工地会议

它没有固定程序,而是根据关系全局的重大技术或管理方面存在的问题,邀请有关方面人员或专家共商解决方案。

专题性工地会议,可以由业主或承包人提出建议,监理工程师视现场情况主持召开;也可以由监理工程师决定就某项技术或管理专题召开;还可以由经常性工地会议授权监理工程师邀请有关人员讨论某项专题。

3.承包合同的类型

(1)固定总价合同

固定总价合同是以图纸和技术说明为依据,按固定总价一次包死,适用于技术不复杂、工程规模小,同时还应有一整套详细的设计文件。

(2)计量估价合同

计量估价合同是以工程量清单和单价表为计算报价的依据,清单数量要求准确,单价不包括所有费用,因此,在合同中还要确定有关费率,一并计算在报价中。

(3)成本加酬金合同

成本加酬金合同是以工程实际发生的成本(包括人工、材料、机械及其他费用)加上商定的管理费及利润来确定工程总造价。适用于边设计、边施工的紧急工程。

(4)按投资总额或承包工作量计取酬金合同

计取酬金合同适用于工程前期准备阶段的工程活动,如可行性研究、勘察设计。它是根据工程总投资或工作量按比例商定酬金。工程监理和材料采购也往往采用这种形式。

(5)统包合同

统包合同也称“交钥匙”合同。承包内容从可行性研究开始至投入使用的各个阶段全部委托给承包人,根据合同进行各个阶段的工程实施。

(6)单价合同

单价合同是依据合同条件采用的承包模式。根据设计图纸,估算出分项工程数量列入合同清单,作为投标报价的依据。支付时,以实际完成工程数量与合同单价结算工程价款,单价一般不予变动。

4.公路建设合同的内容

(1)勘察设计合同内容应包括提交有关基础资料和设计文件的期限、质量要求、费用支付等条款。勘察设计单位必须按照合同约定,按期提供勘察资料和设计文件,并对所提供资料的真实性、完整性和设计质量负责,完成设计变更、派驻设计代表等后续服务工作。项目法人应提供勘察设计必须的有关资料和相关条件,按合同规定支付费用。

(2)施工合同内容包括工程范围、建设工期、合同价、合同条款、技术规范、图纸等。施工单位对施工的工程质量、进度和安全负责。施工单位的管理、技术人员及施工设备必须按合同约定及时到位,均衡组织生产,按期完成施工任务,严禁将工程转包和违法分包。项目法人必须按合同约定及时提供施工图、施工用地,按时拨付工程款,协调施工外部环境。不得违反合同,强行分包,不得指定采购材料和设备,不得随意压缩工期。

(3)监理服务合同内容应包括监理现场组织机构、监理工程师资格、主要检测设备的配备要求、质量责任、费用支付等条款。监理单位应按合同约定及时派驻现场监理机构和人员,配齐设备,依照公路工程监理办法和监理规范要求开展监理工作。项目法人必须按合同约定,及时提交施工合同,提供或协助安排监理驻地、交通工具、试验检测仪器等,按期支付监理费用,为监理单位开展工作创造条件。

(4)设备材料采购合同内容主要包括供货品种、交货期限、设备安装要求、质量标准、验收方法、费用支付等条款。供货人应按合同约定的期限和地点交付货物,安装设备,并负责设备调试和质量保修期内的维修服务。受货人因货物或设备安装不符合质量要求的,可以拒收,并按合同规定提出索赔或解除合同。合同双方应按合同履行自己的义务,不得违约。

合同一方有权按规定程序,对不能履行合同义务的另一方提出索赔,违约方应按合同规定承担赔偿责任。合同内容变更应依据合同约定办理。对超出合同约定范围的变更,合同双方可进行协商,签订补充协议或修改合同,但不得对合同内容作实质性的更改,也不得订立背离合同实质性内容的其他协议,更不能擅自终止或解除合同。合同双方在执行合同过程中发生争议的,可以协商解决或请第三方进行调解,也可以依法仲裁或向人民法院提起诉讼。各级政府交通主管部门应依照法律、法规的规定,加强对合同执行情况的监督,对造成工程质量、安全事故或工程进度严重滞后的,应按照公路建设市场管理的有关规定进行处罚。任何单位和个人不得非法干预合同的签订和履行。

四、建设监理制度

我国从1996年起开始全面实行工程建设监理制度。我国公路工程推进社会监理制并非纯粹的“社会监理制”,而是一种由业主或建设方与社会监理单位相互进行的一种工程监理模式。这种监理制度的组成大致如下:由业主自行组建总监办或总监代表,使其成为建设方的一个职能部分,隶属于带有行政管理性质的工程建设指挥部,而各个合同段的监理任务则委托专业性的社会监理单位组建。在整个工程监理实施过程中,社会监理主要承担或只承担工程质量的监理,而进度监理、费用监理及合同管理均由建设方下属的管理部门如合同部、工程部等直接控制。有的地方业主派遣大量的工作人员,直接参与现场监督或监理工作,社会监理单位完全从属业主(建设方),服从业主和业主指派的机构和人员的管理。

工程建设监理制度的构架可以归纳为“一个体系,两个层次,多种形式”。一个体系是指政府从机构和手段上将管理工程建设的封闭式体系,改为由建设单位委托专业化、社会化的工程监理单位来组织工程建设的开放式体制。两个层次是指宏观层次的政府监督管理和微观层次的社会监理。多种形式是指既可以由建设单位委托专业化、社会化的建设监理单位,也可以由建设单位直接派出相对独立的监理组织承担。

1.政府监督管理

政府监督管理是由政府主管建设的有关部门对建设工程项目的全过程依法监督和管理,以维护国家利益和保证建设市场秩序稳定。

(1)政府监督管理的特性

①强制性。代表国家利益的管理机构实施的管理行为,对于被管理者来说,只能是强制性的,必须接受。

②执法性。政府监督管理区别于通常的行政领导和行政指挥等一般性的行政管理行为。主要依据国家政策、法律、法规、政府批准的建设计划、设计文件以及依法订立的工程承包合同进行政府监督管理，并严格遵照规定的监理程序行使监督、检查、许可、纠正、强制执行等权力，政府监督管理的每一具体行为都有充分的法律依据。

③全面性。针对整个建设活动而言，所有建设工程必须接受政府监督管理。因此，就管理空间来说，它覆盖了全社会；就一个建设项目的建设过程来说，它贯穿于建设的全过程，即从建设项目立项、设计、施工直到竣工验收投入使用。

④宏观性。侧重于宏观的社会效益，其着眼点主要是保证建设行为的规范性，维护公共利益和工程建设各参与者的合法利益；但就一个项目而言，政府监督管理不同于监理工程师直接的、不间断的监理。

(2)政府监督管理的内容

①制定法规

政府建设主管部门根据社会主义市场经济的需要，并与国际惯例相结合，兼顾“公众”和“业主”两方面利益，制定监督管理法规，使不同的行政管理部门有章可循，实现政府监督管理职能。

②依法监督管理

a.政府建设主管部门对社会监理单位实行监督管理。它与社会制度无直接关系，各国情况大体相同；

b.政府建设主管部门对建设单位的建设行为实施强制性监督管理。社会制度不同，它的内容和执行机构也不同。

(3)政府监督管理的管理权限

①建设部

a.根据国家政策、法律和法规，制定并组织实施建设监督管理法规；

b.制定社会监理单位和监理工程师的资格标准，制定审批和管理办法，并监督其实施；

c.审批全国性、多专业、跨省(自治区、直辖市)承担监理业务的监理单位；

d.参与大型建设项目的竣工验收；

e.检查督促工程建设重大事故的处理；

f.指导和管理全国建设监理工作。

②省、自治区、直辖市建设主管部门

a.贯彻执行国家建设监督管理法规,根据需要制定管理办法或实施细则,并组织实施;

b.参与审批本地区大中型建设项目施工的开工报告;

c.检查、督促本地区工程建设重大事故的处理;

d.参与大中型建设项目的竣工验收;

e.组织监理工程师的资格考核,颁发证书,审批全省(自治区、直辖市)性的监理单位;

f.指导和管理本地区的建设监理工作。

③国务院各工业、交通等部门

a.贯彻执行国家建设监督管理法规,根据需要制定实施办法并组织实施;

b.组织和参与审批本部门大中型建设项目的设计文件、开工条件和开工报告;

c.组织或参与检查、处理本部门工程建设重大事故;

d.组织或参与本部门大中型建设项目的竣工验收;

e.组织本专业的监理工程师资格考核,颁发证书,审批本部门管理的本专业全国性的监理单位;

f.指导和管理本部门的建设监理工作。

2.社会监理

社会监理是指由独立的、专业的社会监理单位,受业主(或投资者)的委托,对项目建设全过程实施的一种专业化管理。

(1)社会监理的作用与性质

社会监理的作用是由社会监理单位派出监理工程师,通过工程师对项目建设进行组织、协调、监督、控制和服务等来实现三大控制(投资控制、进度控制和质量控制),完成业主委托的任务。社会监理的特性:

①服务性

社会监理单位通过为业主提供工程建设管理、经济和法律方面的高层次人才,为工程建设服务。社会监理单位要按照工程规模、技术复杂程度等来计取服务酬金。

②独立性和公正性

根据我国建设监理有关规定:各级监理负责人和监理工程师不得是施工、设备制造和材料供应单位的合伙经营者,或与这些单位发生经营性隶属关系,不得承包施工和建材销售业务,不得在政府机关、施工、设备制造和材料供应单位任职。社会建设监理单位与建设单位是合同约定关系，监理委托合同一经签字后，建设单位不得干涉监理工程师的工作。社会建设监理单位是独立于甲、乙双方以外的第三方，它以自己的名义行使依法成立的承包合同所确认的职权，承担相应的职业道德和法律责任。

③科学性

社会监理单位是智力密集性的组织，按国际惯例，社会建设监理单位的监理工程师都必须具有相当的学历，并有长期从事工程建设工作的丰富经验，精通技术与管理，通晓经济与法律。经权威机构考核合格并经政府主管部门登记注册，领取证书，方能取得合法资格。因此，监理工程师是依靠科学知识和专业技术来发现和解决项目实施过程中的问题。

(2)社会监理的范围和内容

根据我国工程监理有关规定，我国社会监理的范围和内容包括：

①建设前期阶段

a.投资决策咨询；

b.编制项目建议书和项目可行性研究报告；

c.项目评估。

②设计阶段

a.审查或评选设计方案；

b.选择设计、勘察单位；

c.协助业主签订勘察、设计合同并监督合同实施；

d.核查设计概(预)算。

③施工准备阶段

a.协助业主编制招标文件；

b.核查施工图设计和概(预)算；

c.协助业主组织招标投标活动；

d.协助业主与中标单位商签承包合同。

④施工阶段

a.协助业主与承包人编写开工报告；

b.确认承包人选择的分包单位；

c.审批施工组织设计；

d.下达开工令；

e.审查承包人的材料、设备采购清单；

f.检查工程上使用的材料、构件、设备的规格和质量；

g.检查施工技术措施和安全保护措施；

h.主持协商工程设计变更(超过委托权限的变更需报业主决定)；

i.督促履行承包合同,调解合同双方的争议,处理索赔事项；

j.检查工程进度和施工质量,验收分部分项工程,签署工程付款凭证；

k.督促整理合同文件和技术档案资料；

l.组织工程竣工预验收,提出竣工验收报告；

m.核查工程决算。

⑤工程保修阶段

在规定的保修期内,负责检查工程质量状况,鉴定质量问题责任,督促责任单位修理。

3.政府监督管理与社会监理的区别

就公路工程施工而言,公路工程质量监督站是代表政府行使监督管理权力,公路工程质量监督站与社会监理的主要区别如下：

(1)性质不同

公路工程质量监督站是代表政府行使管理职能,对公路工程质量进行第三方认证,是执法机构,工作具有强制性。

社会监理单位则是受建设单位(业主)委托从事公路工程建设的监督和管理,属于服务性机构,工作既有强制性的一面,又有非强制性的一面。

(2)工作范围和深度不同

公路工程质量监督站主要是代表政府把好质量关,范围仅限于公路工程施工质量的监督。基本工作是:工程项目开工前审查施工队伍的资质,在工程实施过程中控制工程质量,竣工后核验工程质量等级,参与处理质量事故,协助政府进行优质工程的审查工作等。

社会监理单位则是受建设单位(业主)的委托,确保公路工程承包合同的有效实施,在公路工程施工阶段的主要工作为:审查设计文件,审查设计变更,检测原材料和构件、配件质量,核验已完工程的质量、数量,签发付款凭证,协助建设单位(业主)决策等,除了对工程质量控制外,同时还要对工程进度、计量、变更、索赔、延期等方面进行全面监理。监理工程师不仅有对工程质量的认可权与否决权,而且没有监理工程师的签认批准,计划与支付不能实行,工程也得不到认可。

在工作深度上,公路工程质量监督站的工作基本固定不变,而社会监理单位的工作随着工程进展而变化。公路工程质量监督站主要以抽查为主,而社会监理则是采取不间断的监控,通过监理工程师不间断的旁站监督检查,实现工作目标。

(3)工作依据不同

公路工程质量监督站和社会监理除了都要遵守国家的方针、政策、法律、法规、法令和技术标准外,公路工程质量监督站主要依据行政法规,而社会监理主要依据监理委托合同。

(4)经济责任不同

公路工程质量监督站按规定收取质量监督费,不负经济责任。社会监理单位则依据监理工作的深度、广度由建设单位(业主)和社会监理单位双方协商监理费用。社会监理工作完成的质量与服务费用挂钩,因此要负担一定的经济责任。

五、廉政合同制度

廉政合同制度是以合同条款的形式对项目业主、监理和施工单位廉政建设的权利、义务与责任作明确规定,形成业主、监理和施工单位三方既互相联系,又互相监督、互相制约的管理机制。廉政合同既有三方共同遵守的目标,体现了它的合理性,又明确了各自的权利、责任和义务。这使廉政建设从一种单方面要求的纪律监督行为,变为甲乙双方共同遵守的法律契约行为。

廉政合同与施工合同具有同等的法律效力,由双方上级单位的纪检监察机关负责监督,在实施过程中坚持"三同时",即同时签订、同时检查、同时验收,从而使廉政建设与公路建设有机结合起来。廉政合同是在新形势下加强工程建设项目监管、反腐倡廉的有益尝试,是 FIDIC 条款在国内工程建设中的必要补充和完善,有利于交通基础设施建设顺利地进行。

1.实行廉政合同的作用和意义

(1)廉政合同的推行促进了党风廉政建设的深入开展,增强了建设项目领导班子和领导干部廉洁自律意识,完善了各种党风廉政建设制度,廉政建设的任务、目标更加明确。

(2)廉政合同的推行促进了工程质量的提高。在招投标过程中,严格按程序办理,公平、公正地进行;在资金管理上严格按规定办事,保证公路建设资金的使用安全。

(3)廉政合同的推行为今后工程建设的监督管理奠定了良好基础。首先,健全制度、规范行为是对工程建设实施有效监督的必要手段;其次,廉政合同的推行必须要有一套科学、合理的检查考核办法作保证,并在实施中严格考核落实到位；最后，将廉政合同纳入党风廉政责任制的考核范围，既为党风廉政建设赋予了新的内容，又加强了工程建设中反腐败工作的力度。

2.廉政合同的内容

廉政合同主要内容包括合同三方按照国家法律、法规、政策应当履行的廉政行为规范和在廉政建设方面的权利、义务以及违约责任四个方面的条款。廉政合同适用范围包括工程招投标、征地拆迁、材料采购三个方面。凡是牵涉到建设项目工程质量和资金安全的工程建设活动都必须签订廉政合同，与工程合同同时签订，与业务工作同时检查、考核，否则视为不廉洁行为。工程验收时如缺少廉政合同，将视为"缺损"项目，不予验收。

3.廉政合同实施的具体措施

(1)完善纪检监察监督网络。

从项目办到工程管理处、监理工程师代表处、各项目经理部、监理工程师驻地办公室等，都设立了纪检监察部门，并配备了专(兼)职纪检监察员。一些部门还设立了举报电话和举报箱，见图7-4所示。各级纪检监察员认真履行工作职责，把监察工作前移到工程建设的第一线，加大对工程中材料招标、合同变更、工程索赔、工程质量、合同管理等方面的监察力度。

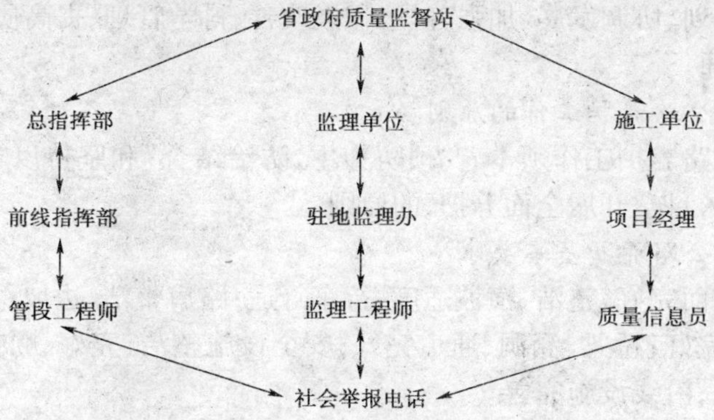

图7-4 纪检监察监督网

(2)制订廉政制度。

廉政合同生效后，为满足实际需要，项目办制定下发《高速公路建设项目工程管理、施工、监理廉政合同实施办法》和《考核评分细则》，对实施工程廉政建设的指导思想、目的、意义和要求，从业单位和人员应当履行的权利、义务、责任和行为规范、监督机制等作出具体规定。

(3)将工程质量终身责任制与廉政建设责任制挂钩。

各施工企业、监理单位的法定代表人是本单位廉政建设的第一责任人，在对其经手的工程质量终身负责的同时，还要对本单位的廉政建设负总责。

第三节　高速公路养护

高速公路建成通车投入运营后，必须进行经常、及时和预防性的日常养护。随着时间的推移，交通量的增长，车辆载重的增加，线路的延长，路网的扩大，养护维修工作量将越来越大。由于高速公路所具有的设施种类、数量及标准均高于一般公路，其养护维修工作的内容及养护要求也不同于一般公路。它具有如下特点：

①养护工作的经常性、及时性；

②养护工作必须是快速的，且非常注意施工中的安全措施；

③尽可能地采用机械化养护；

④尽可能地采用新材料、新设备、新技术、新工艺。

1.高速公路养护工作的指导方针

全面规划、协调发展、加强养护、积极改善、科学管理、提高质量、依法治路、保障畅通。

2.高速公路养护工作的原则

高速公路养护工作须本着“预防为主，防治结合”和坚持以“路面、绿化养护为中心，科学开展全面养护”的原则。

3.高速公路养护基本要求

保持路面完好、整洁、横坡适度、行车舒适；路肩整洁、边坡稳定、排水畅通、构造物完好；桥梁、涵洞、通道完好；安全设施整洁、完好、顺畅、清晰；绿化协调美观；沿线设施完善。

4.高速公路养护的任务

确保高速公路大交通量、快速、安全、舒适、畅通，对高速公路及其附属设施进行经常性、及时性、周期性和预防性养护与维修，保持高速公路正常使用功能，同时会同有关部门迅速排除交通阻塞。

目前，我国高速公路养护管理体制已基本建立，养护管理水平逐步得到提高，正在向管理现代化迈进。但养护管理水平与世界发达国家相比，在养护方法与养护质量方面都还存在较大的差距，因此，养护科学化、规范化、信息化是我国高速公路养护的发展方向。

一、高速公路质量检测管理系统

高速公路使用期间的日常质量检测是高速公路及时和预防性养护的基础。高速公路管理部门除通常采用目测、钻芯取样等传统检测手段外，20世纪末又引进了先进的探地雷达检测技术，并得到迅速的普及使用。

探地雷达(Ground Penetrating Radar，简称 GPR)是一种用于确定地下介质分布的广谱电磁法，为 20 世纪 80 年代发展起来的一种电磁探测技术。由于探地雷达具有高速采样、高分辨率、高精度、无损等优点，已广泛应用于环境和工程、地球物理勘探领域的各个方面。美国、加拿大等发达国家进行了探地雷达在公路质量检测中的应用研究，并广泛在实践中采用。

1.探地雷达质量检测系统的作用和意义

(1)公路的施工过程中，现场质量检测是保证施工质量的重要环节。利用探地雷达检测，进行路面工程质量评定，即全面深入地了解路面概貌，又最大限度地保护路面结构层的完整性，使各种质量隐患得以及时处理，使工程质量事故防患于未然。

(2)通过极少量的钻芯取样标定，利用探地雷达检测技术的后处理分析系统，对所采集的数据进行解译，可从路基、路面的深度和广度上全面了解路基、路面结构层的病害与缺陷发育情况等详细信息。

(3)探地雷达的应用不仅满足目前的结构层厚度及公路病害，如孔洞、破损的检测，更重要的是对公路结构内在质量上的数据的分析整理，如强度标定、材料计量标定，为维修决策提供全面有力的依据。

(4)公路运营预防维护中，通过检测准确地诊断各种病害的起因和部位，制定合理的维修方案，可达到事半功倍的效果。养护决策中，利用探地雷达对所有路段进行无损检测，从而了解路基路面结构层详细工作信息，大大减少决策分析中的经验成分，进一步优化决策。

2.探地雷达检测原理及应用

(1)检测原理

探地雷达通过发射天线，将频率为数十兆赫至几千兆赫的高频电磁波以脉冲形式向地下发射穿透地下材料，遇到不同介电常数介质的界面时，一部分能量从介电常数突变处反射，另一部分能量继续向下传播，反射回地表的能量被接收天线接收，并被雷达采集系统采集，从而测得界面的位置和该层的介电常数，通过系统后处理分析和计算后，确定路面结构层厚度及路基、路面结构层内缺陷发育情况，进而全面了解路基路面工程质量状况。

(2)检测应用

①测厚主要是通过收发一体的高频天线,向结构层发射电磁波,天线可悬在车上,和结构层不接触,以 60km/h 的速度进行检测,通过求出传播时间和速度得出结构层厚度。采用探地雷达探测技术既不会损坏路面,又可连续检测,它可取代钻孔取芯法,或减少钻孔取芯的数量。在雷达剖面图上既能直观地显示路面厚度的连续变化情况,又能准确地求取各点厚度值。

②测损和测厚的方法是一样的,原理是电磁波遇到破损点时,传播时间、频率发生改变,进而分析求得缺陷点的形状、大小及成因。

③测湿的方法 20 世纪 90 年代在国外已开始使用,电磁波是一种微波,水对微波功率的损失要比其他物质引起的功率损失大的多,也就是说,微波在含有水分的介质中的能量损耗主要是由于水分引起的,所以,利用电磁波传播过程中能量损失来测量水的含量。

④材料密实度的测量通常使用反射系数法,波能在介质中损失愈大时,则介质的介电常数愈大,同样,当材料介质愈疏松,则介电常数愈小,电磁波的反射系数愈大,根据反射系数推断材料的密实度。

⑤在测混凝土强度方面,原理是通过大量的试验,总结出混凝土强度和电磁波能量、振幅、频率之间的关系曲线,求得相关公式,建立一个经雷达测试采集出的数据(材料的物理量)与材料强度之间的数学模型,此模型的参数应适用于不同结构、不同材料的公路路面类型。

⑥病害和缺陷检测,在公路工程中病害和缺陷主要是路基、路面基层的裂缝类和松散类破坏。探地雷达对高填方区土基础裂隙、塌陷等隐患及对路桥接触部位架空现象等进行检测,若层中有缺陷,如碎石等集料剥落和出现裂缝或在裂隙中贮有水体,层中介电值发生突变形成界面,就有另外的反射波出现,可为隐患的早期发现和及时处理提供依据。

3.探地雷达在质量评定中的应用

(1)路面系统质量评定中的应用

在高等级公路的路面评定中,路面结构层的厚度直接决定着路面结构层允许弯沉值、强度极限值和沥青材料的用量;同时又影响着路面破损及其最终使用寿命。在现行《公路工程质量检验评定标准》(JTJ 071—98)(下称《标准》)中,检查路面结构层厚度是每 200m 每车道 1 点进行挖验或钻芯取样,通过有限的厚度测试资料统计确定厚度代表值;评定时,若厚度代表值大于或等于设计厚度减去代表值允许偏差时,则按单个检查值的偏差是否超过极限值来评定。

而利用探地雷达高频(10GHz 左右)天线检测路面,对于新修路面或无损路面,由于面层和基层的介电常数及厚度比较均匀,可由公式直接计算出厚度。对于现有公路网,由于面层和基层的介电常数及其变化与地下信息密切相关,其中影响表层介电常数主要因素是沥青层的密实度,影响基层介电常数是基层的湿度,这样,通过极少量的钻芯取样对雷达波标定后,检测路面结构层的质量,就可以由面层厚度及介电常数的变化情况,获知全方位的路面结构层的信息。总之,采用探地雷达检测法,一方面可详细、全面地了解路面结构层的质量状况,另一方面可最大限度地保护路面结构层的完整性。

(2)路基压实度评定

公路路基的压实度直接影响着路基变形、强度以及稳定性,而又间接影响着路面的损坏。传统的对压实度的检查办法是以 1 ~ 3km 长的路段为检验单元,通过每 $2000m^2$ 每压实层测 4 处做标准密度试验;通过所计算试验的密度代表值与设计值相比,确定是否合格。而利用探地雷达高频(100 ~ 400MHz)天线检测路基,可探知路基土不同压实度的分界线,配合极少量的钻芯取样或其他地球物理检测方法,确定公路运营的任一阶段的路基密实度。

(3)养护决策优化中应用

公路养护是公路质量管理的重要组成部分。所谓养护决策,就是根据所提供的各种信息,对路况进行分析,合理分配有限养护资金等资源,确定最佳养护方案和实施时间的过程。目前在公路管理部门中判断一个路段是否要养护,首先根据路表病害的大小,即目测初步判断,接着进行路面强度等检测,根据检测结果,依据一定的规范和标准,通过综合分析,为各个路段选择最佳的处置措施。这样在对同一路段进行处置决策时,就不会因时间和工程师经验等的不同,而产生太大的差异。但由于没有对所有路段进行数据采集和客观分析,决策的依据主要是工程师的经验,因而还是不可避免因工程师之间的经验不同造成判断结果的差异。如果工程师的经验丰富,判断正确,其结果就比较合理,否则,就难以保证决策的准确性和合理性。

应用探地雷达无损检测技术,可以快速而全面地对所有路段进行检测和分析,这样就从路基、路面结构的深度和广度上全面了解路面下的各结构层的详细工作信息。与此同时,若对比公路运营不同时期的路基、路面结构层的工作性能差异,可进一步了解路基、路面各种破坏的发展状态,从而减少养护决策中经验差异,使决策进一步得到优化。

二、高速公路养护的作用

(1)通过养护,使高速公路时刻处于完好状态,从而使高速公路充分发挥出它最大的承载能力,发挥出建设投资效益。

(2)弥补高速公路的先天不足和使用缺陷。一般来说,在高速公路投入使用后,由于建设期的种种原因,在实际使用中往往会出现诸如道路排水、边坡防护、通道设置、标牌处置、建筑物使用功能等方面的问题,这些问题只能通过后期的养护维修加以弥补,并逐步形成高速公路较完善的使用及服务功能。

(3)提前预防道路及设施病害的发生,及时治理随时出现的损坏,尽可能延长道路及设施的使用寿命,延缓大修周期,降低运营管理成本。

(4)减少或杜绝由于道路及设施维护不当给用户及使用者带来的意外损害,避免为此引发的不必要的法律纠纷。

综上所述,高速公路的养护管理是高速公路运营管理中不可缺少的一个重要内容。高速公路养护管理一定要常抓不懈,常养不怠。为使用者创造一个良好畅通的行车环境。近年来,交通部提出了"公路建设是发展,公路养护也是发展,而且是重要发展"的观点,把公路的养护管理提到了一个新的高度来认识。由此可见,高速公路的养护管理更应是一项具有战略意义的工作,因此,进一步加强高速公路的养护管理是实现国家交通运输长远发展目标的需要,是持续改善国家路网结构的需要,也是加速高速公路现代化进程的需要。

三、高速公路养护的主要内容

1.高速公路养护的具体内容

(1)日常巡查、清扫路面,排除路障;

(2)防冻防冰,清除冰雪;

(3)交通安全设施及沿线设施的清洗与维护;

(4)标志增补、撤换与维修;

(5)道路标线重划;

(6)路基路面及结构物的日常维修;

(7)周期性大、中修和专项工程维修;

(8)绿化和环境维护与改善;

(9)工程缺陷的跟踪观察与技术措施;

(10)路面改善与结构物加固;

(11)养护机械保养与使用管理;

(12)事故救援;

(13)路产监护;

(14)工程抢险等;

(15)定时或随机向中央控制室报告路况与交通情况。

2.高速公路养护按养护工程分类

根据《公路养护技术规范》(JTJ 073—96)有关养护工程分类的原则,为便于养护计划的编制与考核,高速公路养护内容归纳起来,大致可分为如下几个方面:

(1)为保持路况及设施完好而进行的日常维护保养

高速公路日常维修保养具有经常性、及时性、周期性的特点。这种养护尽管每天都要进行,但却具有一定的不可预见因素,即在每日的常规养护中会经常发现新的问题和缺陷。这些问题和缺陷如不及时处理,往往会对行车安全造成大的隐患或威胁,如标志的修复或重置,监控通信设施故障排除,冬季的各种作业等。这些工作必须在当天或较短的时间内做出反应,具有较强的随机性。

高速公路日常维护保养一般包括路基路面保养、桥涵隧道保养、沿线设施保养、机电设备保养、绿化保养等。日常维修保养作业具有点多、线长、面广、分散,以及移动作业等特点,往往受自然因素影响较大。在施工组织上一般采用专项责任承包或分段综合承包等方式,这样可以更好地落实责任,提高养护质量和考核力度。

(2)为加固完善道路及运营设施而进行的专项工程

专项工程是在保证交通的情况下进行的规模性养护施工,是对高速公路及其附属设施的一般性磨损和局部损坏进行修理、加固、更新、完善的作业,是针对不同养护对象提出的具有保护作用的维护措施。例如易损边坡的护砌加固、桥梁伸缩缝及桥头跳车的处治、沥青路面整段罩面、沿线建筑及收费棚亭的粉刷油饰、易动岩体的灌浆稳固、增设沿线景点和树木更新等,在实际养护中被列入专项工程计划,由专业施工队伍实施。

(3)为恢复或改进原设计功能而进行的大修工程

高速公路大修工程是指高速公路及其附属设施已达到其服务年限,必须进行应急性、预防性、周期性的综合修理,使之全面恢复原设计状态或根据高速公路发展的要求进行的局部改善工程,其中包括:重建或增建的防护工程、整段路面的改善工程、增建小型立交或通道、大中桥梁改善、沿线设施的整段更换、房屋建筑的改造、监控收费系统的改造,以及站区广场的改造等。这些项目一般按年度做出规划,在养护费用中列支。

(4)对沿线景观、绿地的绿化美化和环境保护

绿化美化是高速公路养护管理的重要内容之一。目前我国高速公路的绿化任务大都是在通车后的养护期内完成或分步实施的。这项工作一般包括沿线中央分隔带及边坡的绿化养护、站区及办公环境绿化养护、服务区绿化养护、沿线特殊景点的绿化养护、以及苗圃的保养等。高速公路的绿化美化工作一般都列入高速公路日常维修、保养与专项工程之中,并根据高速公路管理的需要有计划地完成。

此外,做好环境保护也是高速公路养护的重要内容。其中噪声控制设施、生态保护设施,以及结合绿化进行的绿化美化工程等,是高速公路环保养护的重点。

(5)灾害及恶劣气候条件下的抢修及应急对策

高速公路在运营过程中,会遇到不良灾害天气的侵害,例如:飓风、暴雨、山洪、冰雪、地震和岩体滑塌等。这些情况尽管发生的机会较少,但造成的危害很大,往往会使高速公路运营工作陷入瘫痪。因此,对上述危害做好充分的物质准备,制定切实可行的抢修预防和快速反应机制,是高速公路养护管理不可缺少的重要内容之一。

(6)沿线机电设施的维护与管理

机电设施的维护与管理是高速公路养护区别于一般公路养护的重要特征,也是保证高速公路正常运营的不可缺少的重要环节。

就目前而言,机电设施的维护一般包括监控、收费系统维护、通信系统维护、通风照明系统维护、供配电系统维护以及消防等。这些工作往往具有技术要求高、程序复杂、危险性大等特点,维护人员须经培训或持有专业证书方可上岗作业,特别是在执行规范和规章方面,有着更严格的要求。

除此之外,高速公路养护工作还涉及有关机械设备管理、作业安全管理以及养护技术管理等很多内容,这些内容构成高速公路养护的保障体系,是不可缺少的重要组成部分。

3.高速公路养护按工作对象分类

根据高速公路的特点,将养护工程按工作对象可划分为路基、路面、桥梁、涵洞通道、安全设施、绿化、沿线设施7项养护。

(1)路基养护

①范围

包括路肩(含压顶)路堤边坡、边坡防护(圬工防护含桥头锥坡、挡墙)边沟、排水沟、截水沟、急流槽、边沟涵。

②要求

a.路基各部分经常保持完整,各部尺寸保持规定的标准要求,不损坏变形,经常处于完好状态;

b.路肩无车辙、坑洼、隆起、沉陷、缺口,横坡适度,边缘顺适,表面平整坚实、整洁,与路面接茬平顺,排水顺畅;

c.边坡稳定、坚固,平顺无冲沟、松散,坡度符合规定;

d.边沟、排水沟、截水沟、跌水井、泄水槽等排水设施无淤塞、无高草,纵坡符合要求,排水畅通,进出口维护完好,保证路基、路面不积水和边沟内不长期积水;

e.挡土墙、护坡等设施保持完好无损坏,泄水孔无堵塞;

f.做好翻浆、坍方等病害的预防、治理和抢修,防止阻车的情况发生。

(2)路面养护

①范围

为主线分隔带边缘至停车带外边缘(外侧缘石或挡水带)之间的沥青路面、匝道路面、收费广场、桥面。

②要求

a.及时、经常地对路面进行检查、保养和修理,随时排除有损路面的各种因素,及时修理各种病害,防止病害的进一步发展;对影响行车安全的病害(如坑塘等),应在发现之时起24小时内完成修理;

b.通过对路面的保养和修理,保持路面平整、横坡适度、线型顺直、路貌整洁、排水良好,并有良好的抗滑能力,确保路面安全、舒适的行驶性能;

c.按照“预防为主、防治结合”的原则,针对季节性病害根源,采取有效的技术措施,做好预防性季节保养和修理;

d.通过对路面的修理和改善,保持和提高路面的强度,确保路面的耐久性;

e.及时清扫路面,保持路面整洁,防止因路面损坏和养护操作污染沿线环境。

(3)桥梁养护

①范围

包括主线桥、匝道桥、桥式通道、上跨桥。

②要求

a.主要部件功能与材料保持良好,以保证公路畅通无阻;

b.承载能力和桥面行车条件符合设计指标;

c.泄水孔等排水设施通畅,桥面无积水;

d.建立和健全完整的桥涵技术档案,加强现有桥涵构造物的检查和保养、维修与加固工作,使其经常处于完好的技术状态,尽量延长其使用年限。

(4)涵洞通道养护

①范围

包括各类过水涵和人行、机械、汽车通道。

②要求

a.对于涵洞,水流在任何情况下都能顺畅地通过涵孔排到适当地点,保证洞身、涵底、进出水口、护坡和填土的完好、清洁不漏水;

b.对于通道,两端接线平顺,无明显沉降,箱底面积水 20cm 以上面积不超过净宽面积的 1/3,结构部件无破损,人通、机通、汽通在正常情况下无积水。

(5)安全设施养护

①范围

包括防撞护栏、标志、标线、隔离栅、防眩板、导流桶、里程牌、百米标、轮廓标、界桩。

②要求

各项设施完备无缺损,标志标线反光效果显著,护栏线形顺畅无污损,隔离栅修复及时无破损。

(6)绿化

①范围

包括中央分隔带绿化、边坡绿化、互通范围、服务区集中点等绿化。

②要求

a.加强栽植技术和抚苗管理,提高成活率,加速成长,严格爱护,确保绿化的完好无缺,以达到巩固路基、有效防眩、美化环境的作用;

b.抓好青苗管养工作,逐步达到苗木自给。

(7)沿线设施养护

①范围

包括收费岛、收费亭、收费大棚、防落网、三大系统、房建等。

②要求

各项设施完善无缺损、破坏,处于完好的技术状态,功能完好。

小　结

在公路规划确定之后,以后的主要工作是分步骤、分阶段实施高速公路的建设工作,根据工程项目可行性研究的结论,安排高速公路各路段建设的先后顺序。在各段高速公路建设实施的过程中,最重要的问题是保证质量、保证工期,以严格的制度和科学管理规范高速公路建设的全过程。改革开放以来,我国高速公路的建设工作通过十几年的探索,在工程可行性研究、项目招投标、项目合同管理、项目业主管理以及工程监理方面,在吸收国外先进经验和总结自己丰富实践的基础上,逐步制定了完善的法律、法规制度,形成了既同国际接轨又适合我国国情的一整套高速公路建设管理制度体系。本书总结了其中主要的管理制度,并做了具体的阐述。

在高速公路养护方面,本章介绍了养护的含义及其特点,介绍了养护工作的重要意义及作用,介绍了高速公路养护的主要内容。本章还介绍了高速公路质量检测管理系统,这是科技含量很高的先进检测手段。本章强调,在高速公路的使用期间,其日常质量检测非常重要,及时、准确的检测是高速公路搞好预防性养护的基础。除了采用通常的自测、钻芯取样等传统检测手段外,近几年我国又引进了先进的雷达检测技术,并得到迅速的普及使用。

交通部规定了高速公路养护工作的指导方针和养护原则,提出了高速公路养护的基本要求和主要任务,这些内容也在本章作了简要介绍。

思考题

1.简述高速公路建设项目业主法人在项目各阶段的主要职责。
2.简述高速公路项目招投标的种类和具体程序。
3.高速公路建设项目合同包括哪几种?合同管理的主要内容是什么?
4.政府对高速公路建设监督管理的内容和权限是什么?
5.对高速公路建设项目社会监理的范围和内容是什么?
6.简述高速公路养护的作用和养护的主要内容。

第八章

高速公路的通行

学习目标

高速公路车道清晰、坡度平缓、视野开阔，与对向车道分开，也没有行人和混合交通的干扰，具有优越的行车条件和安全设施，是行车的理想之路。但是，在高速公路上行驶有鲜明的行车特性，使用者必须熟悉高速公路上的行驶特点和驾驶规律，熟练掌握高速公路上的驾驶操作方法，任何的疏忽和不按规律办事和不按规矩行驶，都会导致重大交通安全事故。作为高速公路管理人员，必须十分通晓高速公路的行车特性，十分通晓高速公路上的行车规范，充分了解在不利的天气条件下，如雨雪天气和大雾天气条件下的行车规律，只有这样，才能在自己的管理工作中，有效地指导高速公路的使用者安全、快捷地行驶。

基于上述的理念，本章重点介绍了高速公路上的行车特性和行驶规律；介绍了在高速公路上驾驶车辆的行车规范以及在特殊条件下在高速公路上驾驶的操作要领等。

第一节　高速公路的行车特性

高速公路的道路条件和安全设施较好，这里没有信号灯、行人和交叉路口的干扰，车道清晰，坡度平缓，视野开阔，与对向车道完全分开，所以给人的感觉是在这里行车非常容易。事实上也是如此。但它和一般道路又有所不同，如果对高速公路的行驶特点了解不够，不掌握高速公路上的驾驶操作方法,就有发生重大事故的隐患。

一、交通流量大,行车速度高

高速公路的通行能力比一般公路高几倍甚至几十倍,且分道行驶,完全可以解决道路交通的堵塞问题,确保交通动脉的畅通。

高速公路上只准快速的机动车辆通行,行人、非机动车、轻便摩托车、拖拉机、电瓶车、轮式专用机械车,以及设计最大时速小于70km/h的机动车辆,不准进入高速公路。高速公路的设计最高时速为120km/h,平均时速较普通公路高60%~70%。我国《高速公路交通管理暂行规则》规定:车辆在高速公路上行驶时,最低时速不得低于50km/h,最高时速不得高于110km/h。

二、全封闭行驶,出入管制严格

由于高速公路采用全封闭系统,它除了具有一般公路的特点外,还具有中央分隔带、多车道(每一方向至少有两个车道)行驶以及对出入口进行控制的特点。车辆在高速公路上行驶,只能在规定的出入口出入,没有平面交叉,不得掉头、倒车和穿越中央分隔带。

三、行车驾驶单调,刺激少易疲劳

由于我国一般公路大都是混合交通,所以当驾驶员驾车从人车混行的一般公路进入高速公路时,由于外界的刺激和信息大量减少,顿时会感到轻松自如,驾驶员压抑的情绪得到解脱。但全封闭、全立交、有隔声屏的高速公路,外界景观较单调,对驾驶员的刺激减少。高速运行的汽车使驾驶员的心跳次数增加,导致生理心理失调的频率加快,从而使驾驶员容易疲劳。

其次,由于高速公路平直宽敞,视野开阔,车辆在这种道路条件下高速行驶时,发动机的声调一成不变,驾驶员开一阵车后,也会因缺乏感官刺激,逐渐产生精神疲劳,速度感和快速反应能力都会随之减弱。在这种情况下,发生事故的可能性增大。

再次,从视觉特性来看,汽车高速行驶,迫使驾驶员的视线转移到前方的远处,这样虽然可以得到远处的交通信息,但是眼睛总盯着远处看,容易把同向行驶的车看成是静止的,把静止的汽车看成是行驶的,形成一种错觉。在这种错觉下,驾驶员常常会把交通阻滞处停驶的汽车看成是向前移动的,从而不注意降低车速,往往发生追尾碰撞事故。为了避免这种错觉引起的失误,必须区别前行时车辆是行驶的还是静止的。其方法是注意观察前方车辆的路旁景物与车辆的位置关系。另外，驾驶员的眼睛长时间地注视着远方，还会产生一种误差，把近处的东西看成是远方的，医学上称之为“空虚近视”，这对行车安全也是极为不利的。

鉴于这些原因，公路设计者往往根据沿途的地形、景物等特点，设计一些半径较大的弯道，以调节驾驶员的行车心理，改善行车条件，减少车祸发生。在高速公路的长直线段上，设置一些醒目的标志和别致的建筑物，或通过精心的绿化景点设计以调节行车环境。

四、行车靠标志和信息引导，干扰小、冲突少

在一般道路上的干扰有两个方面：一是纵向干扰，即交通流本身车辆之间由于速度差产生的干扰(其中包括往返两个方向车辆之间的干扰)；二是横向干扰，主要是在平交路口横向车辆的干扰及行人横穿马路的干扰。为了消除或减轻这些干扰，对高速公路提出了四点基本要求：一是限制速度；二是设置中央分隔带；三是立体交叉；四是控制出入。前两项缩小了同向车辆间的车速差，隔离相向行驶的车辆，从而排除了纵向干扰；后两项减少甚至消除了交通流的冲突点，从而排除了横向干扰。因此，高速公路较之一般公路车辆冲突少得多。

由于我国道路交通的“路情”，使许多驾驶员习惯于一般公路行车时交通民警和红绿灯的指挥，而比较忽视道路交通标志的作用，对高速公路上全新的标志不够熟悉或理解不透。对路上各种感应器和道路情报板提供的道路交通信息不能正确利用。这就要求驾驶员必须熟悉高速公路的组成特点、标志、标线的内涵以及特有的情报感知装置的显示功用，只有这样，才能确保高速公路车辆行驶的快捷、舒适、安全、高效。

五、转弯离心力大，刹车制动距离长，易首尾相撞

汽车在高速公路上行驶，由于道路和交通环境的变化，免不了要做曲线运动，汽车做曲线运动必然要产生离心力。离心力达到一定程度，汽车就有发生侧移、横向倾覆的可能性，汽车的操纵稳定性将下降，对车辆的正常行驶带来影响。

影响离心力的主要因素是汽车行驶速度、汽车质量和圆曲线半径。在一定条件下，如汽车装载量确定、道路确定，可以认为汽车质量和转弯半径是定值，汽车行驶速度则是关键因素。由于离心力大小与速度的平方成正比，车速越高，产生的离心力越大。因此，在一般公路条件下可以安全的弯

道，在高速公路上，由于车速的提高，离心力显著加大，则可能发生侧移或横向倾覆，尤其是重心高、质量大、行驶在光滑路面条件下更是如此。

对于给定了道路的圆曲线半径，并已明确了路面的横向坡度和道路附着系数的路段，允许最高行驶速度为：

$$V = \sqrt{127R(0.6\varphi + i)}$$

式中：V——允许行驶速度(km/h)；

R——圆曲线半径(m)；

φ——道路附着系数；

i——转弯处的道路横向坡度(%)。

一般情况下，高速公路在设计上可以保证行车速度要求，但在特殊条件下，如遇有冰雪，道路附着系数下降，则允许行驶速度将大大降低，这一点应特别注意。

汽车制动的全部时间是由驾驶员反应时间、制动器起作用时间、持续制动时间和制动彻底解除时间四个阶段构成。车辆制动停车距离是指从驾驶员看到制动信息采取制动措施开始，到汽车停住为止，需要经历驾驶员反应时间汽车行驶距离和汽车的制动距离之和两个阶段，按下式计算：

$$S_z = \frac{v}{3} + \frac{kv^2}{254(\varphi \pm ik)}$$

式中：S_z——汽车制动距离(m)；

v——开始制动时汽车的行驶速度(km/h)；

φ——道路纵向附着系数，与路面状况有关；

i——道路纵向坡度，上坡为正，下坡为负；

k——制动系数，取值在1.2~1.4之间。

由上式可以看出，制动距离的长短主要与行驶速度、道路附着系数及制动装置结构等有关，其中制动前的汽车行驶速度影响最大。计算表明，行驶速度越高，制动距离越长；行驶速度增加一倍，制动距离增加约三倍。高速公路上行车，由于车速增加，制动距离较大。因此，驾驶员在高速公路上行车时，必须考虑到制动距离的变化特点，充分估计到车辆制动距离，遇有情况，应提前减速采取措施，以免交通事故的发生。

六、长时间高速行驶，轮胎性能下降

轮胎是汽车与地面接触的中间媒体，它除了缓解和衰减汽车行驶中的冲击振动，支撑汽车重量外，还负责提供良好的附着条件，从而顺利实现对汽车的控制，如制动、转向等。

轮胎性能主要是轮胎对地面的力学特性，如缓冲性能、牵引性能、通过性能等。作为高速公路行车的一个显著特征，主要表现在其高速性能方面。轮胎高速性能主要体现于轮胎生热和液面效应。虽其产生的机理不同，但两种作用的结果均将导致轮胎功能失效，使汽车控制受到阻碍，不能适应道路交通环境，引起交通事故。

由气体状态方程式可知，轮胎气压和压缩空气温度存在如下关系：

$$PV = mRT$$

式中：P——轮胎气压；

V——轮胎内胎容积；

T——轮胎内部温度；

m——轮胎内压缩空气质量；

R——气体常数。

行驶中，轮胎要连续不断地产生伸缩变形，橡胶与帘线、帘线与帘线、外胎与内胎及地面与地面等均会发生摩擦，生成大量的热，而轮胎材料主要为橡胶和化学纤维，是热的不良导体，所以热量难以散发，这就使得胎体内温度逐渐上升。由前述关系式可以看出，由于胎体温度升高，导致轮胎气压增大，而与此同时，橡胶性能因高温而下降。因此，当胎体温度达到一定时，气压超过橡胶材料的极限强度，必然引起轮胎损坏。

根据实验可知，轮胎变形、摩擦生热引起轮胎内部温度变化(T)，主要与轮胎承受负荷(P)和旋转速度(V)有关，即：$T \propto PV$。由此可见，随着汽车行驶速度 V 的增加，轮胎内部温度 T 上升，轮胎气压 P 增高，轮胎强度下降，轮胎损坏的可能性加大，使汽车失控引发交通事故的可能性提高。

第二节　高速公路的行车规范

高速公路由于具有良好的交通环境，人们在高速公路上行车有一种安全感。但是，如果忽视了汽车在高速条件下行车特性的变化，不能很好地掌握高速公路行车要求及驾驶操作方法，就有发生重大事故的可能性。因此，必须从行车前的准备工作开始，注意行车每一环节。

一、进入高速公路行驶前的准备工作

汽车驶入高速公路前，为了使驾驶员全身心地投入到汽车驾驶中，需要

在行车前作好以下准备工作：

1. 制定行车计划

首先要弄清高速公路的布置情况，如高速公路经过哪些城镇、出入口分布，与其他公路的连接、收费方式等情况，确定最佳驶入口和驶出口，以防止行车中产生迂回等，从而减少行车时间。

其次要安排好出发时间和中途休息点。长途行驶，应事先熟悉高速公路沿途服务设施的分布情况，根据行驶里程、行车时速等，安排好中途休息点，以保证驾驶员有充沛的体力和精力及正常的反应水平，正确地驾驶汽车，适应道路交通的需要。

此外，驾驶员应熟悉沿途情况，如交通量大小、分布状况，沿途加油、停车、维修等服务设施的分布情况等，以便采取预见性驾驶措施，克服急躁情绪。同时要带足旅行物品，以便安心驾驶。

2. 检查车辆技术状况

汽车在高速公路上出现技术故障，容易引发交通事故。因此，驾驶员应当养成在行车前检查车辆技术状况的良好习惯，做好行车前的检查工作，具体工作参看表 8-1。

行车前对汽车的检查　　表 8-1

检查部位		检查内容
前日异常部位		是否妨碍行驶
制动装置	制动踏板	制动踏板的自由行程是否合适、制动是否灵敏、左右制动是否一致
	制动液贮罐	制动液是否充足、制动管路有无渗漏现象
	制动操纵杆	制动杆的自由行程是否合适
行走装置	轮胎	气压是否合标准；轮胎是否有裂纹、损坏处；轮胎是否有异常磨损；轮胎是否扎入钉子、石头等物；轮胎花纹深度是否符合规定
发动机	冷却装置	是否漏水；冷却水量是否充足
	风扇皮带	皮带的松紧度如何，皮带有没有损伤
	润滑装置	发动机润滑油量是否充足
燃料装置		燃油量是否足够
照明装置 方向指示器		闪光是否异常 透镜是否受污染、损伤

续上表

检查部位	检查内容
后视镜	反射形象是否良好
反射器、汽车牌照号码板	反射器、车牌照是否有污垢、受损处
转向装置	方向盘转动是否灵活，有无沉重、发卡现象，方向盘左右转过角度是否符合车型的要求；各种转向传动机构联结是否可靠，如转向横、直拉杆等联结螺母是否松动

汽车的技术特点和交通肇事的经验教训都说明，精心检查是安全行车的必要条件。通过检查才能真正做到无故障出车，使汽车控制自如，得心应手，消除事故隐患。

3.检查货物、人员的乘载情况

货物装载直接影响汽车行驶中产生的制动力、附着力、离心力等的大小，对汽车操纵稳定性有很大影响；人员的乘载情况，则直接影响到乘客的安危。因此，货物、人员的乘载除必须符合规定的装载质量、载乘人数、装载长度、装载高度、装载宽度外，还应注意以下问题：

(1)货物捆绑。汽车由于高速行驶，转弯时离心力很大，如果货物捆绑不牢或没有捆绑，转弯时极易被甩出，从而诱发交通事故。所以，行车前必须认真检查。同时，由于车速高，迎风阻力大，货物若盖有篷布等要扣紧捆牢，防止随风飘扬，影响行车视线。

(2)货物装载分布。在货物装载中，一般为了装卸方便，常将货物偏向车厢后端分布，在车厢前端与驾驶室间留有空隙，这对驾驶员的安全构成了很大威胁。万一发生碰撞事故，由于车厢前端留有空隙，碰撞时被冲击的货物移动能量大，从而冲击驾驶室，使驾驶室受到损坏，驾驶员受到伤害，特别是运送一些长大件货物，如圆木、钢管、水泥构件等。因此，装载时，应消除车厢前端空隙，以确保驾驶员安全。此外，货物装载分布不均，也极易造成个别轮胎严重超载，引起爆胎，进而引起交通事故。

(3)人员乘坐安全。汽车长距离高速行驶，人员乘坐必须安全、舒适。乘员座椅固定要可靠，按规定使用安全带的座位，安全带安装要齐全。汽车起步前，应提醒乘务员系好安全带，并在各自位置坐好，严禁人员站立行车。

二、在高速公路上行驶时的规范

为了在高速公路上安全行车，驾驶员首先要了解高速公路上的行驶特点，了解高速行驶对驾驶员自身以及对车辆性能的影响，从高速公路交通事故的发生情况来看，初上高速公路的人出事故的比例较大，其主要原因就是对高速公路上的行驶特点不够了解，仍以在普通公路上的习惯驾驶车辆，遇有意外情况容易措手不及，引发重大交通事故。

1.禁止进入高速公路的车辆

高速公路设计车速高，中途严禁随意停车，如果车辆技术状况差，中途易出现故障抛锚，势必影响后续的车辆，甚至会引起严重的交通事故。由此看来，提高高速公路行车的安全性，除依靠公路设施提供保证外，对进入高速公路的车辆进行限制也是必不可少的手段，即对进入高速公路的车辆进行技术把关，是高速公路安全、畅通、高速的重要保证。为此，有关交通法规对进入高速公路的车辆和人员作了如下限制：

(1)非机动车及行人严禁进入高速公路；拖带挂车的汽车、后三轮机动车、拖拉机、轻便摩托车、电瓶车、轮式专用机械和轮式专用机械车、挂试车号牌的车辆以及挂教练车号牌的车辆都不得进入高速公路。

(2)设计最大时速小于70km/h的机动车辆不得进入高速公路。这条规定是对上述规定的补充，对上述规定以外的一些车型，包括已有的和今后可能生产的，设计时速达不到要求，都不能进入高速公路。

(3)道路交通管理机关可以视情况禁止某厂型号的机动车在高速公路上通行。作出这条规定的原因是，道路交通管理机关根据对大量事故的分析或车辆检测场的实际检验，可能发现某厂型号的车辆在设计上存在一些较严重的问题，且这些问题是车辆故障或事故的潜在因素，如果允许这种车辆进入高速公路，发生故障或事故的可能性很大，所以道路交通管理机关为安全起见，有权禁止某厂型号的机动车辆进入高速公路。

(4)汽车的外形宽度(含载货)超过2.5m、高度超过4m时，须经公安交通机关批准方可进入高速公路，并按规定时间、路线行驶。高速公路是按外形宽度2.5m、高度4m的基本车型设计的。车辆在一般公路上以40～60km/h的时速行驶时，侧向间距要求保持1～1.4m，而高速公路上的车辆时速一般保持在80km/h以上，侧向间距应适当加宽。如车辆外形超过规定的限度，就不能提供足够的侧向安全间距。同样，在跨线桥下通过车辆时，也应有足够的安全净空高度。

2.车辆在高速公路上的行驶规定

车辆行驶在高速公路上，驾驶员以较高的车速驾驶车辆，没有太多的横向和纵向干扰，这与一般公路相比，使驾驶员获得了一定的满足感。与此同时，驾驶员的驾驶行为却受到严格的限制，这些限制的目的就是为了保证高速公路的安全畅通。有关法规对车辆在高速公路上的行驶规定如下：

(1)加速准备

车辆进入高速公路起点后，应当尽快将车速提高到规定的最低速度；从匝道入口或通过收费站后，车辆应在加速车道上加速，并逐渐汇入主车道，驶入主车道时，不准妨碍其他车辆的正常行驶。

(2)车道占用

车辆在高速公路上通行时，应当遵循右侧通行原则，在右侧或中间车道上行驶，不得长距离地占压分道线。另外，车辆在以平常的速度行驶时，不应长时间地占用左侧车道，使得后车无法超越。

无论在任何车道上驾车行驶，抢道、越线不仅对自己车辆是一种危险行为，同时还会对路线上的其他车辆造成威胁。尤其是在高速公路上越线穿行，是极其危险的行为。据统计，高速公路90%以上的事故都是由于不正常改变车道，干扰车流引起的。因此要求高速公路应严格分道行驶。

(3)不得占用路肩

高速公路分道线最外侧设有路肩，它是救急车辆特别通行使用的专用线，同时可供故障车辆临时使用。

一般车辆如果占用路肩行驶，使用了紧急停车带，一旦发生交通事故，就会影响抢险、救护车辆的通行，延误伤员的救治和抢险工程的作业。因此，路肩行驶是禁止的。

(4)车道选择

为了保持车流稳定，满足行车需要，高速公路设置了不同用途的车道，即主车道、变速车道和爬坡车道。充分正确地利用这些车道，可提高道路利用率，减少交通阻塞，提高汽车平均行驶速度。

主车道是汽车正常行驶的车道，它以标线分为两条或两条以上，靠右侧为慢行车道，供汽车正常通行，一般车辆均在此车道行驶，靠左边车道通常为超车车道，供超车使用。

汽车行驶中，一般情况下以右侧标志线作为引导标线，适当靠右行驶，以利于后续汽车有足够的侧向间距。为保证车流畅通，只有超车时才使用超车车道。

在高速公路入口处设有加速车道，在出口处设有减速车道，通称为变速车道。汽车驶入和驶出高速公路时，为了能使汽车行驶速度适应不同道路条件的要求，必须通过变速车道进行过渡。

进入高速公路的瞬间是不能疏忽的。在高速公路上,汽车以高速川流不息地行驶,要想迅速进入车流中,必须有正确的驶入方法。首先根据车流情况,确定插在哪辆车的后面汇入车流,然后打开左转向指示灯,在加速车道上行驶一半以上的路程。车速接近车流速度后,轻轻操纵方向盘,进入主车道,汇入车流,决不可不在加速车道加速,直接并入主车道。

尽管有时高速干道上汽车很少,也应充分利用加速车道,尽可能地提高车速驶入主车道,千万不能掉以轻心。否则,遇有突如其来的后续车辆,可能发生追尾相撞的恶性事故。

汽车驶离高速公路时,应注意交通标志,及早了解出口处的位置,在距出口 500m 处打开右转向灯,徐徐驶入减速车道,在减速车道慢慢减速,驶出高速公路。驾驶员在高速公路上经过长时间的高速行车后,对速度感觉麻木,再加上单调的驾驶,知觉反应变得迟钝,在这种行驶状态下,稀里糊涂地将汽车驶离高速公路,是极其危险的。

汽车不能在主车道上减速,以免影响正常行驶车流,也不可直接高速驶入出口,必须在减速车道内充分减速。

驶离高速公路时,万一错过出口,应继续驶至下一出口方可离去,决不可逆向行驶,否则可能导致事故发生。

爬坡车道是在陡坡路段主车道右侧设置的、供载货汽车行驶的专用车道。载货汽车爬坡时,须克服较大的坡道阻力,致使车速下降,结果造成路上压车,直接影响车流的正常行驶,使小汽车行驶速度得不到发挥,这不仅增加了超车的次数,行车安全性下降,也使道路的通行能力降低。为了消除上述不利影响,在陡坡路段设置爬坡车道,把载货汽车从主车道车流中分离出去,以确保安全、高速行驶。

在设有爬坡车道的上坡路段,载货汽车若爬坡性能差,感觉行驶吃力时,应及时换入爬坡车道,因为在高速公路上车速低于平均速度的汽车,易受尾追或超车的影响,危险性增加。驾驶员应注意,一般为安全起见,当速度降到 60km/h 时,应主动利用爬坡车道行驶。

(5)跟车

在同一条车道上,汽车之间应保持多大距离,这是一个经常遇到的问题。驾驶员为了争取时间总是将车间距离缩小,但行车间距太小,容易发生追尾撞车的事故,而行车间距过大,又会影响道路通行能力。所以,必须有一个适当的距离,保证同车道汽车纵队行驶时,在前车实施制动突然停车的条件下,后车及时采取制动措施而不发生碰撞。满足这一条件的距离称为跟车视距。

影响跟车视距大小的因素，主要与汽车行驶速度、反应时间和制动性能有关。行车中，要注意观察车速表的指针指示情况，利用道路一侧的距离判定标志，及时地确定跟车视距，并进行适当的修正。一般时速为 100km/h 的车，则应保持 100m 以上的视距；时速为 80km/h 的车，则应保持在 80m 以上的视距。遇到雨雪、大雾等天气，行车视距应增加 1 倍以上。

为了及时准确地了解前方车速改变情况，跟车时不能将注意点固定在前一个车，漫不经心地听任车流行驶，应以 2～3 辆前车为诱导目标，并作为一个整体捕捉，这样可以防止由于相对速度为零，使驾驶员失去速度感。

(6)超车

在高速公路上超车，虽然不会占用对方车道而同迎面来车相撞，但由于汽车高速行驶特性的影响，如不能适时地变换车道，保持有足够的超车距离，盲目地超车行驶，就有发生碰撞、冲撞和追尾相撞等车祸的可能，所以超车时驾驶员必须谨慎。

超车时，必须有足够的间距，两次变更车道而不影响其他车辆的正常行驶。一般应在距前方车辆 50m 左右变更车道，超越后车 50m 后驶入原车道。

高速公路行车应尽量少超车，必须超车时，应选择在直线道路上进行，当前后方可见度不好，汽车进入弯道、爬坡等情况下，应避免超车。超车时，绝对禁止占用路肩、紧急停车带等。

超车时应避免拖延时间，要超越前车时，必须精力集中，一旦条件成熟，尽快完成操纵动作。超车时，如前方为车队行驶时，要考虑连续超越的可能，一般 200m 以内有车时，应连续超越，以避免变更车道带来的危险。

超车时，应注意后方是否有车，即使发出了变更车道的信号，也不要猛打方向，突然改变行驶路线，以防变更车道时发生碰撞。同时，慢行车道上的驾驶员若发现超车信号后，应在确保安全的前提下，主动礼让，不可加速行驶和任意变更车道。

接近高速公路出入口处应避免超车，出入口担负着车流的集结和分散任务，汽车流量大，交通设施复杂，视线盲区多，在这种条件下超车极不安全。

高速公路保障作业项目较一般公路多，如喷洒盐水、消除积雪、排除故障、车辆牵引、人员救护等。这些作业均是为保障安全畅通而服务的，完成这些作业的车辆享有一定的特权，在执行任务中不受速度、车道、信号等限制，所以，遇有特种车辆超越时，应通力合作，自觉地避让，以保证双方安全通行。

三、行车速度与制动的运用

1.行车速度

行车速度高是高速公路的一大特点。如果公路上有很多车辆以太低的速度行驶，势必要影响整个车流的速度，还会出现频繁变道和追尾碰撞的情况。根据我国现有车辆的总体水平，参考国外的有关规定，我国交通法规规定，车辆在高速公路上行驶时，时速不得低于50km/h。根据上述法规，车辆在高速公路的行车道上行驶时，如果时速达不到50km/h，则属于交通违章。

关于最高行驶速度，其他国家一般规定时速为100km/h、110km/h或120km/h。我国规定小型客车最高时速不得高于110km/h；大型客车、货运汽车和摩托车不得高于90km/h。我国高速公路建设标准与国外相比还较低，安全设施还不够完善，国产汽车质量较差，在连续高速行驶状态下，抛锚现象会经常发生。其次，我国高速公路建设刚刚起步，高速公路交通管理缺乏经验、驾驶员对高速行车也有一个适应过程，因此不宜将最高时速定得过高。

规定最高速度后，驾驶员还应视车辆技术状况及交通状况确定自己的车速。车辆性能不高，即使车速不超过法定的限度，因操纵性变差，对安全仍是不利的。

最高时速和最低时速是指正常行驶条件下适用的行驶速度。遇到天气恶劣、道路抢修、交通堵塞或急弯、隧道路段时，最高时速不适用。此时，一般在有关路段前设置临时限速标志牌，驾驶员应当遵守交通标志的规定。

在高速公路上有低速限制，这是与一般公路不同之处，不能将一般公路上的“宁停三分，不抢一秒”，“十次事故九次快”的经验教训照搬到高速公路上面，以为降低速度就会安全。相反，车速低于整个车流速度，会增加追尾、超车等不安全因素。

驾驶员还应掌握好速度与距离的关系，从一般公路到高速公路，驾驶员对速度和距离的判断会有一定的误差，在确定跟车、超车和停车视距时，切记把速度因素考虑进来。

为了控制汽车行驶速度，一般情况下，驾驶员常常通过制动和油门来完成，但由于高速公路良好的行车条件，制动常被认为是“异常现象”。为了保持适当的车距，有经验的驾驶员总是用油门来控制车速的。高速公路行车中，必须保持车速平稳，变速过渡平滑，切忌采取突然松动油门踏板的做法，使速度出现跳跃。另外，汽车在进入收费口或进入停车区域时，要首先用发动机牵阻制动减速后，换入低档，然后再利用脚制动器缓慢减速，以免突然制动，改变车速，后车驾驶员来不及作出反应而发生碰撞事故。

此外还要意识到路线纵坡度、车辆装载和车辆类型对速度的影响，以便对速度与车间距作出合理的控制。

高速公路由于采用大半径弯道及设置了超高路面，汽车以规定车速通过时，驾驶员只需轻轻转动方向盘就能顺利通过了，切忌转动很大角度，急打方向。

由于行驶速度不同，在方向盘同样大小的转角下，汽车在一般道路和高速公路上所行驶的路线是不同的。在低速条件下，行驶轨迹是逐渐变化的，但在高速行驶时，则呈急转弯状态。汽车在高速公路上转弯行驶时，如果速度是一般公路的2倍，则方向盘转动角只需要原来的1/4就足够了。若转动过大，汽车就会脱离正常行驶轨迹，这将是十分危险的。

高速公路行车对行驶方向的控制还必须考虑另一个因素，就是侧向风力的影响。汽车在一般公路上低速行驶时，这一点并不突出，但在高速条件下，风力的影响则表现得十分重要了，特别是一些厢式货车、大客车等，重心高，迎风面积大，所受的侧向风力也增大，在阵风的作用下，使汽车突然改变方向，这往往是导致车祸发生的根源。

在高速公路行车遇有强风时，因风速和方向的变化并非连续，常常感到方向盘有突然失去控制的感觉。汽车通过隧道、山口、桥梁等路段时，往往会突然遭到风力的袭击，因此，驾驶员要有充分的思想准备，双手握牢方向盘。有的高速公路沿线设有风标，行车中要注意风标的变化。如果风标正好下垂，则风速为2m/s以下，是最安全的；如风标有45°左右摆动，风速为5m/s；风标完全横向飘摇，风速超过10m/s，此时必须严格控制汽车行驶速度，严密注意路面交通情况，把握好方向盘。

2.制动的运用

制动是实现汽车减速、停车、进行紧急避险的一种手段，但制动运用不合理，不仅起不到有效防范作用，反而会导致事故的发生。在高速公路上行车，特别注意不要使用紧急制动。

紧急制动在最短距离内减速或停车，对汽车机件和轮胎使用寿命都有很大影响，也易给乘客带来危险，对货物造成损坏，在一般公路上也是限制使用的，在高速公路上更应禁止使用。高速公路车流密度大，行车速度高，行驶中某一辆车突然紧急制动，后续车辆来不及采取措施，必将发生多辆汽车接连相撞的事故，此类事故一旦发生，殃及车辆较多，死亡率极高，各项损失十分惨重。

此外，随着车速的增加，轮胎对路面的附着能力下降，制动跑偏，侧滑的现象增加，这将使汽车的行驶方向难以控制，在严格分道行驶的高速公路上加大了撞车的可能性。特别是在路面光滑，如积雪、结冰、积水等条件下，更绝对禁止使用紧急制动。

车辆行驶中，如发生油路故障或燃油耗尽等“渐发性”故障，需要临时停车检修时，应把车辆开到附近的紧急停车带上，或至少利用车辆的惯性把车辆开到路肩上进行检修，禁止在行车道上修车。

车辆修复后需重新返回行车道时，应当先在紧急停车带或路肩上提高车速，并开启左转向灯。进入行车道时，不准妨碍其他车辆的正常行驶。

车辆行驶中，发生突发性故障，如车辆突然失去动力等情况，驾驶员也应尽量利用车辆惯性等将车辆移到路肩上检修。往往是当驾驶员发觉时，车辆速度已经降低，乃至车辆直接抛锚在行车道上。此时，驾驶员必须立即开启危险报警闪光灯，并在行驶方向的后方 100m 处设置故障车警告标志，夜间还须同时开启示宽灯和尾灯。驾驶员和乘车人员必须迅速转移到右侧路肩上或者紧急停车带内，并立即用路旁紧急电话或其他通迅设备报告交通警察。车辆因故障抛锚后，除执行任务的交通警察外，禁止任何人在高速公路上拦截车辆，以确保车辆停车后的驾驶员和乘客的安全。

车辆发生事故时，应立即就地停车，未经交通警察允许或因消防或抢救伤员，不应随意将车辆移开，以便交通警察进行现场勘查。为防止发生连锁的碰撞事故，驾驶员应立即将乘车人员转移到右侧路肩上，并进行报警。在交通警察未赶到现场之前，驾驶员应保护好现场、组织自救、等候处理。

四、高速公路隧道与弯道的行驶

1.隧道行驶

隧道是高速公路的重要组成部分，尤其是高速公路进山后，隧道所占比例较大。由于环境明暗变化，隧道是事故的多发路段。

当汽车驶入隧道时，视野发生了变化，猛然两侧的视野被侧壁挡住，感觉行车道越来越窄，并产生将要与隧道内壁相撞的感觉，紧张感便形成了。同时，汽车进出隧道时，由于光线的强度不同，驾驶员有一个明暗适应的过程。尤其是由明处到暗处这种暗适应所需的时间更长。这时，后镜的功用不理想，后方车流动向难以辨认、判断，也会造成驾驶员的不安，引起盲目加速和减速。

汽车驶出隧道口时，会突然遇到侧向风的作用，汽车在高速条件下，极易造成方向摆动，脱离正常行驶轨迹，引发碰撞事故。

因此，隧道行车时应注意以下问题：

(1)开灯行驶。尽管高速公路隧道内部都装有照明设施，但隧道毕竟不同于日光下的洞外路段，相比之下，照明色调效果远不及日光。除发光体以外，在行驶中难以看清前方车辆的本来面目，灯光信号成了驾驶员判断前车的惟一手段。因此，汽车灯光照明设备必须完好。即使在白天，仍应在隧道入口前约 50m 打开前灯和示幅灯。打开尾灯，以便后续车辆驾驶员辨明前方有车，而不致发生追尾相撞。

(2)调整汽车行驶速度。从洞外路段驶入隧道内路段，据测定，人眼的适应时间大约需 10s 左右，为了弥补这数秒内的视力下降，必须调整车速，否则很容易发生车祸。

较长的隧道，由于施工、排水等使用上的考虑，隧道内常常设计成缓坡，驾驶员必须考虑这一影响。在隧道内行车，不太容易分清上下坡。在长隧道内，多数前半部分路段为上坡，后半部分路段为下坡，由于这种纵坡结构，汽车驶出隧道的平均速度比驶入隧道的平均速度高约 5 ~ 10km/h。为避免出现车祸，在隧道内行车不能凭直觉判断车速，一定要通过车速表确认行车速度。

(3)注意隧道内交通情况。汽车进入隧道后，不能像一般道路那样，直观方便地观察到交通状况，提前采取措施。应避免茫然驶入隧道而受到车祸的威胁，特别是大火的影响。

(4)严禁随意停车和超车。虽然隧道内车道宽度与洞外路段相同，但由于隧道总幅度变窄，没有像洞外路段留有较宽阔的路肩，只留有高速行驶所需的最小基本宽度。因此，隧道内停车和超车是十分危险的。

(5)控制好方向盘。隧道的出入口处是气流变化较大的地方，受侧向气流的影响，常常产生较大的侧向力，使汽车突然改变行驶方向。驾驶员必须注意到这一影响，在降低车速的同时，应紧握方向盘，保持汽车的行驶方向。

2. 弯道行驶

汽车在弯道上行驶具有以下特点：

(1)易脱离正常行驶路线。现代汽车大都是前轮转向，在转弯时，汽车前轮和后轮的轨迹不重合。如果只顾内前轮通过障碍物，就可能造成内后轮脱离正常行驶路线，撞击护栏等，这在高速条件下是极其危险的。此外，汽车转弯时要占用比直线上更宽的位置，特别是载运超长大件物资时，这一点也必须考虑。

(2)易产生侧滑和横向倾覆。由力学分析可知,汽车在弯道上行驶将产生离心力。离心力大小与汽车行驶速度成平方关系增长。当离心力超过道路附着条件时,就会产生侧滑甚至倾覆。

(3)下坡、急转弯、道路视线不良、转弯速度高时,驾驶员来不及打方向盘,外侧车轮易滑出路面。

(4)路面光滑,横向附着系数小,在转弯时,外侧车轮会滑离路面。

(5)在弯道处采取紧急制动,车轮制动抱死,不仅方向失去控制,而且横向附着系数几乎为零,在很小的侧向力作用下就可能产生侧滑,并因此发生事故。因此,汽车转弯时,应提前减速,然后驶入弯道通过。在光滑路面转弯时,更应注意这一问题。

五、雨、雪、雾时的行驶

1.雨天行车

雨天行车,由于路面潮湿或积水,路面附着系数下降,因而汽车制动距离延长,容易产生侧滑和滑溜。由于车速高,在一定时间内降落到汽车挡风玻璃上的雨滴数量较多,雨势感觉较强,湿气使车窗上蒙上薄雾而模糊不清,驾驶员两眼看清的范围仅限于雨刷滑动部分,视野变窄。同时,由于雨水使光线透过率大大减小,视距也大大缩短,对前方物体的观察受到影响。这些都使行车条件变坏。为保证雨天行车安全,应注意以下问题:

(1)出车前注意气象预报和气候变化情况,及早做好雨刮器的检查,点火系统的防潮工作等,以免到时出现问题而陷于危险境地。

(2)为防止水膜滑溜现象,雨天行车速度应比晴天降低至少两成,特别是在积水路面上行车更应如此。遇有情况,要及早采取预见性措施,不要抢道行驶,尽可能不要超车。

(3)提高安全防范意识。在暴雨中行车,驾驶员警惕性很高,但在一般雨天,往往放松了警惕,这是造成雨天事故多发的原因。此外,雨天行车应尽早打开前灯,遇有特大暴雨时,不要冒险行车。

(4)禁止使用紧急制动。行车中除降低车速外,还应加大行车间距。

2.雪天行车

冰雪道路上安全行车必须遵守以下三个原则:①不要打不必要的方向;②不要紧急制动;③遵守速度限制。

降雪和结冰积雪对驾驶员行车的影响主要表现为:制动距离延长。制动距离为干燥路面的 2~5 倍,这就意味着在同样车速条件下,在干燥路面上能实现安全停车,而在积雪结冰条件下就会酿成车祸。

为了克服雪天行车的不利影响,行车中应注意以下问题:

(1)保持均匀的行车速度。在冰雪路面上行车,一般应保持均匀的行车速度,尽可能减少变更车道、超越车辆等操纵。即使在需要提高车速时,也要慢慢踏下油门,不要加速太猛,以防两驱动轮突然增加转速而打滑,或因左右轮在加速中遇有不同阻力而产生横向滑移。

(2)避免使用紧急制动。雪天行车,应严格遵守限速规定,特别是在进入弯道或下坡前,一定要提前减速行驶,避免使用紧急制动,尽可能利用发动机的牵阻制动控制车速。同时,要密切观察注意其他车辆的动态,加大行车间距,沿着前车车辙行驶。

(3)注意特殊路段行驶。冬季由于温差大,白天有融雪的路段,夜间则可能结冰,特别是在桥梁、高架路面,温度下降快,汽车通过时更易发生侧滑,驾驶员须格外小心。

3.雾天行车

大雾对驾驶员行车的影响主要表现为能见度下降和路面附着系数下降。雾天在高速公路上行车容易发生事故的情况有三种:第一种是容易与高速公路上停驻的车辆或与车速慢的车辆相撞;第二种是容易与公路中的固定障碍物相撞;第三种情况是由于看不清道路标志和指示而导致危险。为保证雾天行车安全应注意以下几个方面:

(1)充分利用各种车灯提高能见度。在雾天行车,应将挡风玻璃、车头灯和尾灯擦拭干净,在行车中打开防雾灯或近光灯,增加能见度。一般行车视距在300m左右时,就应开启前、后车灯,保持一定车间距离,顺着车流行驶。

(2)适时停靠车辆,因大雾的影响,视距降低到200m以下时,驾驶员看不清前车,只能依赖于前车尾灯行进,这已是容易出现车祸的信号。此时,要特别注意自车的防卫措施,较安全的方法是尽快将汽车驶向最近的停车场或休息设施暂避。

(3)正确操纵控制车辆。雾天行车,应将车速降至最低限速行驶,使制动距离控制在可见距离之内,并加大跟车距离。同时,要注意稳定车速,不可猛踩油门、急刹车或急打方向。

(4)要集中注意力。在国外的交通规则中,驾驶员可以听收录机,但有一例外,就是雾天行车不可收听,以免分散注意力。可见,雾天行车集中注意力的重要性。

(5)注意道路标志,以免误入不正确的车道。

(6)要适当利用喇叭与其他交通参与者交流信息,以听觉来弥补雾对视觉的影响。

六、夜间行驶

为了避开车流高峰,驾驶员有时选择夜间行车。在夜间,驾驶员的有效视野范围只是前灯照射到的地方,由于路面反光,用来判断车道的分隔线往往看不清楚,驾驶员视觉的立体感也相对减弱,中央分隔带和路肩与汽车左右的距离,以及对车辆间距目测不准。此外,进入夜间,驾驶员的兴奋度较差,容易疲劳,尤其是午夜以后最易瞌睡,驾驶员的反应时间增长,操纵灵敏性下降。因此,夜间行车应注意以下问题:

(1)掌握灯光变化规律

夜间行车,灯光是驾驶员获得行车信息的惟一手段,通过灯光可判断路况、车距、车型等情况。通过车前灯的灯光判断路面情况如下:

①当灯光投射距离由远变近时,表示汽车驶近或驶入上坡道;

②当灯光投射距离由近变远时,表示汽车已在下坡道或陡坡进入缓坡;

③当灯光离开路面时,表示前面出现急弯或车辆已驶至坡顶;

④当灯光由路中移向路侧是,表示前方出现一般弯道;

⑤当灯光从道路一侧移到另一侧时,表示为连续转弯道;

⑥当对面车射出的光线较短时,表明来车将接近坡道;当对面来车射出的光线与路基脱离时,表明来车已接近坡顶。

通过尾灯也可大致判断出前面道路上的车流情况:尾灯的灯光高表明前车在远处;灯光低表明前车在近处;灯光明亮表明前车在近处;灯光暗表明前车在远处;尾灯左右间距大的表明前车是大型车;左右间距小的表明前车是小汽车。这种判断方法原则上是正确的。然而这种判断方法也有一定的误差,例如在上坡时,灯光必然高,同时,同高并列的四个灯光位于同一距离也不能完全保证是同一种车型。但通过这样的判断和不断地修正,可以想象出前方道路上的情况,使视野具有一定的连续性,这也不失为一种安全行车的方法。

(2)降低行车速度

夜间行车,由于能见度差,灯光照射距离的限制,行车速度应比白天降低 10km 左右。

(3)夜间停车

高速公路停车是危险的。特别是夜间停车,由于能见度差,灯光又是惟一的标志，很难判断汽车是处于停止还是运动状态，当发现停车时，已经来不及采取应急措施了。

在万不得已必须停车时，应把汽车驶出车道线之外停车，并且及时打开汽车的紧急情况显示灯，显示汽车发生故障停车，以引起其他车辆的注意，从而保证它车与自身的安全。利用路侧电话系统，迅速向有关部门报告，以求紧急支援。

小　结

高速公路的行车特性有以下几点：全封闭行驶、出入严格管制、禁止混合交通、只允许快速机动车行驶；交通流量大、行车速度高；行车依靠标志和信息引导，冲突少、干扰小；快速行车的动作简化、驾驶单调，刺激少、易疲劳；由于高速行驶，转弯离心力大，刹车制动的距离长，容易发生首尾相撞；长时间高速行驶，轮胎与路面摩擦产生的热量大，轮胎温度升高、性能下降。

驾驶员员和高速公路管理人员必须熟悉以上行车特性，按规范要求操作，才能保证安全：首先做好行车前的准备工作，包括熟悉高速公路出入口分布和中途的服务区，安排好行驶计划；检查车辆技术状况，排除机械故障隐患，检查货物、旅客的乘载情况，坚决做到不超载、不超限行驶；禁止设计时速在70km/h以下的机动车进入高速公路行驶。行驶中按规范加速、占用车道、选择和转换车道，不得占用路肩行驶；应按照规定超车，超车时集中精力、谨慎操作；行驶中保持规定车距；掌握雨、雪、雾天气条件下的行车规律，掌握夜间行车规律。只要驾驶员集中精力，谨慎驾驶，不断总结行车经验，严格按照规范行车，就能确保安全。做到规范行车，也就是善待了高速公路，实现了人、车、路的共同平安。

思考题

1.高速公路的行车特性有哪些？

2.驾驶员在行驶高速公路前要做哪些准备工作？

3.什么车辆不可以进入高速公路？汽车在高速公路上行驶时有哪些具体规定？

4.在高速公路的隧道内如何行车？

5.雨、雪、雾天气在高速公路上行车应注意什么？

6.在高速公路上夜间行车的要点是什么？

第九章

高新科技在高速公路中的应用

学习目标

高速公路交通系统是由高速公路、汽车、交通控制和管理系统三大部分构成的。从高速公路的规划、设计、建设直到竣工运营,每个阶段都越来越多地引进高新科学技术,使高速公路的科技含量不断提高。进入21世纪以后,在高速公路的勘测设计、路基路面建设、新材料的选用以及公路管理等方面,大量采用新科技,而且科技更新的速度也日益加快,未来的高速公路交通系统是充满高新科技的多功能、智能化的大系统,建设智能化高速公路已经不再是设想,而是我们实实在在为之奋斗并实践的目标。因此,高速公路管理人员了解国内外高速公路中新科技的应用是必要的。本章从高速公路的实体建设和软件管理两方面介绍了新型科学技术在高速公路中的应用概况,帮助读者了解我国和当前世界上高速公路最新发展的趋向。

第一节　高速公路的智能系统

一、什么是高速公路智能系统(ITS)

高速公路智能系统ITS是Intelligent Transportation System的简称。它是针对传统交通处理技术不能安全解决高速公路交通系统中日益增加的新问题而提出的一种解决办法。它是通过对关键基础理论模型的研究,利用先进的信息技术、计算机技术、数据通讯技术、传感器技术、电子控制技术、自动控制理论、运筹学、人工智能等有效地综合运用于高速公路交通系统，把车辆、道路、使用者(驾驶员、乘客)三者之间紧密结合起来，从而形成一种安全、准确、高效的综合系统。高速公路智能系统技术可以极大地提高工作效率，有效地降低交通事故，减少对环境的破坏，节约能源，所以，高速公路智能系统 ITS 的应用是未来高速公路交通发展的必然趋势。

国外在 20 世纪 70 年代初就开始试验和应用电子技术来改善交通管理，进而在高速公路上应用这些技术。20 世纪末，我国已经可以在一定的范围内利用电子计算机对收费等管理活动进行协调控制，但这还不是高速公路智能系统。智能系统的应用具有以下条件：第一，对高速公路上的交通信息以及与交通相关信息的采集应当是完整和实时的；第二，交通参与者(包括驾驶员、乘客等)、交通管理者、交通工具、高速公路设施之间的信息交换可以做到实时和高效；第三，高速公路管理中心(包括高速公路的监控中心、收费管理中心、运输管理中心等)、用户终端装备有功能强大的计算机系统，该计算机系统中的软件是按照智能化系统的思想研制开发的。

理解高速公路智能系统，就要与传统的高速公路交通系统进行区别。传统的高速公路交通系统信息采集和传输不是实时、动态的，信息也不完全对称，于是，管理者和交通参与者都按照各自所获得的信息，根据自己的价值取向或组织目标，来完成交通活动。交通的管理者往往把交通系统假设成符合某种数学模型，它的输入符合某种概率分布，使用数学方法来求系统的最优解，但是，能够达到（或接近）这个最优解的前提是交通参与者会按照求解者的假定去做，这种假定是在对交通参与者的抽样统计基础上做出的或历史统计资料的结果。这是传统交通控制和管理的基本思路，实际上，交通参与者是不会完全按照这种假定来运动的，因为信息的不对称性，同时，人还有非理性的一面，这表现在交通活动中车辆虽然是机械的，但是它的运动仍然表现为人的行为特点，再加上各种随机变动因素的影响，因此，整个交通系统并不是按照事先的设计和约定运行的，这就使按照一定的概率统计设计的控制管理系统的作用大打折扣，于是，表现在高速公路上的现象就是交通事故多、堵车严重。全球的电子信息革命为解决这个问题带来了希望，信息技术、通信技术的革命性突破使得交通系统的发展开始沿着信息革命和通信革命的方向发展。首先，计算机的普及和广泛应用，给信息实时处理带来了便利；其次，信息的实时采集，我们今天已经有可能在任何的时间和地点都方便地得到所需的信息；再次，方便的信息交换和反馈。由此出发，可以重新考虑我们的交通系统，交通参与者的行为是千变万化的，我们无法用数学模型来真实地反映与描述，高速公路智能系统从管理层和使用层出发，加上一个通信层，将信息及智能处理按照分布结构布置，甚至将信息的接受、处理和存储分散到每一个车辆或交通参与者可以使用的信息终端，这时，交通参与者在及时综合地考虑交通基础设施和交通状况信息的基础上按照利益最大的取向来决定自己的运动，在有足够资源的条件下，系统的运行可以向最优接近。这个最优是指交通基础设施（包括道路、车辆、服务设施等）资源得到充分的利用，而交通参与者的总体平均出行时间和费用接近最小值，安全系数最大化。

可以看出，这种系统的运行方式与传统的方式有着本质的区别。传统的高速公路交通系统运用传统的技术和数学，以假设条件和约束条件下的数学模型和公式为基础，从管理者的角度出发，按照集中管理的方式对道路使用者进行控制和规范，这时，管理者是主动的，而道路使用者是被动的，各种交通工程设施是在物理上迫使使用者这样做或不这样做。而高速公路智能系统，更加重视人的主观能动性，它不是力图将带有较多社会和人类行为特点的交通系统描述成某种数学模型，而是向道路的使用者提供各种各样的信息，让道路的使用者从不同的方案中选择自己认可的哪一种，以诱导为主，而不是以强迫为主，在人的理性与价值取向基础上，使人们的出行得到最大的满足。

二、高速公路智能系统的类型和内容

我国的高速公路智能系统研究是伴随着我国高速公路的大规模建设的进行而开展起来的，与国外发达国家有所不同，它们高速公路的建设较早，而智能系统的发展是随后发展的。目前，国际标准化组织已制定了智能系统的主要领域，我国国家科技部也于2003年组织全国的交通专家，起草了中国的智能系统体系。根据高速公路智能系统的服务领域，高速公路智能系统的类型主要有八种：

1.交通管理与规划

主要包括：

(1)交通法规监督与执行。主要提供出入控制法规执行；停车法规执行；限速法规执行；交通信号法规执行；车辆限载执行；环境保护法规执行；驾驶员和车辆牌照的管理。

(2)交通运输规划支持。主要提供交通规划所需的交通信息；相关规划部门协调;规划策略产生支持。

(3)基础设施的维护管理。高速公路路面维护管理;路侧环境维护管理;道路标志维护管理;桥梁隧道基础结构维护管理;通信及其他外场设备维护管理;道路维护中的交通管理;灾难恢复管理。

(4)交通控制。自适应交通信号控制;行驶方向变换管理;高速公路连接节点之间的集成控制;交通控制和路线诱导的集成;匝道和速度控制;交通管理策略的实现。

(5)需求管理。可达性控制管理;拥挤价格管理;环境质量管理。

(6)紧急事件管理。事件的预防;事件的检测;事件的鉴别;事件的响应;事后管理;事件的记录。

2.电子收费

路桥隧不停车电子收费服务;路桥隧停车自动收费服务;服务区停车自动收费服务;有偿交通信息和服务使用电子交易。

3.出行者信息

(1)出行前信息服务。出行规划服务信息;交通系统当前状态信息。

(2)行驶中驾驶员信息服务。车辆运行状态信息;交通事件信息;停车信息;交通法规信息;道路工程施工信息;收费站信息;气象信息;路边服务信息。

(3)在途公共交通信息服务。车辆运行信息;调度信息;票价信息。

(4)个性化信息服务。公共服务设施信息;公共服务预定;旅游景点信息。

(5)路径诱导及导航服务。自主导航;动态路径诱导;混合模式路径诱导。

4.车辆安全和辅助驾驶

(1)视野范围的扩展。视野范围的扩展;视野能见度的提高。

(2)纵向防撞。追尾防撞;倒车防撞。

(3)横向防撞。变换车道时防止横向碰撞;车辆产生横向偏离时避免横向碰撞。

(4)安全状况(检测)。基础设施安全状态检测;驾驶员身心状况监控;车辆安全状况监控;对邻近车辆的预警。

(5)防撞前成员保护。

(6)自动车辆驾驶。车道自动跟踪;车距保持;自动换道;自动定位停车。

5.紧急事件和安全

(1)紧急情况的确认及个人安全。紧急救援信号的发送;对紧急事件的自动识别;对救援请求的响应;被盗车辆的识别;紧急事件的通告。

(2)紧急车辆管理。紧急车辆优先通行线路诱导;通告紧急车辆的到来;紧急车辆的调度;紧急车辆的维护。

(3)危险品及事故的通告。危险品运输信息公告;危险品运输安全防护;危险品运输紧急事件公告;紧急事件救援;紧急事件发生后的道路变更计划。

6. 运营管理

(1)高速公路规划。线路优化;调度优化;联营服务;经营计划;运营效能分析。

(2)车辆监视。监视车辆状况;信息协商;优先通行车辆监视。

(3)高速公路运营管理。需求服务;基础设施的监视维护;车辆的调度管理;司售人员的管理;费用管理。

(4)一般货物运输管理。货物的组织和管理;货运车辆的调度和诱导;货运驾驶员的管理;货运车辆的自动路线选优。

(5)特种运输的管理。路线的事先选定和登记;紧急事件的处理预案准备;运输时的监测和发生紧急事件的自动通告。

7.综合运输

(1)交换客货运信息资源。客运数据交换;货运数据交换;不同运输方式互补。

(2)提供旅客联运服务。联运旅行规划;联运旅行途中服务。

(3)提供货物联运服务。货物联运前信息服务;货物联运途中动态跟踪查询。

8.自动公路

自动核查进入服务;车辆车道控制服务;车辆自动控制服务;车辆编组运行服务;车辆驾驶警示服务;自动校验退出服务。

三、未来的高速公路智能系统

美国在20世纪60年代末期，就开始了智能系统方面的研究，当时称为电子路线引导系统，即Electronic Route Guidance System，缩称ERGS，而随后的20世纪70年代，日本开始了ITS在交通领域的研究。日本最初正式投入的系统有综合汽车控制系统，即 comprehensive automobile control systems，简称 CACS，通过 CACS 实验，积累了汽车在公路网的动态路线引导方法及相关技术方面的经验。在 CACS 各项成果基础上，日本开展了汽车交通信息控制系统 ATICS 的研究。日本有关高速公路智能系统的研究开发主要集中在以下几个领域：导航系统，提供交通相关信息和目的地信息；自动收费系统，提供不停车自动收费支持；安全驾驶系统，提供行驶环境信息、危险警报、辅助驾驶、自动驾驶等服务；交通管理系统，提供交通流量最佳化、发生交通事故时的交通管制信息、道路管理业的高效率、特殊车辆管理、限制通行信息；紧急救援系统，提供紧急时自动报警和紧急车辆路线引导、支援救援活动。欧洲从 1986 年开始涉足 ITS 领域的研究，由欧洲主要汽车公司发起的欧洲高效安全道路交通计划旨在以汽车为主体，利用先进的信息、通信自动化技术来改善交通系统，解决交通问题，开展涉及公路和交通控制技术的研究。1991 年成立的欧洲道路交通通信信息实施协调组织监督和协调欧洲的 ITS 研究、发展和实施，提出了几个有代表性的系统：

(1)交通效率与安全蜂窝式通信系统(SOCRATES)。这是一种有效发挥传统的蜂窝无线电话基础设施(地面站)的作用,使交通控制中心与行驶中车辆进行双向通信的系统,向行驶在各种地面站网络内的装有 SOCRATES 车载装置的车辆,提供道路交通状况的详细数字信息,这些信息可与存储在车载导航计算机中的数据连接,并可利用多频存取协议经过基地台向交通控制中心发送信息。

(2)EURO SCOUT。EURO SCOUT 是以德国西门子公司为主开发并推向市场的系统，它是以红外线信标为媒介的动态路线引导系统。车辆和信标间的红外线通信可以双向进行，于是，汽车的行程时间、排队等待时间及 O－D 信息等交通信息数据可以传输给中央引导计算机，中央数据被经常更新。EURO SCOUT 车载装置主要由导航装置、红外线收发信号机、车辆位置测定装置及显示器、键盘组成，而中央引导计算机装有道路交通图及交通信息的数据库，用于装置计算的路线基本上是行驶时所需时间最短的路线。

(3)交通主人。该系统由传感器、控制中心及车载信息终端组成。传感器检测车速，传感器控制仪的微型计算机计算每隔 3 分钟车辆的平均速度，当平均速度在 30mile/h（1mile = 1609.344m）以下时，便向控制中心发出信息，车载终端装置类似于一种在收音机上安装了显示器的装置，可显示速度下降区域，以监视紧急事件发生区域，并反馈给交通参与者。

通过对国外智能系统研究和应用的跟踪，针对我国实际情况，我国未来的高速公路智能系统应主要体现在以下几个方面：

(1)先进的高速公路信息服务系统。这个系统是建立在完善的信息网络基础上的，交通参与者通过装备在高速公路上、交通车辆上、服务区内的传感器和传输设备，可以向高速公路信息中心提供各处的交通信息；该系统得到这些信息并通过处理后，实时向交通参与者提供高速公路交通信息、高速公路气象信息、服务区信息以及与出行相关的其他信息；出行者根据这些信息实时选择自己的出行方式和路线。更进一步，当车辆上装备了自动定位和导航系统时，该系统可以帮助驾驶员自动选择行驶路线。

(2)先进的高速公路管理系统。这个系统有一部分与高速公路信息服务系统共用信息采集、处理和传输系统，但是这个系统主要是给交通管理者使用的，它将对高速公路系统中的交通状况、交通事故、气象状况和交通环境进行实时的检测，根据收集到的信息，对交通进行控制。

(3)先进的车辆控制系统(AVCS)。AVCS 应主要包括车辆辅助安全驾驶系统和自动驾驶系统两个层次。在车辆辅助安全驾驶系统中包括以下几个部分：车载传感器、车载计算机和控制执行机构等，行驶中的车辆通过车载的传感器测定前车、周围车辆以及道路设施的距离和其他情况，车载计算机进行处理，对驾驶员提出警告，在紧急情况下，控制执行机构强制使车辆制动。自动驾驶系统，装备了这种系统的汽车也称为智能汽车，它在行驶中可以做到自动导向、自动检测和自动回避障碍物，在高速公路上，能够在较高的速度下自动保持与前车的距离，并发挥全部功能。

(4)货运管理系统。这个系统是以高速公路网和信息管理系统为基础，利用物流理论进行管理的智能化的物流管理系统。

(5)电子收费系统(ETC)。使用者可以在高速公路公司或银行预交一笔通行费，领到一张内部装有电子线路的通行卡，将其安装在自己汽车的指定位置，这样当汽车通过收费站的不停车收费车道时，该车道上安装的读取设备与车上的通行卡进行相互通信，自动在预交帐户上将本次通行费扣除。

(6)紧急事件管理和救援系统。紧急事件管理与救援系统是一个特殊的系统。它的基础是高速公路信息服务系统、高速公路管理系统和有关的救援机构及设施，通过高速公路信息服务系统和高速公路管理系统将高速公路监控中心、高速公路交通警察、道路养护机构、职业救援机构、灾害处治管理中心等联成有机的整体，为道路使用者提供现场紧急处治、拖车、现场救护、排除事故车辆的服务。

第二节 高速公路中的高新科技

一、公路地理定位系统(GPS)

公路地理定位系统,即 Navigation Satellite Timing and Ranging/Global Positioning System,简称 GPS,全部意义是导航卫星测时和测距/全球卫星定位系统。它是美军 20 世纪 70 年代初在“子午仪卫星导航定位”技术上发展起来的,于 1994 年建成,具有全球性、全能性(陆地、海洋、航空与航天)、全天候性优势的导航定位、定时、测速系统。GPS 由三大子系统构成:空间卫星系统、地面监控系统、用户接收系统。

(1)空间卫星系统。空间卫星系统由均匀分布在 6 个轨道平面上的 24 颗高轨道工作卫星构成,离地面距离大约 20183km 的轨道上运行,每天绕地球两周,各轨道平面相对于赤道平面的倾角为 55 度,轨道平面间距 60 度。为及时更换老化或损坏的卫星,保障系统正常工作,空间卫星系统的卫星数量要超过 24 颗,目前,有 3 颗备用卫星,该卫星系统能够保证在地球的任一地点向使用者提供 4 颗以上可视卫星。

(2)地面监控系统。地面监控系统由均匀分布在美国本土和三大洋的美军基地上的 5 个监测站、1 个主控站和 3 个注入站构成。该系统的功能是:对空间卫星系统进行监测、控制,并向每颗卫星注入更新的导航电文。

(3)用户接收系统。用户接收系统主要由以无线电传感和计算机技术支撑的 GPS 卫星接收机和 GPS 数据处理软件构成。主要过程是当 GPS 卫星从地平线上升起时,能捕获、跟踪卫星,接收放大 GPS 信号,记录 GPS 信号并对信号进行解调和滤波处理,利用 GPS 数据处理软件,还原出 GPS 卫星发送的导航电文,求解信号在站星间的传播时间和载波相位差,实时地获得导航定位数据或采用测后处理的方式,获得定位、测速、定时等数据。

GPS 定位的基本方法:GPS 定位采用空间被动式测量原理,即在测站上安置 GPS 用户接收系统,以各种可能的方式接收 GPS 卫星系统发送的各类信号,由计算机求解卫星关系和测站的三维坐标。GPS 定位的基本方法有以下几种形式:伪距测量、载波相位测量、多普勒测量、卫星射电干涉测量。

GPS 定位系统的特点包括:

(1)全球地面连续覆盖。由于 GPS 卫星的数目较多,且分布合理,所以地球上任何地点均可连续地同步观测到至少四颗卫星，从而保障了全球、全天候连续的三维定位。

(2)功能多，精度高。GPS 可为各类用户连续地提供动态目标的三维位置、三位速度和时间信息。

(3)实时定位。利用全球定位系统，可以实时地确定运动目标的三维位置和速度。

(4)定位精度高。现已完成的大量实验表明，目前在小于 50km 的基线上，其相对定位精度可达 $1\times10^{-6}\sim2\times10^{-6}$。

(5)操作简便。GPS 测量的自动化程度很高，且接收机的质量较轻，体积较小，携带和搬运都很方便。

公路地理定位系统(GPS)，自问世以来，已充分显示了其在无线电导航、定位领域的导航地位。目前，该技术已成功应用于大地测量、工程测量、航空摄影、车辆导航、交通控制管理的研究和应用领域。公路地理定位系统(GPS)在高速公路中的应用可以简要的归纳为以下两点：

(1)公路地理定位系统(GPS)在道路工程中的应用。目前主要是用于建立各种道路工程控制网、测定航测外控点、地面模型的数据采集、控制点的加密、中线放样、纵断面测量以及无需外控点的机载 GPS 航测等方面。随着高等级公路的迅速发展，对勘测技术提出了更高的要求，由于线路长，已知点少，因此，用常规测量手段不仅布网困难，而且难以满足高精度的要求。目前，国内已逐步采用 GPS 技术建立线路首级高精度控制网，然后用常规方法布设导线加密。实践证明，在几十公里范围内的点位误差只有 2cm 左右，达到了常规方法难以实现的精度，同时也大大提前了工期。GPS 技术也同样应用于特大桥梁的控制测量中。由于无需通视，可构成较强的网形，提高点位精度，同时，对检测常规测量的支点也非常有效。GPS 测量包含有三维信息，可用于数字地面模型的数据采集、中线放样以及纵断面测量。在中线平面位置放样的同时，可获得纵断面，在中线放样中需实时把基准站的数据由数据链传到移动站，从而提供移动站的实时位置。由于 GPS 仪器不象经纬仪那样可以指示方向，因此需与计算机辅助设计系统相结合，从而可在计算机屏幕上看到目前位置与设计坐标的差异。

(2)公路地理定位系统(GPS)在汽车导航和交通管理中的应用。目前，GPS 技术在我国道路工程和交通管理中的应用还刚刚起步，随着我国经济的发展，高等级公路的快速修建和 GPS 技术应用研究的逐步深入，其在道路工程中的应用也会更加广泛和深入，并发挥更大的作用。三维导航是

GPS的首要功能,汽车导航系统是在全球定位系统GPS基础上发展起来的一门新型技术。汽车导航系统由GPS导航、自律导航、微处理器、车速传感器、陀螺传感器、CD-ROM驱动器、LCD显示器组成。GPS导航是由GPS接收机接收GPS卫星信号(3颗以上),求出该点的经纬度坐标、速度、时间等信息。当汽车行驶到地下隧道、高层楼群、高速公路等遮掩物而捕获不到GPS卫星信号时,系统可自动导入自律导航系统,此时由车速传感器检测出汽车的行进速度,通过微处理单元的数据处理,从速度和时间中直接算出前进的距离,陀螺传感器直接检测出前进的方向,陀螺仪还能自动存储各种数据,即使在更换轮胎暂时停车时,系统也可以重新设定。由GPS卫星导航和自律导航所测到的汽车位置坐标数据、前进的方向都与实际行驶的路线轨迹存在一定误差,为修正这两者的误差,与地图上的路线统一,需采用地图匹配技术,加一个地图匹配电路,对汽车行驶的路线与电子地图上道路误差进行实时相关匹配作自动修正,此时地图匹配电路是通过微处理单元的整理程序进行快速处理,得到汽车在电子地图上的正确位置,以指示出正确行驶路线。CD-ROM用于存储道路数据等信息,LCD显示器用于显示导航的相关信息。GPS导航系统与电子地图、无线电通信网络及计算机车辆管理信息系统相结合,可以实现车辆跟踪和交通管理等许多功能,这些功能包括:

①车辆跟踪。为用户提供出行路线规划和导航,自动线路规划和人工线路设计。自动线路规划是由驾驶者确定起点和目的地,由计算机软件按要求自动设计最佳行驶路线,人工线路设计是由驾驶者根据自己的目的地设计起点、终点和途经点等,自动建立线路库,线路规划完毕后,显示器能够在电子地图上显示设计线路,并同时显示汽车运行路径和运行方法。

②信息查询。为用户提供主要物标,如旅游景点、宾馆、医院等数据库。

③话务指挥。指挥中心可以监测区域内车辆运行状况,对被监控车辆进行合理调度。

④紧急援助。通过GPS定位和监控管理系统可以对遇有险情或发生事故的车辆进行紧急援助。

二、路基路面的先进技术

路基路面的先进技术,主要体现在路基路面工程新材料、软土地基处理技术、半刚性材料基层(底基层)、新型路面等几个方面,下面分别予以介绍:

1.路基路面工程新材料

(1)土工合成材料。土工合成材料作为一种新型建筑材料，以其质量轻、强度好、渗透性好、质地柔软、经久耐用等突出特点，在国内外已广泛应用于公路、铁路、机场、港湾、地下工程、环境工程等，我国开发较晚，但发展很快，它将在工程建设中发挥越来越大的作用。

土工合成材料是以高分子聚合物(其中采用最多的聚合物有：聚酯、聚丙烯、聚乙烯、聚酰胺、聚氯乙烯和聚苯乙烯等)制成的新型建筑材料。目前，大致分为以下四大类：

①土工织物。土工织物的制造一般是先把聚合物加工成丝、短纤维、纱或条带，然后再制成平面结构的织物。主要有四种类型：纺土工织物，它一般是由相互正交的经丝和纬丝织成或用压粘法织成；针织土工织物，由单丝、多丝、各种细股丝按一定联锁方式编织而成；无纺土工织物，由细丝或短纤维按定向排列或任意排列，并按热粘法或针刺机械结合法生产的平面结构织物；复合土工织物，由两种或两种以上的土工织物组合而成。

②土工薄膜。主要由透水性低的聚合物、沥青以及合成纤维和织物另加一定的填充料以及外加剂制成的材料。它具有很好的防渗、防水、抗变形能力和耐久性。

③特种土工合成材料。它包括土工格栅、土工网、超轻型土工合成材料、土工膜袋、土工垫、土工格室等，其中土工格栅是在聚合物材料上冲孔，再单向或双向拉伸制成；土工网是合成材料条带、粗股条编织或合成树脂压制的具有较大孔眼的材料；超轻型土工合成材料是以聚苯乙烯聚合物为原料加入发泡添加剂而制成的。

④复合型土工合成材料。它由土工织物、土工薄膜和某种特种土工合成材料相互结合而成，可将不同性质的构成材料结合起来，以满足具体工程需要。

经过多年试验和高速公路的应用表明，土工合成材料在公路工程中，主要具有下列功能：

①增强功能。将土工合成材料埋设在土体中或路面结构适当位置，可以分布土体或路面结构的应力、传递拉应力、限制其侧向位移，增强它与土体或路面结构层材料之间的摩擦力，使土体或路面结构层与土工合成材料复合体的强度提高，从而减少土体或路面结构层的变形，抑制不均匀沉降，提高稳定性。

②分隔与过滤功能。土工合成材料的进入，将性质不同或粒径不等的土石料分开，以避免相互混入而影响材料性质，同时，土石中的水分可穿过

织物。

③排水功能。通过土工织物汇集工程材料中的水分,使之沿织物的平面排出土体外,形成排水通道。

④防止水分渗漏。利用土工膜和土工合成材料防止水分渗漏,阻截流过土体的水流,保护结构物的安全。

土工合成材料的应用主要体现在软基处理、加筋土路堤、加筋土挡土墙、加筋土桥台等路基工程中,另外,目前在路面结构工程中的应用也有,不过要少一点,所建工程还属于试验阶段,土工合成材料的应用,可以减少填土载荷、减少软基变形、减少桥堤之间的沉降差,对解决桥头跳车大有帮助,土工合成材料在路面工程的应用,虽然还很少,但一些设计单位铺设的实验路段收到良好的技术、经济效益,以后应该会得到广泛的应用。

(2)改性沥青。当前,世界各国的高等级公路大都采用沥青路面,主要是由于它具有足够的力学强度、一定的弹性和塑性变形能力、与汽车轮胎的附着力较好、有高度的减震性、不扬尘和维修工作简单等特点,有着比水泥混凝土路面更广泛的用途。沥青路面的使用性能和使用寿命与沥青的质量有着很大的关系,而国产沥青大都含蜡量较高,其性能难以适应快速、重载交通及不同气候条件的要求,因此,很有必要研究改性沥青,即在原沥青中掺加改性剂进行混合,成为一种新的结合料,使新的沥青及其混合料的技术性质和路用性能能有明显的改善,从而提高路面抵抗破坏的能力。对原有沥青改性主要是掺加其他材料,使沥青混合料结构发生变化,对原有沥青改性所采用的外掺材料及改性剂按化学成分分为热塑性橡胶类,如苯乙烯-丁二烯-苯乙烯嵌段共聚物 SBS、苯乙烯-乙烯-丁二烯共聚物 SEBS 等;橡胶类,如丁苯橡胶 SBR 及其乳液;热塑性树脂类,如乙烯-醋酸乙烯共聚物 EVA、低密度聚乙烯 LDPE、聚苯乙烯 EPS、环氧树脂 PE、聚酰胺树脂等。另外,还有金属皂、纤维(石棉、聚酯、钢纤维)等。通常,一种改性剂能改善沥青的某些性能,但也可能在另一方面带来负作用,同时,一种改性剂不能满足工程应用上的多方面的要求,因此,有时是几种改性剂复合使用。

经过大量的试验和应用发现,SBS 改性沥青具有较强的低温抗裂性,对高温性能也有明显的改善,沥青的粘结力、粘附性、抗老化能力都有所提高,是目前世界上使用最多、效果最好的改性剂,但缺点是成本较高;SBR 改性沥青的突出优点是对低温性能有明显改善,高温性能有所改善,沥青的粘结力、粘附性、抗老化能力都有所提高;PE 改性沥青对提高高温性能最明显,软化点提高,针入度降低,抗拉强度提高,与矿料的粘附力增强,抗老化性能提高,但对低温性能改善不明显,延度锐减,PE + SBS 复合改性沥青,结合两者优点效果很好。

2.软土地基处理技术

软土在我国滨海平原、河口三角洲、河滩以及稻田等广泛分布。所谓软土,从广义上说,就是强度低、压缩性高的软弱土层,以孔隙比及有机质含量为主要指标,可把软土划分为软粘性土、淤泥质土、淤泥、泥炭质土以及泥炭五类。习惯上把软粘性土、淤泥质土、淤泥总称为软土,而把泥炭质土以及泥炭总称为泥沼。泥沼比软土具有更大的压缩性,但它的渗透力强,受荷后能够迅速固结,工程处理比较容易,所以我们主要处理天然强度低、压缩性高且透水性小的软土上的路基施工。在这种地基上修建路堤将产生地基抗剪强度不够的整体滑动、差异沉降等后果,极大的影响公路的性能。软土地基处理方法有表层压实、垫层置换、挤密短桩、加筋路堤、预压及超载预压、轻质路堤、袋装砂井、塑料排水板、碎石桩和粉体搅拌桩等。其中,挤密短桩通过把桩的材料如生石灰、水泥等挤入软弱土层,加大了土层的强度,形成了复合地基,提高整体强度;预压及超载预压是为了提高软土地基的承载力,减少高速公路建设后的沉降,提高地基的固结度,预先在拟建的软土路基上施加一定的静载荷(路堤),使地基压实;采用轻质路堤是为了减少路堤自重,减少沉降和增大稳定系数,采用轻质材料(如粉煤灰等)修筑路堤。这三种方法通常用来处理表层软土厚度小于 3m 的软土路段,另外,袋装砂井、塑料排水板、碎石桩和粉体搅拌桩是用于处理软土厚度较深时的主要技术。

3.半刚性材料基层(底基层)

半刚性材料基层(底基层)可分为无机结合料稳定类和粒料类。无机结合料稳定类又称为半刚性型或整体型,包括水泥稳定类、石灰稳定类和综合稳定类。粒料类常分为嵌锁型和级配型。半刚性基层材料的显著特点是:整体性强、承载力高、刚度大、水稳性好,而且较为经济。鉴于以上特点,国外高等级公路上越来越多地采用半刚性基层,并常用水泥稳定粒料、石灰粉煤灰稳定粒料、碾压水泥混凝土或贫水泥混凝土作为沥青路面的基层,目前,我国也常采用半刚性材料用于修建高等级公路路面基层或底基层。

4.新型路面

(1)沥青玛蹄脂碎石路面。沥青玛蹄脂碎石混合料,即 Stone Mastic Asphalt,简称 SMA,是由高含量粗集料、高含量矿粉、较大沥青用量、低含量中间粒径颗粒组成的骨架密实结构型沥青混合料。国内外实践表明,沥青玛蹄脂碎石路面的耐久性与抗裂性特别是抗疲劳裂缝的性能比沥青混凝土路面要高,此性能的提高归结于较高的沥青含量及较多的矿粉,一是减少了空隙率,使老化的速度、水蚀作用降低;二是可减少微裂缝,提高柔韧性,使应力集中程度降低,变性特性改善。沥青玛蹄脂碎石路面在重交通作用下有良好的抗车辙能力,这是因为高含量的粗骨料在混合料中颗粒面与面直接接触、相互锁结构成的骨架直接承受了荷载的作用。这种骨架对温度敏感性小。而含量较高的矿粉与沥青所形成粘聚力很高的胶凝状物——玛蹄脂使得混合料的整体力学性质提高。这两方面的作用使混合料具有足够的竖向与侧向约束,导致在车辆荷载的作用下,不产生或只产生微小的永久性变形,而密集配沥青混凝土中,实际上主要是由沥青与粗集料所形成的胶浆承受交通载荷,这是因为粗颗粒在沥青混凝土中悬浮于胶浆中,未能形成紧密相接的骨架。所以,胶浆的受力变形性质就反映出整个混合料的变形性质。由于胶浆对温度敏感性大,在高温下发生的变形较大,因此,在高温季节、重交通作用下会产生较大的车辙。由于沥青玛蹄脂碎石路面这些良好的性能,在欧洲和美国开始大量铺设沥青玛蹄脂碎石路面,我国的一些地方如广佛高速公路和首都机场也采用了沥青玛蹄脂碎石路面。

(2)透水性沥青路面。透水性沥青路面是指用大空隙的沥青混合料铺筑、能迅速从内部排走路表雨水、具有防滑、抗车辙及降低噪声的路面。透水性沥青混合料最大的特点就是大空隙率。由于大空隙率,使得混合料内部的空隙呈连通状况,从而在有坡降、遇雨水时,水可沿连通的空隙流通,最后排走,由于透水性混合料空隙大,水在其中的渗透速度较快。由于以上的排水性能,透水性沥青路面可提高雨天的抗滑行和雨天的行车速度。在雨天的普通路面上,高速行车会产生水滑现象,汽车有失去控制的感觉,使行驶的车辆处于危险状况,水滑现象是由于路表面来不及排走的高压水膜将轮胎托起而产生,水滑现象的严重程度取决于车速、路表积水深度、轮胎及路表构造深度。在透水性路面上,由于雨水能及时排走,因而消除了水滑现象。即使表面仍有部分积水,也会因路面的丰富空隙使水压沿多方向消散,这样可保持车轮与路面的稳定接触,避免或减轻在中、大雨时的水瓢程度,防止刹车和操纵失控,提高安全性。同时,由于完全排除或减少雨天路表积水,可大大减少行驶车轮引起的水雾及溅水,使雨天行车的能见度提高,并且避免雨天夜间行车车灯眩光。因此,可以说透水性沥青路面可提高雨天行车的速度和安全性。另外,透水性沥青路面在晴天所测的较高摩擦系数,也表明在一般条件下具有良好抗滑行能。透水性沥青路面降噪声的性能主要是由于大空隙的作用。车轮胎在路面上滚动产生的噪声在交通噪声中所占比例越来越高,这种轮胎—路面噪声主要有撞击噪声、气压噪声、滑粘噪声。光滑的地面可降低撞击噪声,却会增加气压噪声和滑粘噪声,而多空隙的路面可使气流顺利消散,所以降低了这两种噪声。总体上讲,以上噪声和由于汽车发动机及车体在行驶过程中的振动噪声在黑色路面上的生成水平和反射率小于白色路面,透水性路面的降噪声效果与路面厚度、空隙率大小有关,即透水路面越厚、空隙率越大,降噪声效果越好;此外,高温稳定性,透水性沥青路面高温稳定性的抗车辙能力比一般沥青混凝土高,主要是因为大颗粒间的直接相互接触而构成的骨架结构承担了荷载的作用,所以,在高温下抵抗变形的能力大。正是由于透水性沥青路面的防滑、降噪、高温稳定性、抗车辙能力好等优点,我国大力倡导发展透水性沥青路面以减少交通事故、降低污染、延长高速公路的使用寿命。

(3)塑料格栅沥青路面。塑料格栅沥青路面就是在沥青结构层中或在沥青结构层底部加铺塑料格栅而形成的路面。塑料格栅是将高压聚乙烯或聚丙乙烯压成薄片,打出有规则图案的网眼,再加热控制拉伸成网格,使杂乱的长链分子变得定向、有序,从而提高了聚合物的抗拉强度和弹性模量。塑料格栅最初是以土工布的形式进行基础和路基的加固以及软土地基的处理,而塑料格栅加铺在沥青路面中改善路面性能始于20世纪80年代,在我国的研究和应用也是近几年的事,还需不断研究总结。英国的试验表明,加铺塑料格栅的沥青路面比不加铺的沥青路面可以推迟疲劳裂缝产生时间达1~9倍,可以减少车辙50%;日本的研究认为,由于塑料格栅对沥青混合料中矿料颗粒具有约束作用,从而减少了塑性变形,起到了抗车辙的作用;美国的研究认为,加铺格栅后可改变路面结构的应力分布,减少沥青层厚度,称为厚度效应;还有许多试验表明,从减少反射裂缝和车辙的角度看,加铺塑料格栅可以使路面结构的使用寿命提高3倍以上,而就疲劳开裂而言,可延长使用寿命10倍,我国许多研究结果也表明有上述类似的规律。

(4)半刚性沥青路面。半刚性沥青路面从工艺上分为两类,一类是拌和法半刚性面层,另一类是灌浆法半刚性沥青面层。前者是在沥青混凝土拌合物母体中加入适量的水泥砂浆,凝结硬化后兼有白色路面刚性与黑色路面柔性的新型路面结构;后者是以空隙率较大的压实沥青混合料路面为母体,灌入掺加添加剂的水泥浆,凝结硬化后形成兼有刚性与柔性的路面结构。半刚性沥青面层除了兼具有刚性与柔性两个特性之外,与普通沥青路面相比,它还具有较高的高温稳定性,属于无车辙路面,一方面是由于半刚性面层中水泥砂浆或水泥灌浆的存在，增大了材料的骨架组成部分，减少了对温度敏感的沥青材料部分的相对比例，另一方面也是由于面层颜色的变浅，减少了路面的吸热速度，使其内部温度低于普通沥青路面的温度。另外，由于内部含有一定空隙率，面层可少设或不设伸缩缝，伸缩缝的减少，减少了颠簸，这样大大提高了行车的舒适性。国外研究证实了此种面层材料在提高沥青混合料高温稳定性、低温抗裂性、耐久性等方面的优势，我国在20世纪80年代开始研究半刚性沥青路面，鉴于施工工艺配套的复杂性，还没有大范围使用。

(5)碾压混凝土(RCC)与沥青混凝土(AC)复合式路面。随着水泥混凝土路面施工工艺的不断发展，20世纪80年代后期兴起了碾压混凝土路面(RCCP)，RCC是一种水灰比小、通过振动碾压工艺成型达到高密度、高强度和零坍落度水泥混凝土，这种路面节约水泥、施工快、开放交通早，节约投资，但存在平整度差，且表面难以形成粗糙面，在高速行驶时抗滑性能下降快等不足，使其难以在高速公路上展现风采。沥青路面无接缝，能与汽车构成较理想的减震体系，行车舒适，并且维修方便。因此，在RCC路面上加铺沥青混凝土，不仅减少了沥青用量(与柔性路面相比)又弥补了RCC路面的不足，刚柔并济，大大提高了路面性能，有效解决了抗滑、耐磨、平整等问题。RCC+AC复合式路面结构的诞生与发展，无论从经济、技术还是性能上都优于单一柔性或刚性路面结构，可以预测，不久的将来，这种路面会成为高等级公路路面结构的主要形式之一。

三、规划、勘察、设计的先进技术

1.规划技术

高速公路规划的主要目的是通过深入细致的调查研究、系统地分析和评价现有公路交通状况，根据区域社会经济发展与公路交通客货流分布特点，科学预测交通量发展趋势，提出高速公路发展的总目标和总布局，对高速公路路线走向，重要控制点选择做出多种布局方案，通过比较建设资金、路网交通量分布、路线地位、功能与作用等条件从中选优，合理确定各条路线、路段分期实施的建设序列。规划的原则有：

(1)先行原则。先于经济和社会发展，但不过分超前。

(2)协调发展原则。协调经济与社会、长期与近期以及各种运输方式等协调原则。

(3)经济性原则。考虑占地、投资的经济因素。

(4)环境保护原则。注意施工的环境保护以及运营的废气污染治理等。

为实现规划目的,我国对高速公路规划技术的研究主要由两种:四阶段法和总量控制法。

四阶段法是以 OD 调查为基础,获得现状客货流量和流向,应用交通生成模型、交通分布模型、交通分配模型等有关模型进行交通量预测,预测未来的客货流出行分布及其不同运输方式的分担比例,采用不同的方法对路段交通量进行分配预测,最后根据路段上的交通量分配值建立不同的目标函数,对高速公路的规划方案进行设计和选优,同时做出相应的决策安排。由于其交通量预测采用了出行生成—出行分布—运输方式划分—交通量分配四个步骤,因而被称为四阶段法。四阶段法的基本程序如图 9-1 所示。

总量控制法的基本思想是从宏观整体出发,以国土规划与综合运输规划分析和评价现有高速公路交通系统;以区域内高速公路交通总需求来控制高速公路网建设的总规模;以区域内社会经济发展和生产力分布特点,并结合综合交通运输规划,来确定高速公路网的总格局,并作出高速公路网建设分期实施计划。总量控制流程如图 9-2 所示。

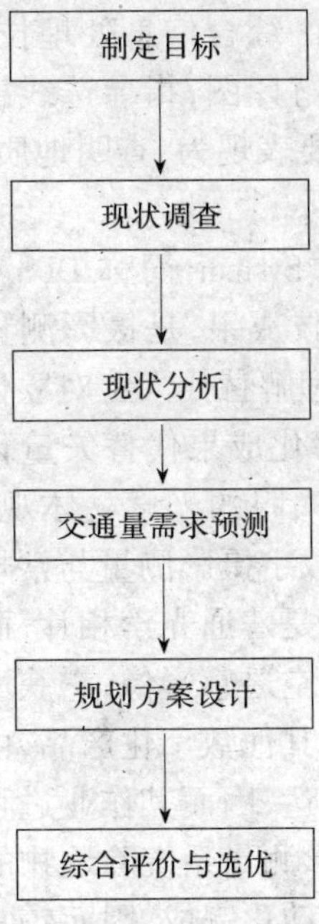

图 9-1 四阶段法交通规划程序

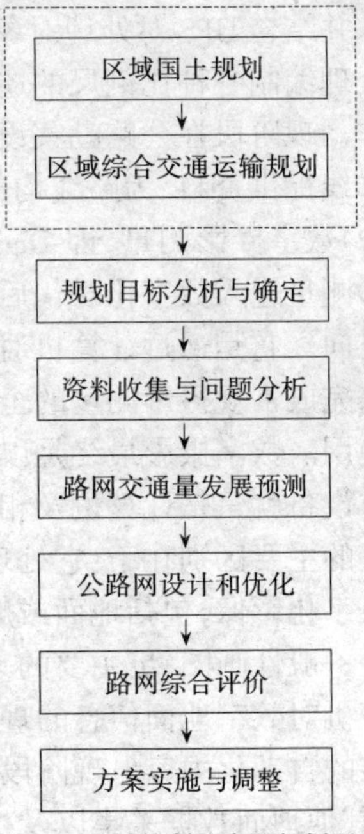

图 9-2 总量控制法交通规划程序

四阶段法的基本程序和主要内容与总量控制法基本相同，只是在交通量预测方法和规划方案设计方法方面有较大差异，该法在交通规划中，特别是高速公路交通规划和研究中得到广泛应用。

2.勘察设计技术

在传统的公路勘察设计中，获取原始地形资料以及公路设计指标体系数值时，需要工程人员的现场测绘才可取得，测量工作量大、时间长、资料的误差也较大。随着科学技术发展和计算机的应用，航测遥感技术、数字摄影测量技术、GIS 信息处理技术、GPS 全球定位技术和 CAD 技术等高新技术，已广泛应用于公路的勘测设计。目前，我国已建和在建的高速公路几乎全部或部分地应用了这些技术。

(1)遥感技术。它是指从远距离高空以至外层空间的平台上，应用电磁波遥感传感器从远处空间利用可见光、红外线、微波等介质，通过摄影、电磁波扫描等方法获取地物信息的新型探测技术。通过遥感技术进行探测，为探测地物提供了从宏观到细部的丰富资料，获得高清晰度的遥感图像，从而可以获得全面的地面图像信息。遥感技术及其所提供的遥感资料，由于具有图像影像逼真，遥感信息量丰富和资料获取迅速等特点，应用遥感图像处理技术并结合 GPS 对处理对象的三维定位和 GIS 综合信息处理技术，可以快速处理编制各种比例尺的遥感图和工程地质解译图，指导选线勘察及设计工作。现阶段在公路勘察设计方面的应用主要表现为：查明地质条件、为公路选线提供资料、为路线构造物设计提供帮助。

(2)数字摄影测量，即 Digital Photogrammetric System，简称 DPS。它是航空摄影测量进入数字化时代后的一项最新高科技成果，是摄影测量领域发展的方向。它是通过计算机对数字图像的自动理解替代人工对立体影像的观测来完成常规摄影测量的全部工作，并以数字化成果代替矢量化产品供用户使用。数字摄影最终是以计算机视觉代替人眼的光学立体观测，因而其工作设备就只是计算机及相应的外部设备。数字摄影测量与常规航空摄影测量的主要区别在于：它处理的原始信息不仅是普通光学相片，而更主要的是数字化影像，包括地面或航空摄影影像和航空遥感影像；它获取的成果不仅是一般性画图，更主要的是数字地面模型及其他数字化产品，由于它基于计算机对数字地面信息的理解、分析与数学表达，因而其作业过程便赋予了更多的自动化内容。现阶段已成熟的数字摄影测量系统除地物的测量处理外，其他地面数据采集以及机助制图等均能自动化完成，因而较常规航测仪器具有更高的工作效率。另外，数字摄影测量获取的数值成果可直接进入 CIS 系统,在公路设计尤其是可行性研究过程和道路优化设计过程中结合 CIS,可以使设计人员方便的查阅和综合分析公路建设走廊带内的有关政治、经济、文化、交通等方面的多种信息,从而更进一步拓展设计参数,丰富优化目标,使"设计"这一思维过程变得更为量化,其结论更为科学合理。数字摄影测量在公路测量设计中的应用主要体现在以下几个方面:自动化的航测作业过程;数字测绘产品;正射影像地形图;数字影像景观。

(3)交通地理信息系统,即 Geographic Information System for Transportation,简称 GIS。它是收集、存储、管理、综合分析和处理空间信息和交通信息的计算机软硬件系统。它是 GIS 技术在交通领域的延伸,是 GIS 与多种交通信息分析和处理技术的集成。公路网规划和路线选择是 GIS 应用发展的重点领域之一。目前,基于 GIS 的交通规划模型软件已经开发成功并进入商业化应用阶段,它使交通规划的手段更加强大。由于应用 GIS 能够更好的考虑和评估公路对环境的影响,因此在公路路线的选择和初步设计中 GIS 将得到广泛应用。加拿大已经成功地应用 GIS 完成了在温哥华岛的一条 127km,4 车道的公路通道选择和初步设计。

(4)GPS 全球定位系统。GPS 全球定位系统在公路勘察设计中主要应用在以下几个方面:建立高等级基础地面控制网,在公路勘测设计中,可以代替传统的测量仪器应用于基础控制测量,建立高等级地面控制网(路线控制网,大型桥梁网等)和一级导线,具有速度快、工效高、精度好的特点;路线勘查,手持式 GPS 具有重量轻、便于携带以及能进行快速定位的特点,已开始应用于复杂公路路线勘测,可实时动态地提供 10m 级的平面和高程三维定位精度;实时动态 GPS 测量技术应用于中桩、构造物放样,可高效、快速提供路线桩位,大大减少外业时间,缩短设计周期。

(5)公路 CAD 技术。计算机辅助设计,即 Computer Aided Design,简称 CAD,是近年来工程技术领域发展最迅速的高新技术之一。它将计算机迅速、准确地处理信息的特点与人类的创造思维能力及推理判断能力巧妙地结合起来,为现代设计提供了理想的手段。自 20 世纪 70 年代以来,随着计算机硬件的迅猛发展,特别是微型机的普及,绘图支持软件的不断丰富与完善,计算机在道路设计中的运用越来越广,已经真正成为辅助设计工具,它从一般的测量计算、道路路线设计一直到所有设计图表的输出都是使用统一数据库和图形系统,所有的设计、计算工作都在这个系统中完成。它可以通过全站仪实测、GPS 测量、航空摄影测量、电子地图和其他测量手段生成数字地面模型。可以通过修正和添加实测数据以及根据设计结果对数字地面模型进行叠加,作为路线三维模型的设计基础。平面定线、纵断面拉坡、横断面设计等都可以运用数字地面数据直接在计算机上进行交互设计。

四、现代公路先进的施工技术装备

近年来,随着我国高等级公路建设的蓬勃发展,许多单位由国外引进了不少新型和大型土方工程机械、路面施工机械及其他机械,大大加快了公路建设的步伐。高等级公路施工机械主要包括铲土运输、挖掘、运输、拌和、摊铺、碾压等机械。工程技术人员了解和掌握施工机械的使用性能,对正确的选择施工机械、科学地进行机械化施工组织与管理,保证施工质量,加快工程进度,有十分重要的意义。

1.铲土运输设备

常用的铲土运输设备有推土机、铲运机、平地机等。

(1)推土机是路基土方工程施工中最常用的机械之一,它的特点是所需作业面小,机动灵活,转移方便,短距离运土效率高,干湿地都可以独立工作,同时也可以配合其他机械施工。推土机一般适用于季节性较强、工程量集中、施工条件较差的环境。推土机可按其行走方式、推土板的安装方式、操纵系统及发动机功率分类,按照行走方式分为履带式和轮胎式;按推土板的安装方式分为固定式和回转式;按操纵系统分为机械式和液压式;按发动机功率分为小型(37kW 以下)、中型(37~250kW)、大型(250kW 以上)。

(2)铲运机也是一种使用范围很广的土方施工机械,主要用于较大运距的土方工程,如填筑路堤、开挖路堑等。它本身能完成铲装、运输和装卸作业,并有一定的压实和平整能力,所以,在工程施工中,铲运机是一种主要的土方施工机械。铲运机的适用范围取决于土质特性、运距、机器本身的性能和道路状况,而经济运距和作业阻力是选择铲运机的主要依据。铲运机按铲斗容量分为小容量(3 方以下)、中等容量(4~14 方)、大容量(15~30 方)和特大容量(30 方以上);按卸土方式分为强制式、半强制式和自动式;按操纵系统分为钢索滑轮式和液压操纵式;按行走方式分为拖式、半拖式、自行式。

(3)平地机是一种装有以铲土刮刀为主,配备其他多种可换作业装置,进行刮平和整形连续作业的工程机械,其主要用途有:修整路形、修刷边坡、开挖路槽、路拌路面材料、养护碎石路面或土路面、清除路肩杂草等。按行走方式分为自行式和拖式;按行走轮数分为四轮式和六轮式;按转向方式分为前轮转向、全轮转向、后转向架转向式、铰接式;按铲刀长度或发动机功率分为轻、中、重型;按工作装置和行走装置的操纵方式分为机械操纵和液压操纵。

2.挖掘设备

常用的挖掘设备有挖掘机和装载机。

(1)挖掘机在公路工程中是用于挖掘和装载土、石、砂砾和散粒材料的重要施工机械,它的特点是效率高、产量大、但机动性较差,因此,选用挖掘机施工时要考虑地形条件、工程量的大小以及运输条件,遇到开挖工程量较大的路堑和填筑高路堤时,选用挖掘机配合运输车辆组织施工比较合理。按照挖掘机的结构和工作原理不同,可分为单斗挖掘机和多斗挖掘机,由于工程中常用的是单斗挖掘机,所以分类时只考虑单斗挖掘机。按行走方式分为履带式、轮胎式、步履式和轨行式;按采用的动力不同可分为内燃式和电动式等;按传动方式分为机械传动和液压传动。

(2)装载机是一种工作效率较高的土方工程机械,它兼有推土机和挖掘机两者的工作能力,可以进行铲掘、推运、平整、装卸和牵引等多项作业,其优点是适应性强、作业效率高、操纵简便,是一种发展较快的循环作业式机械。装载机按工作装置的不同可分为单斗式挖掘装载机和斗轮式挖掘装载机;按动臂形式不同可分为全回转式、半回转式和非回转式;按自身结构特点可分为刚性式和铰接式;按行走方式分为履带式和轮胎式。装载机的适用范围主要取决于使用场所、土石特性和工作环境,它选用时要考虑装载机的经济合理运距、装载机的斗容与自卸汽车车箱容积的匹配等。

3.运输设备

运输设备主要是轮胎式工程运输车辆。

工程施工中,大量的土石方、砂砾料、建筑材料和机械设备等物质都要靠运输来完成,轮式车辆由于行驶速度快、机动性高、对道路的要求低、操纵灵活可靠,在工程运输中得到广泛的应用。在公路工程部门使用的轮式运输车辆类型很多,总体上可分为两类:公路型车辆和非公路型车辆。非公路型车辆的轴荷和总重超过公路规定标准,不允许在正规公路上行驶。公路型车辆包括自卸汽车、牵引汽车和挂车;非公路型车辆主要有后卸式重型自卸汽车、双轴牵引车拖带半挂车等。在公路工程施工中使用最普遍的工程运输车辆是各种型号的载重自卸汽车。

4.拌和设备

在我国,高等级公路路面基层常采用半刚性基层,而面层则是沥青路面和水泥混凝土路面,由于公路工程施工部位的不同和所用材料的不同,所需的拌和设备也有很大的不同,可以简单分为半刚性基层材料拌和设备、沥青混合料拌和设备、水泥混凝土拌和设备。半刚性基层材料的拌和设备包括路拌机械和厂拌机械两类,路拌机械有代表性的是稳定土拌和机;厂拌机械一般由供料系统(包括各种料斗)、拌和系统、控制系统(包括各种计量器和操纵系统)、输送系统和成品储存系统五部分。其主要机械有:配料斗、皮带输送机(或螺旋输送机)、计量器(传感器)、搅拌机、储料仓以及控制器(计算机等)。路拌机的特点是所需设备少、占地少、机动灵活、成本低,而厂拌机械的级配精度高、拌和质量好。沥青拌和设备可将碎石、砂、矿粉和沥青按一定配合比拌和成均匀的混合料,根据工艺流程可分为传统式和滚筒式;按生产能力可分为小型(50t/h 以下)、中型(50 ~ 100t/h)、大型(150 ~ 350t/h)和超大型(400t/h 以上)四种。半个世纪以来,世界各国所使用的沥青混凝土拌和设备都是采用先将骨料粗配、烘干、加热,然后筛分、准确称量,最后加入矿粉和沥青,强制搅拌成沥青混合料的工艺方式,它所需的设备就是传统式拌和设备,主要有:骨料输送机、干燥滚筒、骨料提升机、配料机、计量器、搅拌器等。传统式沥青混凝土拌和设备的一个很大缺点是在工作中产生大量粉尘,造成环境污染,另外,其结构复杂、投资大、能耗高。为解决粉尘污染和降低能耗,出现了滚筒拌和工艺,这种工艺的特点是骨料烘干、加热及同沥青的搅拌是在同一个滚筒中进行的,这种拌和设备具有结构简单、投资少、能耗低、污染小特点。其设备主要有:配料机、骨料输送机、干燥滚筒、除尘装置、自动控制器、沥青供应器等。

5.摊铺设备

摊铺设备是将拌制好的混合料均匀地摊铺在已整修好的路面基层的专用设备,摊铺设备主要指摊铺机,分为沥青混合料摊铺机和水泥混凝土摊铺机。沥青混合料摊铺机按行走方式分为自行式和拖式两种,高速公路路面施工常用前者。自行式摊铺机又可分为履带式、轮胎式和复合式。水泥混凝土摊铺设备按其施工方法可分为轨道式和滑模式。施工时,轨道式摊铺设备需要配置模板,且对模板的安装、轨道的铺设要求高;滑模式摊铺设备机器少,自动化程度高,但技术难度大、造价和维修成本高。

6.碾压设备

路基路面施工中,采用专用的碾压机械进行压实是施工的关键工序之一,压实效果的好坏,直接关系到工程质量的优劣。碾压设备按照压力作用原理可分为静作用碾压机械、振动碾压机械和夯实机械;按行走方式分为自行式和拖式。目前使用的几种碾压机械主要有:羊脚碾、轮胎碾、振动碾、振荡压路机等。

五、高速公路管理现代化

高速公路管理现代化在这里是指采用现代化的电子设备和通讯手段对高速公路交通、收费、路况进行监控和管理，高速公路现代化管理设置应以系统工程的观点为基础，并适当考虑行政区划实际的情况，进行分级管理。高速公路现代化管理设置，从技术角度讲主要采用主计算机（中心控制机）和辅助计算机（控制分机）和终端处理机组成的三级计算机管理体系。主计算机，主要承担各种数据的计算、统计、存储及各类报表的打印，并通过分析和判断发出各种交通管理命令，以达到高速公路现代化管理的目的；辅助计算机，主要负责对所采集的数据进行分类、包装和预处理，然后传送到主计算机，另外，当主计算机发生故障时，能对一些重要数据进行紧急处理；终端机，主要用于采集检测路面、匝道口以及收费口收费、交通流及气象的数据。

高速公路现代化管理按功能划分：主要包括通信管理、监控管理、收费管理、电源管理。每个管理系统又包含若干个功能单元，每个功能单元完成一些特定的功能。通信管理的主要任务是：根据规定的技术要求确保管理系统数据、命令、图像及语音信息传输的及时性和准确性。监控管理的主要任务是：完成实时采集，记录和显示交通流数据、事故信息、气象信息并据此判断各路段的交通状况，发布交通控制信息，对全线交通状况进行控制和调度。收费管理主要任务是：实现收费交通量统计和车辆分型，按标准收费并发放收据，汇总、整理收费的有关数据和交通流数据，传送到上一级计算机和监控中心进行处理，并根据监控中心发布的命令，对出入高速公路的车辆进行控制和调节。电源管理的主要任务是：按照规定的技术要求，不间断的对机房内部设备和外场终端安全供电。其管理结构如图 9-3 所示。

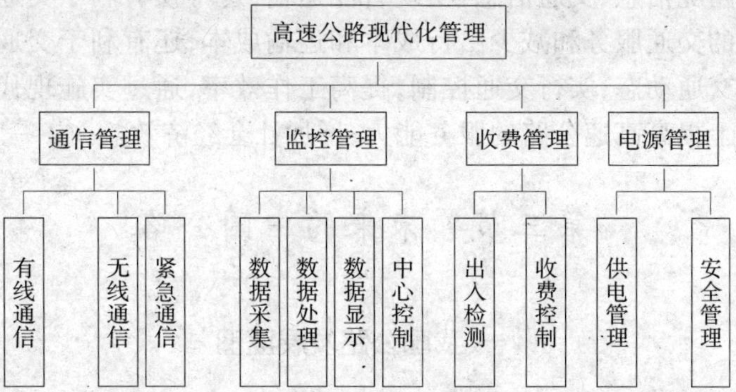

图 9-3　高速公路现代化管理结构

高速公路现代化管理按信息流程划分：主要有信息采集，信息传输，信息处理及信息提供几个管理过程，其流程如图 9-4 所示。

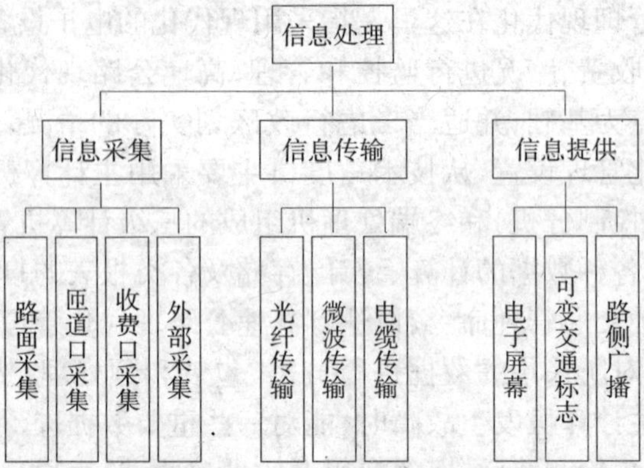

图 9-4　高速公路现代化管理

信息采集主要包括路面采集、匝道口采集、收费口采集和外部采集等。其中，路面采集、匝道口采集、收费口采集等属于高速公路内部采集，主要采集高速公路本身的交通状况信息；外部采集主要是采集外部交通信息、气象信息等。信息传输主要是通过信息传输媒介（光纤、微波、电缆等），主动传输数据、话音和图像等信息，以及利用车载设备传输运行信息。信息处理主要包括对数据、话音、图像等信息的处理和分析，通过人工或电子计算机进行数据处理和分析，进而提出相应的决策和控制命令。信息提供主要是将决策的命令信息，通过道路和收费口电子屏幕、可变交通标志、路侧广播以及车载设备等终端设备，提供给司乘人员。

通过实施现代化管理，利用先进的电子技术和通讯技术，可以实时了解高速公路路况信息、交通信息，实现智能运输，这不仅有利于交通参与者能得到良好的交通服务和减少出行成本和运输成本，还有利于交通管理者能及时了解交通动态，实行交通控制，提高工作效率，通过实施现代化管理可以从整体上提高高速公路的服务能力，增加社会经济效益。

第三节　未来的中国公路

一、我国公路发展蓝图

清末和北洋政府时期，是中国公路的萌芽阶段。到国民党政府建立，全国公路通车里程约为29000km。国民党政府时期，我国公路开始纳入国家建设规划，特别是抗日战争前，公路得到了一定程度的发展，但由于不断的战争影响和破坏，公路发展缓慢。截止1946年12月，全国公路总里程只有130307km，而解放战争时期，特别是国民党军队溃退时，公路遭到严重破坏，于是，截止新中国成立前夕，全国通车里程只有75000km。

新中国成立后，全国从上到下建立了公路管理机构，并建立了设计、施工和养护的专业队伍。国家还颁布了一系列有关公路建设的重要法规，公路得到稳步发展。其中，“大跃进”和国民经济调整时期(1958~1966年)，公路数量猛增，截至1965年底，公路通车里程达51.4万公里，有路面里程达30.5万公里，桥梁达10.4万座、156.6万延米，公路绿化里程达18万公里。而随后的十年动乱时间(1966~1976年)，公路建设虽仍有一定发展，但发展速度明显降低，不过渣油路面发展较快，10年来增长了10万公里，截至1976年底，公路里程达82.3万公里，有路面里程达57.9万公里，桥梁达11.7万座、293万延米，公路绿化里程达25.4万公里。

随着改革开放和商品经济的发展，我国的公路发展达到一个新时期，我国公路交通事业在国民经济中的地位、作用和效益，日益为各方面所认识。据交通部统计，截止到2001年底，中国公路通车总里程已达169.8万公里，居世界第四位，其中高速公路1.9万公里，居世界第二位。根据交通部和国家统计局联合实施的第二次全国公路普查结果，在这169.8万公里的公路中，等级公路里程达133.6万公里，占总里程的78.7%。结果显示，全国共有公路桥梁28.4万座，总长10650km，其中长度超过500m的特大型桥梁1580座，总长1416km。全国共有公路隧道1781处，总长710km，其中长度超过3000m的特长隧道达到18处，总长66km。全国公路密度达到17.7km/100km^2，全国100%的县、99.3%的乡(镇)和91.8%的行政村实现了通公路。

分析我国公路发展形势，可以看出公路建设的一些新特点：公路里程增加，公路等级提高；公路科学技术取得巨大进步。

1.公路里程增加

到2003年底，全国公路通车总里程达到181万公里，其中高速公路2.98万公里，高速公路增加的同时，农村公路发展很快，特别是交通部从2003年初调整了全国公路建设思路，确定了“修好农村路，服务城镇化，使农民兄弟走上油路和水泥路”的目标，从政策上倾斜。此后5年里，交通部将拿出300亿至400亿元人民币专项资金，用于建设县际和农村公路。目前，除西藏自治区、新疆生产建设兵团外，中国实现了县县通油路，辽宁、山东、广东省实现了乡乡通柏油路。

2.公路等级提高

1988 年 10 月,我国第一条高速公路——沪嘉高速公路建成通车,在这 15 个年里,高速公路快速发展,到 2003 年底,高速公路达到 2.98 万公里,同江至三亚、北京至珠海、连云港至霍尔果斯、上海至成都四条公路国道主干线基本贯通,全国有一半以上的省份高速公路里程超过 1000km。山东省高速公路通车里程突破 3000km,位居全国第一。江苏、广东省高速公路突破 2000km,河北、山西、辽宁、浙江、河南、湖南、湖北、江西、安徽、广西、四川、云南、陕西 13 个省区高速公路都突破了 1000km。

3.公路科学技术取得巨大进步

可以从在建的一批公路桥梁看到科技的进步,如位于长江中游的阳逻长江大桥,为主跨 1280m 的悬索桥;位于长江下游的南京长江三桥,为主跨 648m 的斜拉桥;润扬长江公路大桥,为跨江连岛的主跨 1490m 悬索桥和 406m 斜拉桥组合;深圳湾跨海大桥,为主跨 180m 独塔单索面斜拉桥;苏通长江公路大桥,为主跨 1088m 的斜拉桥,居世界第一;杭州湾跨海大桥,按双向六车道高速公路标准建设,全长 36km,是目前世界上在建的最长的公路跨海大桥。

"十五"规划中,到 2010 年前形成连接所有省会城市和重要沿海港口城市以及对外开放口岸,建立 12 条主干道,即横连东西、纵贯南北的"五纵七横"公路运输大通道。2004 年 1 月,交通部根据经济社会发展的要求和交通加快发展的新形势,对"十五"计划的主要目标又进行了调整,即到"十五"末,全国公路总里程将达到 195 万公里,新增里程由 15 万公里提高到 28 万公里,年均增长 5.6 万公里。其中,高速公路由 2.5 万公里提高到 3.5 万公里,二级以上公路里程由 27 万公里提高到 30 万公里。路网密度由 16.1km/100km^2 提高到 20.3km/100km^2。公路通乡率由 99.5%提高到 99.8%,使 687 个不通公路的乡通公路,公路通行政村率由 93%提高到 96%,使 49000 多个不通公路的村通公路。

二、两纵两横三条路

从 1991 年开始,我国计划用 30 年左右的时间,建成 12 条长度约 3.5 万公里的"五纵七横"国道主干线,将全国的重要城市、工业中心、交通枢纽和主要陆上口岸连接起来,逐步形成一个与国民经济发展格局相适应、与其他运输方式相协调,主要由高速公路、一级公路组成的快速、高效、安全的国道主干线网络,而优先建设的就是“两纵两横三条路”。到2003年底,“两纵两横三条路”已全部贯通。

1.“两纵”

(1)同江至三亚线;

(2)北京至珠海线。

2.“两横”

(1)连云港至霍尔果斯线;

(2)上海至成都线。

3.“三个重要路段”

(1)北京至沈阳线,是丹东至拉萨国道主干线中交通流量最大的一部分,长约700km,全部为高速公路;

(2)北京至上海线,是由北京至福州主干线上的北京至泰安段、同江至三亚主干线上的淮阴至上海以及泰安至淮阴主干线连接线组成,长约1350km;

(3)西南地区出海通道,该线走向是重庆至贵阳至南宁至北部湾地区,长约1270km。

三、五纵七横国道主干线

“八五”期间确定的“五纵七横”公路国道主干线,总长度为3.62万公里,其中高速公路2.2万公里。这是以行车速度快、承载运量大为目标,以高速公路为主体的公路网络。这3.62万公里又分两个阶段实施:第一阶段是到2002年把“两纵两横和三个重要路段”建成;第二阶段到2010年把“五纵七横”全部建成。现在,第一阶段已顺利完成,2004年1月,交通部对“十五”计划的主要目标又进行了调整,计划到2008年完成”五纵七横”。

1.“五纵”

(1)同江至三亚,路线是:同江—哈尔滨(含珲春—长春支线)—长春—沈阳—大连—烟台—青岛—连云港—上海—宁波—福州—深圳—广州—湛江—海安—海口—三亚,长度约为5700km。

(2)北京至福州,路线是:北京—天津(含天津—塘沽支线)—济南—徐州(含泰安—淮阴支线)—合肥—南昌—福州,长度约为2540km。

(3)北京至珠海,路线是:北京—石家庄—郑州—武汉—长沙—广州—珠海,长度约为2310km。

(4)二连浩特至河口,路线是:二连浩特—集宁—大同—太原—西安—

成都—昆明—河口,长度约为3610km。

(5)重庆至湛江,路线是:重庆—贵阳—南宁—湛江,长度约为1630km。

2.“七横”

(1)绥芬河至满洲里,路线是:绥芬河—哈尔滨—满洲里,长度约为1280km。

(2)丹东至拉萨,路线是:丹东—沈阳—唐山(含唐山—天津支线)—北京—集宁—呼和浩特—银川—兰州—拉萨,长度约为4590km。

(3)青岛至银川,路线是:青岛—济南—石家庄—太原—银川,长度约为1610km。

(4)连云港至霍尔果斯,路线是:连云港—徐州—郑州—西安—兰州—乌鲁木齐—霍尔果斯,长度约为3980km。

(5)上海至成都,路线是:上海—南京—合肥—武汉—重庆—成都(含万县—南充—成都支线),长度约为2970km。

(6)上海至瑞丽,路线是:上海—杭州(含宁波—杭州—南京支线)—南昌—贵阳—昆明—瑞丽,长度约为4090km。

(7)衡阳至昆明,路线是:衡阳—南宁(含南宁—友谊关支线)—昆明,长度约为1980km。

四、我国现代化公路网

1.现代公路网的规划

到“十五”末,全国公路总里程达到195万公里,其中高速公路达到3.5万公里,二级以上公路里程达到30万公里,路网密度达到20.3km/100km^2,公路通乡率达到99.8%,公路通行政村率达到96%,到2010年,全面建成“五纵七横”国道主干线,全国公路总里程达到210~230万公里,高速公路连接90%目前人口在20万以上的城市,东部地区基本形成高速公路网,高速公路总里程达到5万公里。二级以上公路里程达到40~45万公里,干线公路基本达到二级以上标准,东中部地区二级以上公路连接所有的县。提高通达深度,改善农村交通条件,所有具备条件的乡镇和行政村通公路,县到乡公路基本达到高级、次高级路面标准,乡到行政村公路消灭无路面状况。通公路的行政村班车通达率达到95%以上。到2020年,全国公路总里程达到260~300万公里。高速公路里程达到7万公里以上,连接所有目前人口在20万以上的城市,基本形成国家高速公路网。二级以上公路总里程达到60~65万公里,连接所有的县。乡到行政村公路基本达到高级、次高级路面标准。建成比较完善的全国快速交通网络，基本实现通公路的行政村通班车。

2.现代公路网的形成

随着公路建设的发展，形成公路基础设施网络。我国的公路网大体可以分为三个层次：全国公路主骨架网络、区域经济骨架公路网络、县乡农村公路网络。首先，以国道主干线建设为核心，基本形成全国公路主骨架网络。依托以高速公路为主的国道，形成横连东西、纵贯南北的全国性公路运输大通道。其次，以地区交通枢纽为中心，形成地区经济骨架公路网络。"十五"期间，国家加快了公路主枢纽体系建设、加快大中城市过境公路及出入口公路建设，初步形成以高等级干线公路为依托的省际间、重要城市间快速直达公路运输系统枢纽集散运输服务网络，为现代物流业的发展奠定坚实基础。再次，县乡农村公路网络。县乡农村公路网络是覆盖整个国家的基础性公路网络。目前已达到181万公里，到2005年将达到195万公里。这181万公里目前覆盖了99%的乡镇和89%的行政村，但剩下的1%的乡和11%的行政村都是难度很大的路段，要想使公路网覆盖全国所有乡村，大约还需10年左右的时间才能完成。由于我国是一个以农业为基础的大国，没有农村交通的现代化，就谈不上中国交通的现代化，因此要充分发展农村道路的建设。

随着科技进步和管理现代化，将形成以快速交通与智能交通为基础的公路网。首先，公路的大规模建设，能从根本上解决车和路多年存在的矛盾，在我国制定的规划以及地方制定的发展策略中，公路基础建设被摆在很重要的地位，这种政策支撑促进了交通运输的快速发展；其次，公路等级的提高，为快速交通奠定了基础，到2003年底，我国高速公路有2.98万公里，基本能达到400km路当日往返，800km路当日到达的快速交通目标；再次，高速公路管理的现代化，为快速交通的实现提供了软件支持，收费现代化、通信现代化等现代化手段使交通参与者能迅速了解交通状况、路面信息、气象信息以实现快速通行，大量减少了交通拥挤和堵塞。实现智能交通网络和道路运行智能化，从而建立一种在大范围内、全方位发挥作用的实时、准确、高效的交通综合体系。在形成以智能交通为基础的公路网过程中，应主要考虑交通安全和交通环保这两个可持续发展的重要因素。通过实时的信息传递，进行交通诱导和交通控制，加上公路路面性能的提高，可以大幅度降低交通事故发生频率；公路路面将采用新材料和新工艺，交通噪声将大大减少，公路对环境的破坏程度将有明显的减少。

小　结

在高速公路竣工投入使用后，为了提高工作效率，有效地降低交通事故，实现高速公路的可持续发展，人们利用先进的信息技术、计算机技术、数据通讯技术、传感技术并结合自动控制理论、运筹学、人工智能等理论有效地把车辆、高速公路、使用者和管理者紧密结合起来，综合运用于高速公路交通系统，这就是高速公路的智能系统，即 Intelligent Transportation System，简称 ITS。高速公路智能系统的类型有 8 种，其中交通管理与规划是内容最多和最主要的一种类型；其他类型还有电子收费、出行信息、车辆安全和辅助驾驶、紧急事件应对与安全、交通与运输的运营管理、综合运输和自动公路等，它们包含的主要内容在本章均有介绍，本章还介绍了国内外发达国家高速公路智能系统的发展概况。

地理定位系统，即 Global Positioning System，简称 GPS，在高速公路勘测方面已有应用，在汽车导航和交通管理中也有很好的应用；高速公路在路基路面建设中的新技术，主要体现在工程新材料、软土地基处理技术、半刚性材料基层(底基层)和新型路面等几个方面；在公路网规划、施工技术装备及高速公路管理中的新技术本章也有介绍。进入 21 世纪后，随着信息化时代的到来，科技更新速度加快，高速公路交通系统引进高新科技会越来越多，作为高速公路管理人员，树立与时俱进的理念，不断学习掌握高新技术的发展动向，是很有必要的。

思考题

1. 什么是高速公路智能系统？高速公路智能系统的类型及其内容？
2. 我国高速公路智能系统未来发展应包含的内容有哪些？
3. 简述公路地理定位系统的构成及其应用？
4. 熟悉并认识高速公路在路基、路面、规划、勘察、设计、施工设备等领域所应用的先进技术。
5. 了解我国现代化的公路网。

参 考 文 献

1 郗恩崇主编.公路经济学.北京:人民交通出版社,1999.5

2 郗恩崇主编.高速公路管理学.北京:人民交通出版社,2001.6

3 郗恩崇主编.公路交通规费经济学.北京:人民交通出版社,2003.9

4 陈传德著.高速公路.太原:山西教育出版社,2000.10

5 任继愈主编.中国文化史知识丛书《中国古代交通》.天津:天津教育出版社,1991.11

6 汪洋主编.收费管理概论.北京:中国物价出版社,2002.5

7 交通部软科学研究项目."费改税"对我国公路建设和养护资金筹措的影响及对策研究(研究报告).2000年

8 高速公路与社会经济发展研究文集编委会.高速公路与社会经济发展研究文集.北京:人民交通出版社,1999.10

9 高速公路丛书编委会.高速公路运营管理.北京:人民交通出版社,2001.3

10 周国光,何俐利,贾丽娜.公路行业财务管理学.北京:人民交通出版社,2001.5

11 吴树培.公路概论.北京:人民交通出版社,1995.4

12 吴盛滨,杨琦.高速公路建设管理.北京:人民交通出版社,2000.9

13 高速公路丛书编委会.高速公路立交工程.北京:人民交通出版社,2000.5

14 高速公路丛书编委会.高速公路路面设计与施工.北京:人民交通出版社,2001.7

15 刘书套.高速公路环境保护与绿化.北京:人民交通出版社,2001.10

16 高速公路丛书编委会.高速公路交通工程与沿线设施.北京:人民交通出版社,1999.9

17 高速公路丛书编委会.高速公路规划与设计.北京:人民交通出版社,1999.7

18 高速公路丛书编委会.高速公路路基设计与施工.北京:人民交通出版

社,2000.5
19 范立础.桥梁工程. 北京:人民交通出版社,2001.11
20 “九五”国家重点科技项目(攻关).中国智能运输系统体系框架.中国智能运输系统体系框架专题组. 北京:人民交通出版社,2003
21 胡长顺,黄辉华.高等级公路路基路面施工技术. 北京:人民交通出版社,1994.11
22 廖正环.高速公路机械化施工与组织管理. 北京:人民交通出版社,2001.8
23 沈志云,邓学均.交通运输工程学. 北京:人民交通出版社,2003.4
24 王文锦主编.高速公路企业养护管理.北京:人民交通出版社,2003.6

图书在版编目（CIP）数据

高速公路概论/郗恩崇主编．—北京：人民交通出版社，2004.10（重印 2008.1）
ISBN 978-7-114-05274-3

Ⅰ.高…　Ⅱ.郗…　Ⅲ.高速公路-概论
Ⅳ.U412.36

中国版本图书馆 CIP 数据核字（2004）第 106927 号

高速公路管理从业人员岗位培训教材

书　　名：高速公路概论
著 作 者：郗恩崇
责任编辑：武晓涛
出版发行：人民交通出版社股份有限公司
地　　址：（100011）北京市朝阳区安定门外外馆斜街 3 号
网　　址：http://www.ccpress.com.cn
销售电话：（010）59757973
总 经 销：人民交通出版社股份有限公司发行部
经　　销：各地新华书店
印　　刷：北京市密东印刷有限公司
开　　本：720×960　1/16
印　　张：16.75
字　　数：270 千
版　　次：2005 年 1 月　第 1 版
印　　次：2020 年 9 月　第 9 次印刷
书　　号：ISBN 978-7-114-05274-3
定　　价：27.00 元
（有印刷、装订质量问题的图书由本社负责调换）